Marin Trenk

DÖNER HAWAII

UNSER GLOBALISIERTES ESSEN

Klett-Cotta

Klett-Cotta
www.klett-cotta.de
© 2015 by J. G. Cotta'sche Buchhandlung
Nachfolger GmbH, gegr. 1659, Stuttgart
Alle Rechte vorbehalten
Printed in Germany
Umschlag: Rothfos & Gabler, Hamburg
Unter Verwendung eines Fotos von Ralph Quinke
Gesetzt von r&p digitale medien, Echterdingen
Gedruckt und gebunden von CPI – Clausen & Bosse, Leck
ISBN 978-3-608-94889-9

Bibliografische Information der Deutschen Nationalbibliothek
Die Deutsche Nationalbibliothek verzeichnet diese Publikation in der
Deutschen Nationalbibliografie; detaillierte bibliografische
Daten sind im Internet über <http://dnb.d-nb.de> abrufbar.

Inhalt

Mit 80 Gerichten um die Welt	7

WENN SPEISEN REISEN:
DREI WELLEN KULINARISCHER GLOBALISIERUNG 17
Die Kolumbus-Revolution 20
Kolonialismus und Curry – die zweite Welle 43
Ethnofood – die dritte Welle 69

DER GESCHMACK DER WELT:
EINE TOUR DURCH ETHNOFOODLAND 99
Italienisch und türkisch:
La deutsche Vita – bitte mit Döner 102
Die asiatischen Küchen:
»Hey Babe, Take a Wok on the Wild Side« 124
Die restliche Welt:
Zwischen Tapas und Global Lifestyle Food 155

ANYTHING GOES:
DIE GLOBALISIERUNG IN ZEITEN DER
GASTRO-ANOMIE 185
Die Küche verschwindet 188
Essprovinzen der Welt: Wer gewinnt, wer verliert? 218
Essen heute: Alles – bloß kein Tier im Fleisch 251

Danksagung 281
Literatur 284

Mit 80 Gerichten um die Welt

Wer hätte einstmals davon zu träumen gewagt, in unseren Städten die Küchen der Welt genießen zu können? Wir leben in einem kulinarischen Utopia, denn ob thailändisch, mexikanisch, griechisch oder äthiopisch, eine gastronomische Weltreise scheint bei uns möglich. Frei nach Jules Verne kann man heute mit 80 Gerichten um die Welt reisen, ohne auch nur einen Fuß in eine Eisenbahn, ein Schiff oder gar ein Flugzeug setzen zu müssen.

»Ethnische Restaurants« aus allen Weltgegenden prägen zunehmend das gastronomische Bild unserer Städte. Wenn ich im Frankfurter Nordend aus meiner Wohnung trete, kann ich im Umkreis von wenigen hundert Metern allein unter zehn italienischen Restaurants wählen, von etlichen Pizza-Lieferdiensten zu schweigen. Der Ferne Osten ist mit zwei thailändischen, einem vietnamesischen und einem indischen Lokal vertreten, daneben gibt es noch zwei Asia-Bistros, die sich auf exotische Nudelgerichte spezialisiert haben. Den Nahen Osten vertreten ein türkisches Schnellrestaurant, mehrere Döner-Imbisse sowie ein eher vegetarisch ausgerichteter Falafel-Stand. Ferner gibt es einen McDonald's, eine Tapas-Bar, eine griechische Taverne sowie ein Gasthaus, das polnische Gerichte anbietet. Etwas entfernter, aber immer noch im gleichen Stadtteil, kommen zwei geradezu altmodisch wirkende Institutionen hinzu, nämlich das China-Restaurant und der Balkan-Grill. Weitere Lokale bieten Persisches, Afrikanisches, Japanisches, Koreanisches und sogar Französisches an.

Aber das ist noch nicht alles. Das Bild verstärkt sich nämlich, wenn man bei einem Mittagsbummel einen Blick auf die Tageskarten der Cafés und Kneipen des Stadtteils wirft, die ganz selbstverständlich Caprese und Minestrone, Pastagerichte, Risotto mit grünem Spargel, Chili con carne, eine indische Linsensuppe oder auch Currygerichte im Angebot führen.

Was aber ist mit der deutschen Küche? Wie steht es um Gaststätten, die lokale und regionale Spezialitäten oder gar Speisen servieren, die nach wie vor als unsere Nationalgerichte gelten? Solche Lokale gibt es, wenn auch nur vereinzelt. Wer Lust auf Hausmannskost verspürt, kann im Frankfurter Nordend zwischen zwei rustikalen Apfelweinlokalen wählen, während ein oder zwei Restaurants feineres deutsches Essen auf den Tisch bringen. Nach Lage der Dinge ließe sich fragen, wer eigentlich die Exoten des Viertels sind?

Auch in den Einkaufsmärkten ist einstmals Fremdes und Exotisches alltäglich geworden. Beim Discounter landen routiniert Zaziki, Schafskäse, Antipasti-Platten oder Tiramisu in den Einkaufswägen. Wir greifen täglich auf ein wachsendes Angebot an Fertigpizzen und Pasta sowie auf Gerichte mit Namen wie Thai-Cocos-Hähnchen oder Mexican-Chicken zurück. Kein Tiefkühlregal ohne Paella, Pfannengyros, Bami Goreng und Frühlingsrollen. Selbst kleine Sushi-Tresen im Supermarkt mit einem frischen Angebot sind neuerdings keine Seltenheit mehr. Und man schaue sich einmal die Palette der Firma *youcook* an, die eindeutig im Trend liegt. Das junge Unternehmen verspricht frisches Essen, das selbst ein stressgeplagter Single nach einem langen Arbeitstag in wenigen Minuten auf den Tisch zu bringen vermag. Nach dem Baukastenprinzip findet der Kunde nämlich in einer Art Kochkit alles fein säuberlich aufbereitet vor. Es gibt bereits den Uralt-Klassiker aus gebratenem Reis, Nasi Goreng, zwei Varianten von Thai-Curry sowie einmal Madras-Curry, dann ein Couscous, ein Teriyaki-Hähnchen und schließlich noch etwas Koreanisches.

Als bei einer bundesweiten Erhebung Mitte der Sechzigerjahre nach »der Deutschen Leibgericht« gefragt wurde, bekannte sich eine Mehrzahl noch zu Eisbein und Schweinshaxe als ihrer Leib- und Magenspeise – heute schlechthin undenkbar. Ganz oben auf der Beliebtheitsskala stehen neben Döner, Pizza und Pasta neuerdings Thai-Curry und Sushi. Viele deutsche Küchenklassiker dagegen scheinen besonders den Jüngeren nicht ganz koscher zu sein: Sie verabscheuen Eisbein und betrachten eine Grillhaxe, als ob es sich um eine mit einem Tabu belegte Speise handeln würde.

Wie konnte es so weit kommen? Bekanntlich machte in der Bundesrepublik der Nachkriegszeit der Urlaub am Mittelmeer den Menschen Appetit auf fremde und neue Speisen und Küchen, die dann prompt mit den Arbeitsmigranten aus dem Mittelmeerraum ins Land kamen. Im gleichen Zeitraum verstärkte der kulturelle Umbruch der *Sixties* den Bruch mit den überkommenen Essgewohnheiten. In Franz Josef Degenhardts Zeitgeistsong *Deutscher Sonntag* lässt sich der Mief von tausend Jahren mit Händen greifen, und das »Blubbern dicker Soßen« macht einen schaudern. Hier waren neue Leitbilder gefragt, die den empfundenen kulinarischen »Zivilisationsrückstand« (Ullrich Fichtner) des Landes beheben konnten. Die ersten gastronomischen Neuerungen – das italienische Eiscafé und die Pizzeria, der Balkan-Grill und die griechische Taverne – bereiteten den Boden für die exotischen Küchen aus Übersee: zunächst für den Siegeszug der China-Restaurants, später den der japanischen, indischen und thailändischen Küchen.

Dabei ist erstaunlich, in welchem Maße es seither zur Abwendung von der eigenen Küche und den überlieferten Esstraditionen gekommen ist. In den Siebzigerjahren war im studentisch-alternativen Milieu ein Kochbuch Kult – das im West-Berliner Wagenbach-Verlag erschienene *Schlaraffenland, nimms in die Hand* von Peter Fischer. Auf erstaunliche Weise nahm dieses neuartige Kochbuch zukünftige Entwicklungen sowie die späteren Siegeszüge des Ethnofood vorweg. Es machte sich stark für die Geschmäcker der Gastarbeiterküchen und führte bundesweit Wohngemeinschaften in die Künste der Zubereitung wohlschmeckender Eintöpfe wie eines Stockfisch-Cocido, Puchero, einer Olla podrida oder eines Gazpacho ein. Eine ganze Generation lernte, wie leicht sich Ćevapčići selbst herstellen lassen und wie köstlich Spaghetti aglio e olio schmecken können. Ideologisch wie kulinarisch stand es der mediterranen »Küche der Armen« nahe und wurde nicht müde, dem deutschen Leser die Angst vor Innereien (»Kutteln römisch«) zu nehmen. Wie sehr das avantgardistische Kochbuch seiner Zeit voraus war, zeigt sich aber vor allem daran, dass hier erstmals auf breiter Basis die Gerichte exotischer Küchen angepriesen werden; neben dem nordafrikanischen Couscous finden sich gleichberechtigt Rezepte aus Vietnam, China und Indonesien. Fast noch sensationeller erscheint es mir im Rückblick, dass diese Erweiterung des kulinarischen Horizonts mit keiner Abwendung von den deutschen Küchentraditionen einhergeht, denn auch Gerichte wie Pichelsteiner, Reibekuchen oder eine Mehlspeise, die hier natürlich »Ex-Kaiser-Schmarren« genannt wird, kommen im *Schlaraffenland* nicht zu kurz.

Heute jedoch hat die deutsche Küche bei uns keinen guten Ruf mehr. Auf die Frage nach ihrer Lieblingsküche bekam ich von meinen Studenten über die letzten Jahre hinweg so gut wie nie »die deutsche« zu hören. Eine überwältigende Mehrzahl gibt der Küche Italiens und den Geschmäckern Japans und Thailands den Vorzug. Fast noch folgenschwerer scheint mir zu sein, dass regionale Spezialitäten auf ihrem familiären

Speiseplan praktisch keine Rolle mehr gespielt haben. Regionales hatte und hat an der *éducation culinaire* von immer mehr Menschen keinen Anteil, von der einen oder anderen Ausnahme abgesehen, wie Maultaschen oder Käsespätzle (die anscheinend von der Hinwendung zu Pastagerichten profitieren). So etwas wäre in Italien oder Frankreich, in Griechenland oder der Türkei und selbst bei unseren Nachbarn in der Schweiz und in Österreich unvorstellbar.

Bereits bei einer Reise nach Wien können wir eine ganz andere, vielen von uns erstaunlich fremd gewordene gastronomische Welt entdecken – besonders wenn wir nördlich des Mains leben. Obwohl der Ethno-Boom auch dort unübersehbar ist und es nicht an fremden Küchen mangelt, verdrängt er die heimische Gastronomie nicht, sondern ergänzt sie lediglich. Exotische Lokale erweitern die kulinarische Palette, aber die Menschen halten nach wie vor ihren Kaffeehäusern die Treue und stehen zu ihren Beiseln und Heurigenwirtschaften.

Was ist bei uns geschehen? Es ist doch noch gar nicht lange her, dass fremde Speisen und Küchen bei uns allesamt in Bausch und Bogen auf Ablehnung stießen.

Thailands Küche zählt heute zu den beliebtesten weltweit, die Kombination von Zitronengras, Kokosmilch und etwas Chilischärfe scheint neuerdings dem Geschmack von fast jedermann zu schmeicheln. Da ist es schwer vorstellbar, dass fast ein halbes Jahrtausend lang, nämlich seit dem ersten Kontakt Europas mit dem Königreich Siam im Jahre 1511, kein Chronist ein gutes Wort für die Thai-Küche übrig hatte. Thailands einzigartige Esskultur wurde vom Westen bis weit ins 20. Jahrhundert hinein als schlichtweg ungenießbar abgelehnt. Ähnlich ging es der Küche Japans. Wer kann in Zeiten, in denen die ganze Welt Sushi und Sashimi verfallen ist, glauben, dass der Westen »Japans fischige Scheußlichkeiten« als ganz und gar degoutant ausgrenzte und den Verzehr von rohem Fisch mit kulinarischer Barbarei gleichsetzte? Selbst jene Küche, die im Verlaufe des 20. Jahrhunderts zunächst für viele Amerikaner und dann, nach dem Zweiten Weltkrieg, auch für Europäer das Tor zur Welt des exotischen Essens öffnete, nämlich diejenige der China-Restaurants, verprellte den Durchschnittsgast durch die Verwendung von »Drachenblut«, womit Sojasauce gemeint war. Und auch von Mexikos Küche ging noch bis vor Kurzem keinerlei Faszination aus. Lange Zeit waren die Reisenden vor »Montezumas Rache« auf der Hut und mieden nach Möglichkeit »die Schrecklichkeiten des mexikanischen Kochens«, wie sich gegen Ende des 19. Jahrhunderts der amerikanische Offizier John Bourke ausdrückte, wobei ihn besonders die freizügige Verwendung von Chili und Knoblauch abstieß.

Könnte es vielleicht sein, dass diese Aversionen einfach in der ungewohnten Exotik der Speisen begründet lagen? Tatsächlich erging es Italiens Küche ursprünglich nicht besser. Obschon Nord- und Mitteleuropäer über Jahrhunderte nach Italien zu reisen pflegten, fanden sie die Küche der Apenninhalbinsel gewöhnlich zum Fürchten: Gemüse und Fisch galten den Deutschen als Armeleuteessen; Meeresfrüchte dagegen waren zumeist unbekannt; Knoblauch fand man ekelerregend; und Pasta, heute jedermanns Lieblingsessen, wurde als gewöhnungsbedürftig empfunden. Olivenöl schließlich, eine Säule der mediterranen Ernährung, galt schlicht als gesundheitsgefährdend. Sämtliche Beschwerden und Reisekrankheiten galten den Italienbesuchern des 18. und 19. Jahrhunderts einfach nur als die »Ölkrankheit«. Man kann sich heute nur noch schwer vorstellen, dass etwa in England Olivenöl bis weit in die Nachkriegszeit hinein beinahe ausschließlich in Apotheken zu erwerben war, da es als probates Abführmittel angesehen wurde.

Woher stammt dieses erstaunliche Unvermögen, sich unbefangen auf Neues und darunter auch kulinarisch Unbekanntes einzulassen? Lässt es sich irgendwie erklären? Claude Lévi-Strauss hat es in einem der schönsten Bücher der Ethnologie – *Traurige Tropen* aus dem Jahre 1955 – versucht. Als er sich 1934 auf eine Schiffsreise nach Brasilien begibt, bekennt der angehende Ethnologe: »Ich wünsche mir, zur Zeit der *wahren* Reisen gelebt zu haben.« Diese Zeiten des wahren Reisens lagen natürlich bereits Jahrhunderte zurück. Kaum aber wird in ihm dieser Wunsch laut, erkennt er ein Dilemma. In den beiden großen Entdeckungsjahrhunderten wären die persönlichen Erfahrungen sicher grandios gewesen, ob unter den Brasilianern um 1550 oder den Südsee-Insulanern gut zweihundert Jahre später. Ein Problem freilich hätte es gegeben: Ohne das Wissen und die Erfahrung späterer Zeiten nämlich hätte der Reisende womöglich nur wenig von den fremden Kulturen verstanden und, schlimmer noch, möglicherweise nichts als Spott und Verachtung für sie übrig gehabt. Auf die Wahrnehmung und Wertschätzung des kulinarisch Fremden trifft diese Befürchtung allemal zu: Der weltläufige französische Aristokrat Simon de la Loubère etwa, Gesandter seines Landes am thailändischen Königshof im Jahre 1690, vermochte bei einem Bankett von keiner der gereichten Speisen auch nur zu probieren. Seinem Landsmann, dem Geistlichen François Gervaise, zufolge, ruinierten »Siams törichte Köche« mit ihren stinkenden Saucen jedes Gericht. Die kulinarischen Barrieren zwischen den Kulturen erwiesen sich über Jahrhunderte hinweg als praktisch undurchlässig.

Georg Forster war das von Lévi-Strauss erträumte Privileg zuteil geworden. Der 17-jährige Deutsche hatte unter dem berühmten Weltumsegler und Entdecker Captain James Cook von 1772 bis 1775 eine Weltreise unternommen und darüber ein Buch verfasst, das ihn auf einen Schlag berühmt machte.

In der deutschsprachigen Welt gilt Georg Forster als einer der bedeutendsten und, wie mir scheint, sympathischsten Vorläufer der Wissenschaft vom Menschen. Aber selbst eine so weltoffene Ausnahmeerscheinung wie er vermochte es nicht, sich aus der Zwangsjacke des kulinarischen Ethnozentrismus zu lösen. In seiner kleinen Abhandlung *Über Leckereyen* lässt er sich zu folgendem Urteil hinreißen: »Nur der Europäer kann daher bestimmen, was ein Leckerbissen sey, denn nur er ist vor allen anderen Menschen im Besitz eines feinen unterscheidenden Organs, und einer durch vielfältige Übung erhöhten Sinnlichkeit, oder mit anderen Worten: er hat wirklich einen leckeren Gaumen, und neben seinen Gastmälern besteht der Genuß, selbst einer chinesischen Tafel nur in einer unfläthigen Fresserey. Ihm fröhnen alle Welttheile mit ihren Erzeugnissen, deren mannigfaltige, oft sogar widersprechende Eigenschaften sein weiserer Sinn allein zu einem vollkommenen Ganzen vereinigt.«

Mit der Aufgeschlossenheit für fremde Geschmäcker und Gerichte war es einstmals also nicht weit her. Worauf gründet nun aber der Wandel unserer Einstellung? Wieso machen wir heute so viel leichter und lieber kulinarische Anleihen nicht nur bei unseren unmittelbaren Nachbarn, sondern noch den fernsten Kulturen? Wie kommt es, dass wir plötzlich die mediterrane und exotische Küche unserer angestammten vorziehen?

Warum wir essen, was wir essen – vor allem darum soll es in diesem Buch gehen. Gastronomisch hat sich Deutschland in nur wenigen Jahrzehnten zum Ethnofoodland gemausert. Wir haben einen erstaunlichen Wandlungsprozess durchlebt, nämlich die radikale Veränderung unserer Geschmackspräferenzen und Essgewohnheiten. Aber wir haben beileibe nicht die italienische, türkische oder gar japanische Küche übernommen. Erstaunlich ist vielmehr, wie sehr das Reisen die

Speisen verändert hat. Wenn einzelne Lebensmittel, komplette Gerichte oder ganze Küchentraditionen kulturelle Grenzen überschreiten, finden sie sich dem Einfluss ihrer neuen Umgebung ausgesetzt. Kaum jemals lassen sich Gerichte eins zu eins in eine neue kulinarische Umgebung verpflanzen. Gewöhnlich kommt es zu Anpassungen und Abwandlungen aller Art. Was uns heute schmeckt, ob Döner, Pizza oder Sushi, schmeckt niemals wie im Land seines Ursprungs. Außerdem geht das große kulinarische *Anything goes* paradoxerweise einher mit der Ausbreitung neuer Tabus und Meidungen.

Migranten – so lautet die wohl bekannteste Einsicht der Migrationsforschung – sind Menschen, die über die Verhältnisse in ihren Herkunftsländern mit ihren Füßen abstimmen. Stimmen wir Deutsche gerade auf vergleichbare Weise mit unseren Tellern ab? Inwiefern wir also in unseren Städten wirklich mit 80 Gerichten um die Welt reisen können – davon erzählt dieses Buch.

Literatur
Bourke (1895), Fichtner (2004), Fischer (1975), Forster (2004), Hosking (1997), Klever (1969), Lévi-Strauss (1970), Richter (2002), Trenk (2014)

WENN SPEISEN REISEN:
DREI WELLEN KULINARISCHER
GLOBALISIERUNG

Das globale Zeitalter wurde nicht erst durch den Fall der Berliner Mauer eingeläutet. Um das gesamte Ausmaß des Wandels unserer Ernährungsgewohnheiten zu verstehen, muss man weiter in die Vergangenheit zurückblicken. Statt pauschal von Globalisierung zu reden ist es sinnvoller, drei kulinarische Globalisierungswellen zu unterscheiden – alle mit einschneidenden Folgen.

Die erste dieser Wellen verbindet sich mit dem Namen Kolumbus. Nach 1492 verbreiteten sich indianische Kulturpflanzen wie Mais, Kartoffel, Tomate und Chili in der gesamten Alten Welt, während deren Feldfrüchte und Haustiere die Neue Welt veränderten. Dabei ist bemerkenswert, dass vom Kolumbischen Austausch fast ausschließlich Anbaufrüchte und unverarbeitete Lebensmittel betroffen sind. Kaum jemals fand zu dieser Zeit ein Austausch von Rezepten und zubereiteten Speisen zwischen den Kulturen statt. Mit dieser ersten kulinarischen Diffusionswelle gelangte beispielsweise der Mais in alle Welt, nicht jedoch die indianische Tortilla, das Brot der Azteken. Oder die Tomate und der Chili, aber nicht die Mole genannten Saucen, die indianische Köchinnen daraus zu fertigen verstanden.

Das aber zeichnet die zweite Welle der kulinarischen Globalisierung aus. Hier geht es weniger um die Verbreitung von neuen Lebensmitteln in ihrer Rohform als um fertige Speisen und demnach um Produkte kultureller Umwandlung. Gewöhnlich bedurfte es dazu einer kolonialen Konstellation; aber auch dann kamen Wanderungen von Speisen und Gerichten nur ausnahmsweise vor. Ein erstes Beispiel stellt die Schokolade dar, die den Spaniern ohne Kenntnis der indianischen Rezepturen als schlechterdings ungenießbar erschienen war. Folglich übernahm man am spanischen Hofe nicht allein die Kakaobohne, sondern auch die dazugehörige Trinkkultur der Azteken. Das beste Beispiel für diese zweite Welle wird man freilich in der Eroberung Englands durch den indischen Curry sehen können. Mit der Adoption und Adaptation von Currygerichten im 18. und 19. Jahrhundert nimmt Europas Öffnung gegenüber exotischen Speisen ihren Lauf.

Von einer dritten Globalisierungswelle schließlich spreche ich, wenn nicht nur einzelne Speisen reisen, sondern komplette Küchen verpflanzt werden. Seit dem Beginn des »Zeitalters der Migration« im ausgehenden 19. Jahrhundert kann man darin fast den Regelfall sehen. Den erfolgreichen Anfang machten die chinesische und die italienische Migrantenküche in Nordamerika, während sich Ethnofood in Europa erst im Gefolge der Entkolonialisierung und im Zuge der wachsenden Arbeitsmigration der Nachkriegszeit etablierte.

Unverarbeitete Nahrungsmittel – einzelne Speisen – ganze Küchen. Diese drei »Wellen« sollte man nicht als lineares Schema und als Abfolge vom Einfachen zum Komplexen in alter evolutionistischer Manier missverstehen. Die erste Welle, der Kolumbische Austausch, ist keineswegs abgeschlossen und wird dies wohl auch nie sein. Nach wie vor finden regelmäßig neue, in Wahrheit aber uralte indianische Kulturpflanzen ihren Weg in unsere Super- und verstärkt auch Biomärkte (um von dem Gebrauch, den unsere Pharmaindustrie von Wildpflanzen der Neuen Welt macht, zu schweigen).

Die heute nicht mehr ganz unbekannte Avocado ist ein solcher Nachzügler. Unter dem Namen *aguacatl* war sie ein Pfeiler der vorkolumbischen Küche, und bis auf den heutigen Tag ist sie in Mexikos Küche (aber auch in der *California Cuisine*) allgegenwärtig. In unseren Supermärkten hingegen rätselten vor noch gar nicht allzu langer Zeit Verbraucher vor den Obst- und Gemüseregalen, ob man in diese Avocadobirne einfach hineinbeißen könne? Bald lernte der Kunde, sie zunächst reifen zu lassen und dann mit Vinaigrette zu verzehren, mit Garnelen zu füllen oder in den Salat zu schnippeln. Das war die erste Welle. Die mehr oder minder zeitgleiche zweite Welle machte sie als Guacamole bekannt, einen Dip, wie ihn bereits die Azteken kannten. Mit dieser zweiten Welle schwappte die Avocado auch als Bestandteil der neuartigen *California Roll* über den Atlantik, in Gestalt des kalifornischen Sushi. Seither zählt diese zu den beliebtesten Sushi-Sorten der Deutschen. Die wachsende Verbreitung mexikanischen Essens schließlich, oder zumindest des Tex-Mex genannten Kochstils, ist Teil der aktuellen dritten Globalisierungswelle. Sie sorgt neuerdings für eine weitere Verbreitung der Avocado.

Die Kolumbus-Revolution

Eine Lichtgestalt wird man in Christoph Kolumbus, der für die Alte Welt eine Neue entdeckte und ihr erster Kolonisator war, nur schwerlich sehen können. Aber der Admiral war auch kein skrupelloser Schurke, wie nach ihm die Konquistadoren vom Schlage eines Cortés, Pizarro und de Soto. Als rundum positiv wird gelten können, dass als Folge seiner Entdeckungsfahrten ein Großteil der Menschheit sich besser und abwechslungsreicher ernähren konnte als jemals zuvor. Das gilt sogar für die indianischen Ureinwohner Amerikas, sofern sie die europäische Invasion überlebten – was eine Mehrzahl freilich nicht für sich zu reklamieren vermag.

Der Seefahrer Kolumbus konnte natürlich nicht ahnen, welche Auswirkungen seine vier »Indienfahrten« auf die Welternährung haben würden. Da er aber auf der Suche nach den Reichtümern Asiens war – nach »Gold & Gewürzen«, wie die regelmäßig wiederkehrende Formulierung im wohl berühmtesten Bordbuch aller Zeiten lautet –, notierte er aufmerksam die erstaunliche neue und vollkommen fremde Flora und Fauna um sich herum. Bereits wenige Tage nach dem 12. Oktober 1492 erfreut er sich an Bäumen, »die zum Schönsten gehörten, das ich je erblickte«, und verwundert sich, dass sie »so grundverschieden von jenen unserer Heimat wie Tag und Nacht« seien. Am meisten Kummer bereitet ihm, dass ihm die »vielen Kräuter und Pflanzen, die man in Spanien sehr zu schätzen wissen wird«, schlichtweg unbekannt sind; und so beschließt er frühzeitig, von allem »Musterstücke« mitzunehmen.

Einige seiner spontanen kulinarischen Klassifikationsversuche hat er aufgezeichnet, sodass wir sie im Rückblick deuten können. An einem Tag erlegen die Spanier eine »Schlange«, die ihnen wie Huhn mundet. Dabei könnte es sich um einen Grünen Leguan gehandelt haben, dem man in der Region nach wie vor wegen seines zarten weißen Fleisches nachstellt. Später glaubt Kolumbus »Portulak und Runkelrüben« gefunden zu haben, die indes in diesem Winkel der Welt nicht vorkommen – aber solche Verwechslungen werden kein Einzelfall bleiben. Insbesondere zeigt er sich enttäuscht über gewisse »große Schnecken, die aber vollkommen geschmacklos waren« und bei denen es sich wahrscheinlich um die riesige Meeresschnecke gehandelt hat, die im heutigen Florida als *conch* bekannt ist und als lokale Delikatesse verspeist wird, nachdem man sie ausgiebig frittiert hat.

Auch der Gartenbau der Einheimischen entgeht seiner Aufmerksamkeit nicht. Kolumbus isst erstmals Süßkartoffeln, die ihn (und nicht nur ihn, wie man betonen muss) an die vertrauten Kastanien erinnern und die er *niames* nennt, nach dem ihm bekannten Yams der westafrikanischen Küste. Des Weiteren registriert er unbekannte Bohnensorten und, weitaus wichtiger, die von den Einheimischen angebaute »Hirse«, bei der es sich aber natürlich um Mais gehandelt hat. Auch lernt er die Wurzeln kennen, »aus denen die Indios ihr Brot zubereiten«, also die als Maniok oder Cassava bekannte Knolle. Von einem Kaziken auf der Insel Hispaniola (die sich heute Haiti und die Dominikanische Republik teilen) wird er zu einem Festessen eingeladen, bei dem es verschiedene gekochte Knollen, den lokalen Brotfladen aus Cassavamehl sowie Wildbret und Krebse gibt. Mir wurde als jugendlichem Reisenden auf der kleinen Antilleninsel Saint Lucia ein ähnliches Essen vorgesetzt, nur dass in der Zwischenzeit die stärkehaltigen Knollen durch Kochbananen afrikanischen Ursprungs und durch die aus dem Pazifik stammende Brotfrucht (die Captain Bligh, ungeachtet der »Meuterei auf der Bounty«, auf einer zweiten Reise in Westindien eingeführt hatte) ausgetauscht worden waren. Dazu reichte man mir gepökeltes Ziegenfleisch, das das Wildbret ersetzte.

Erstaunlicherweise erwähnt Kolumbus den Chili erst am Tag vor seiner Rückreise, nicht ohne dessen Effekt maßlos herunterzuspielen: »Überdies fanden wir viel *axi* – einheimischer Pfeffer –, der viel würziger schmeckte als der in Spanien verwendete. Alle Speisen wurden damit gewürzt, was der Gesundheit sehr zuträglich sein soll.« Ich wage zu bezweifeln, dass dies eine angemessene Beschreibung des europäischen Erstkontakts mit dem schärfsten Gewürz ist, das die Welt kennt. Der Spanier, der als Erster in eine Chilischote biss, wird an Feuer gedacht haben; und die Tränen in seinen Augen werden nicht allein der Begeisterung geschuldet gewesen sein, endlich den lang ersehnten Pfeffer gefunden zu haben. Kolumbus war bekanntlich verzweifelt auf der Suche nach Produkten, die sich in Europa zu Geld machen ließen. Und der begehrte Pfeffer hätte mit einem Schlag alle seine finanziellen Sorgen beseitigen können. Doch es sollte nicht sein, denn jeder Versuch, den Europäern das Supergewürz der Neuen Welt sprachlich oder gar kulinarisch als »einheimischen Pfeffer« schmackhaft zu machen, war zum Scheitern verurteilt. Aber hiervon später mehr.

Als gastronomisch-kulinarischer Entdecker, dies lässt sich fraglos sagen, macht der Genuese durchaus eine *bella figura*. Gerade einmal drei Monate »karibisches Island-Hopping«, wie Raymond Sokolov diese erste Reise zutreffend nennt, und Kolumbus entdeckt für Europa und die restliche Welt einige der wichtigsten Kulturpflanzen der Menschheit. Hätte es in der Karibik Tomaten und Kartoffeln gegeben, sie wären ihm nicht entgangen. Dass er Süßkartoffeln mit Yams und bisweilen auch mit Cassava verwechselte, hat er mit vielen späteren Reisenden gemeinsam, die die zahllosen Knollen und Rhizome der Tropen nicht zu unterscheiden verstanden. Dass er allerdings den Pfeffer, den er nicht gefunden hat und dort auch nie hätte finden können, mit dem wichtigsten neu entdeckten Gewürz sprachlich konformierte, sollte in Zukunft noch für zahllose Missverständnisse und ein bemerkenswertes terminologisches Tohuwabohu auf der ganzen Welt sorgen.

Nichtsdestoweniger war es Kolumbus, der geradezu prophetisch die Vorteile eines Austausches zwischen den beiden Hemisphären voraussah. Erst Hunderte Jahre später, im 20. Jahrhundert, wird der amerikanische Historiker Alfred Crosby diesen Prozess, der bis heute andauert, auf den Namen *Columbian Exchange* taufen. Aber bereits in den Jahren 1492/93 hatte der Kolumbische Austausch volle Fahrt aufgenommen.

Die von den Fahrten des Kolumbus ausgelöste Globalisierungswelle stellt die folgenreichste kulinarische Zäsur in der Geschichte dar. Mit der Entdeckung Amerikas kommt es erstmals zu einem wahrhaft globalen Austausch von Nahrungsmitteln, dem sich kaum eine Kultur entziehen wird. Nach 1492 revolutionierten die Grundnahrungsmittel des indianischen Amerika – namentlich Mais, Kartoffel, Cassava oder Maniok und die Süßkartoffel oder Batate – die Ernährung großer Teile der Menschheit. In Europa gelangte der Mais vor allem in den Süden und Südosten und die Kartoffel in den Norden, wo sie innerhalb von ein bis zwei Jahrhunderten zu dominanten Nutzpflanzen aufstiegen. In Afrika wurde die Ernährung durch die Einführung von Mais und Maniok weitgehend umgestaltet. Und in China wurden vielerorts Mais und Süßkartoffel genauso wichtig wie Reis und Weizen. Überall auf dem Globus erweiterten die Bohnensorten der Neuen Welt das Angebot an proteinreichen Nahrungsmitteln; in Westafrika stieg eine andere Hülsenfrucht, die südamerikanische Erdnuss, sogar zu einem zentralen Bestandteil der Ernährung auf. Tomaten und Chili wiederum sorgten in weiten Teilen der Welt für wahre Geschmacksexplosionen. Aber auch Kürbis und Sonnenblume, Früchte wie Papaya, Ananas und Guave sowie nicht zuletzt die einzigartige Kakaobohne und mit ihr die Schokolade hinterlassen bis heute Spuren in zahlreichen Essprovinzen der Welt.

Weit weniger beeindruckend ist hingegen die geringe Anzahl an domestizierten Tierarten der neuen Hemisphäre. Hier ist kulinarisch eigentlich nur der Truthahn (die Pute der deutschen Supermärkte) von Bedeutung, die kein Geringerer als der Feinschmecker-Philosoph Brillat-Savarin »eines der schönsten Geschenke, welches die Neue Welt der Alten gemacht hat«, nannte. Der traditionell wichtigste Fleischlieferant der Anden dagegen, das Meerschweinchen, ist für unsere Forschungslabore eindeutig wichtiger als für den weltweiten Speisezettel, obwohl man es etwa im ägyptischen Nildelta oder im speisetabulosen Laos keineswegs verschmäht.

Im Gegensatz dazu wurden allerdings die Haustiere der Alten Welt für die Bewohner der Neuen umso wichtiger. Erst das Pferd der Spanier verwandelte die Prärieindianer Nordamerikas in berittene Reiterkrieger und Großwildjäger – eine Entwicklung, die sich auf den Pampas Südamerikas wiederholte. Die Navajo im Norden des kolonialen Mexiko, enge Verwandte der Apachen, und die Guajiro Venezuelas fanden eigenständig zu einer typischen Lebensweise der Alten Welt und verwandelten sich in nomadisierende Viehzüchter. Den Dorfindianern des späteren amerikanischen Südwestens, den Pueblo, kamen Lasttiere wie der spanische Burro (aber auch andere Haustiere und Nutzpflanzen) wie gerufen, ähnlich wie

24

den sesshaften Mapuche Chiles, deren Lebensstil bis heute viele Züge eines altkastilischen Bauerntums aufweist. Aber auch einige Nutzpflanzen aus der Alten Welt wurden eifrig aufgenommen. Das bis weit ins 20. Jahrhundert hinein isoliert im Grenzland von Venezuela und Brasilien lebende Volk der Yanomami, das für seine Friedlosigkeit berüchtigt ist, lebte fortan und bis heute hauptsächlich von stärkehaltigen Kochbananen, wie man dies von zahlreichen Kulturen am ostafrikanischen Victoriasee kennt, während sich die traditionalistischen und auf maximale Abgrenzung und Autonomie bedachten Kuna auf ihrer abgeschiedenen Inselwelt vor der Küste Panamas mit dem Reisanbau anfreundeten.

Wesentlichen Anteil an diesen gewaltigen globalen Diffusionsprozessen hatten zum einen die Portugiesen, die rasch Südamerika mit Afrika, Indien sowie Südost- und sogar Ostasien bis hin nach Japan verbanden. Seit ab 1570 eine transpazifische Handelsroute das Vizekönigtum Mexiko mit der Subkolonie Manila (und von dort aus mit China) verband, spielte auch Spanien eine zentrale Rolle in diesem globalen Austausch von Nahrungs- und Nutzpflanzen.

So weit das große Bild. Aber wie spielten sich diese Prozesse konkret und im Einzelnen ab? Im Folgenden werden der Weg und die Aufnahme von vier Anbaufrüchten der Neuen Welt – Mais, Kartoffel, Tomate und Chili – näher beleuchtet. Dabei wird sich nicht nur zeigen, dass sie auf höchst unterschiedliche Weise in den Alltag integriert wurden, sondern auch, dass die Ausbreitung und Übernahme von Nahrungsmitteln zwischen den Kulturen niemals ohne Missverständnisse auskommt. So kann es als gesichert gelten, dass es zu Veränderungen in ihrem Gebrauch kommt, was gelegentlich sogar deren vollständige Umdeutung und Neudefinition beinhaltet. Beginnen wir mit dem Mais, mit dem wir nicht nur das

Grundnahrungsmittel des indianischen Amerika vor uns haben, sondern auch eine Pflanze von sakraler Bedeutung. *Zea mays* wurde bereits Jahrtausende vor Kolumbus in Mexiko domestiziert. Von dort verbreitete sich die Pflanze über weite Teile des amerikanischen Doppelkontinents. Bereits vor 5000 Jahren wird sie in Peru angebaut, deutlich später auch in Nordamerika. Wir haben es hier also in vorkolumbischer Zeit mit einer durchaus bemerkenswerten Diffusion eines Nahrungsmittels zu tun. Mais wird fast überall, wo er bekannt ist, zur Grundlage der Ernährung der indigenen Bevölkerung. Besonders die Völker Mesoamerikas waren das eigentliche Mais-Volk, denn sie ernährten sich vorwiegend von Mais und lebten buchstäblich davon. Dem *Popol Vuh* zufolge, das gelegentlich als die »Bibel der Maya« bezeichnet wird, schufen die Götter die Menschen zunächst aus Holz, waren dann aber von dem etwas hölzernen Resultat enttäuscht. Daraufhin schufen sie den Menschen erneut, und diesmal richtig, nämlich aus Maismehlteig. Bis in unsere Zeit hinein, so könnte man sagen, werden die Körper der indianischen Bewohner der Region tatsächlich weitgehend aus Mais gebildet.

Die ersten Spanier, die die Neue Welt erreichten, nahmen Mais als neue Getreidesorte und die daraus gewonnenen Erzeugnisse, wie die zahlreichen Arten von Tortillas und Tamales, als »Brot« der Einheimischen wahr. In ihren Kolonien freilich gingen sie schnell dazu über, den vertrauten Weizen anzubauen. Mais bewahrte sich dort den Charakter eines indigenen Nahrungsmittels. In den englischen Kolonien in Nordamerika dagegen übernahmen die Siedler den Anbau von Mais, wenngleich auch widerstrebend. Nach einiger Zeit aber ließen sie von der anfänglichen Bezeichnung *Indian corn* einfach das »Indian« weg. So gilt den Amerikanern Mais bis heute als ihr eigentliches Getreide – ihr Korn. Allerdings hat auch in den USA das Weizenbrot seinen privilegierten kulturellen Platz deswegen nicht eingebüßt. Zwar wird Mais in Amerika als typisch amerikanisch wahrgenommen, aber man genießt ihn lieber als Popcorn oder Corn-on-the-cob denn als Brot.

Über den Atlantik gelangte der Mais bereits mit Kolumbus im Frühjahr 1493. In Sevilla erreichten die Produkte der Neuen Welt erstmals europäischen Boden. Doch wie verlief ihr weiterer Weg auf dem Kontinent?

»Die Geschichte der Maiskultur in Europa ist dunkel«, musste Carl Friedrich von Rumohr noch 1822 feststellen. Der französische Historiker Fernand Braudel, der dem Mais in seiner großen *Sozialgeschichte des 15. bis 18. Jahrhunderts* ein Kapitel widmet, betont an einer Stelle, der Mais habe sich in Europa und Afrika problemlos ausgebreitet, wohingegen seine Ausbreitung in den ostasiatischen Ländern anfänglich auf Widerstand gestoßen sei. Zuvor jedoch schreibt er scheinbar im Widerspruch dazu, der Mais habe sich weltweit nur sehr langsam verbreitet, »erst vom 18. Jahrhundert an mit durchschlagendem Erfolg«. Tatsächlich ist die Wanderung des Mais in Europa relativ schnell und ohne Zwang von oben vonstattengegangen. Außer am nördlichen und nordwestlichen Rand der Iberischen Halbinsel spielt er bald eine wichtige Rolle in der Po-Ebene, in Venetien und in der Toskana, sodann entlang der Donau, besonders in Ungarn und Rumänien, sowie in den übrigen Regionen des Balkans. Mais verbreitete sich also quer über Südeuropa – nicht jedoch in den übrigen Teilen des Kontinents.

Dabei fällt eine bemerkenswerte Eigentümlichkeit auf: Es sind dies die Namen, unter denen die Einbürgerung des uramerikanischen *zea mays* erfolgte. So nennen ihn die Italiener *grano turco*, türkisches Korn, wohingegen die Türken vom »Ägyptischen Korn« sprechen, während er bei den Ägyptern wiederum »Syrische Durra«, also syrische Hirse, heißt. Noch weiter im Osten, bis nach Indien hinein, kennt man ihn als »Mekka-Korn«. Für die Deutschen ist er das Korn der Fremden, das »Welschkorn«, für die Österreicher der »Kukuruz«, eine ursprünglich wohl türkische Bezeichnung mit weiter Verbreitung auf dem Balkan. Auch andere europäische Bezeichnungen unterstellen dem Mais eine nahöstliche Herkunft: Im Frankreich des 16. Jahrhunderts spricht man von *blé de Turquie* oder *blé Sarazin*, auf Sardinien von *trigu morisco*, dem Getreide der Mauren, und in Portugal von *milho marroco*. Ja, selbst in Katalonien und Spanien scheinen im 16. Jahrhundert Namen wie *blat de moro* und *trigo de Turquia* gebräuchlich gewesen zu sein. Nur am Rande sei vermerkt, dass sich einem ähnlichen Umstand die Seltsamkeit verdankt, dass der kulinarische Wappenvogel der USA ursprünglich als *turkie-coq* oder *turkie-bird*, also als Vogel aus der Türkei, bezeichnet wurde, was sich später zu *Turkey* verkürzte. Wie diese sprachliche Konfusion zu zeigen vermag, kam dem expandierenden Osmanischen Reich beim *Columbian Exchange* offensichtlich eine Schlüsselrolle zu. Es war die kulinarische Drehscheibe der damaligen Zeit. Viele der neuen Nahrungsmittel gelangten von Spanien per Schiff in das östliche Mittelmeer, um von dort aus ihren Siegeszug in alle Himmelsrichtungen anzutreten. So kam es, dass für viele Zeitgenossen ihr wahrer Ursprung im Dunkeln blieb. Als etwa die puritanischen Pilgrim Fathers ab 1619 in den Urwäldern Neuenglands die Bekanntschaft von *Meleagris gallopavo gallopavo* machten, dem ihre Nachfahren bis auf den heutigen Tag alljährlich zu Thanksgiving mit einem *turkey dinner* huldigen, da begrüßten sie ihn freudig als alten türkischen Bekannten aus England.

Die Vorteile des Mais, den Braudel nur »die Wunderpflanze« nennt, liegen auf der Hand. Mais gedeiht in vielen Klimazonen, etwa dort, wo es für Weizen zu feucht oder für Reis zu trocken ist, und das bei sehr kurzen Wachstumszeiten. Außerdem ist er gut doppelt so ertragreich wie Weizen (wenn auch nicht so ertragreich wie Reis). Diese Vorteile öffneten dem Mais zwar Tür und Tor – indes machten sie ihn dadurch zur allgemeinen Armenspeise und damit zu einer Art Paria unter den Anbaufrüchten. Aus Mais kann man zwar ein wohlschmeckendes flaches Brot backen, die Tortillas der Azteken, aber da dem Mais das Gluten fehlt, taugt er nicht für die hierzulande übliche Herstellung von Brot mit Gärstoffen. Folglich wurde er zumeist als Brei genossen. Und dort, wo Mais zur einzigen Speise der Armen wurde, stellt sich eine Mangelernährungskrankheit ein: Pellagra. Das hätte nicht sein müssen, denn Pellagra ist keineswegs der unvermeidliche Fluch des Maiskonsums, wie man an den indianischen Zivilisationen sehen kann. Zu einem Problem konnte der ausschließliche Verzehr von Mais nur werden, weil Europa an indigenem Wissen wenig interessiert war und die Technik des *nixtamal* geflissentlich ignorierte. Erst diese geniale Erfindung der indigenen Kulturen Mesoamerikas macht aus Mais ein wirklich superiores Nahrungsmittel. *Nixtamal* besagt, dass Mais vor der Weiterverarbeitung in einer Lauge aus Kalk und Asche gekocht werden muss, wodurch sich die unverdauliche Hülse ablöst und das Vitamin Niacin freigesetzt wird. Die Technik des *nixtamal* bewirkt somit eine Erhöhung der Ernährungsqualitäten des Mais und einen Anstieg seines Vitamingehalts, wie er zur Prävention von Pellagra notwendig ist. Auch die andere kluge Einsicht indianischer Köchinnen, nämlich Mais nach Möglichkeit mit Bohnen zu kombinieren, was eine ausgewogene Ernährung ermöglicht, verbreitete sich nicht mit seinem weltweiten Siegeszug.

Die Portugiesen brachten den Mais im frühen 16. Jahrhundert nach Westafrika, und bereits Mitte desselben Jahrhunderts lässt er sich in Chinas abgelegenem bergigen, von vielen ethnischen Minderheiten besiedelten Südwesten nachweisen. Die Bevölkerung der wichtigsten Kolonialmächte akzeptierte den Mais hingegen nicht. Anders als in den Kolonien Neuenglands bleibt Mais in England jahrhundertelang ohne jede Bedeutung. Und die Spanier, so jedenfalls argumentiert der amerikanische Ethnologe Stanley Brandes, hätten die Meidung des indianischen Getreides sogar zu einem veritablen Speisetabu ausgebaut. Wie Brandes zeigen kann, wurde Mais nicht nur als Armenspeise stigmatisiert und mit der Unterschicht assoziiert, sondern auch mit dem Islam und der Welt der Muslime und damit dem Erzfeind der katholischen Rechtgläubigkeit. Somit war Mais in Spanien zur Bedeutungslosigkeit verdammt.

Ganz anders auf dem Balkan. Als die hier ansässigen und überwiegend als transhumante Wanderhirten lebenden Gemeinschaften von Griechen, Serben und Wallachen herausfanden, dass ihnen das neue Getreide erlaubte, das ganze Jahr in den Bergen zu leben und so der Zwillingsplage der Täler und Ebenen zu entkommen – der Malaria und der türkischen Unterdrückung –, da stiegen sie voller Enthusiasmus auf Mais um. Bis heute spielt der Mais nirgendwo sonst in Europa eine vergleichbare Rolle. Aber auch auf dem Balkan, wo man ihn zwar als Gemüsemais gerne isst, wird er nur in Rumänien als Getreide und Grundnahrungsmittel geschätzt, nämlich als Mamaliga, eine Verwandte der Polenta.

An dem Urteil des englischen Naturforschers John Gerarde in seiner einflussreichen Schrift *The Herball, or, Generall Historie of Plantes* aus dem Jahre 1597 hat sich für die Mehrheit der Europäer bis heute nicht viel geändert: Ihm galt der Mais als »a more convenient food for swine than for men«. Und das, obwohl der Mais als Gemüse immer beliebter wird und die plebejische Polenta sogar in der westlichen Spitzengastronomie Einzug gehalten hat. Denn von den drei weltweit wichtigsten Getreidesorten – Weizen, Reis und Mais – wird nur Mais nicht primär für den menschlichen Direktverzehr angebaut. Nicht mehr als ein Fünftel des weltweit angebauten Mais wird direkt verzehrt. Dafür ist er weltweit, und natürlich besonders in Nordamerika und Europa, ein gefragtes Tierfutter und geht vor allem als Fleisch, Ei oder Milchprodukt in die menschliche Ernährung ein. Über den Umweg als Viehfutter gelangt Mais also dennoch täglich auf unsere Teller.

Die Kartoffel wurde für Europa die zweite wichtige Anbaufrucht. Da vor 1492 hierzulande keine Knolle von zentraler alimentärer Bedeutung gewesen war, gestaltete sich die Akzeptanz dieser wenig ansprechenden Erdfrucht alles andere als leicht.

Die Kartoffel lernten die Spanier erst bei der Eroberung des Inkareichs kennen. Während der mittelamerikanische Mais nach Süden gewandert war, hatte das Grundnahrungsmittel der Andenkulturen nicht im Gegenzug das Hochland von Mexiko erreicht. Schon um 1540 wurden Kartoffeln zur billigen Verpflegung der Mannschaften in der Küstenschifffahrt zwischen Chile und Panama eingesetzt. Da aber alle Güter nach Spanien den anstrengenden Fußmarsch über den Isthmus nehmen mussten, blieben die schweren und sperrigen Kartoffeln zunächst wahrscheinlich zurück. Noch vor dem Ende des Jahrhunderts schufen Basken in ihren Gärten jedoch ein wenig Platz für Kartoffeln, um sie, wie an der Pazifikküste, als Schiffsproviant zu gebrauchen.

Erstmals von ausschlaggebender Bedeutung für die Ernährung von breiten Teilen der Bevölkerung in der Alten Welt wurde die Kartoffel ab 1650 in dem von England kolonialisierten Irland. Doch bereits im Jahrhundert ihrer Ankunft hatte die Kartoffel die Aufmerksamkeit der Botaniker auf sich gezogen und fand Aufnahme in vielen botanischen, fürstlichen und

klösterlichen Gärten. Die Pflanze aus der Familie der Nachtschattengewächse (in deren Reihen sich solch toxische Vertreter wie die Tollkirsche und der Stechapfel finden) mit ihrem
leicht sinistren Aussehen rief natürlich Misstrauen hervor. Der
Ruf, giftig zu sein, sollte ihr vereinzelt bis ins 19. Jahrhundert
anhaften. Kurzfristig galt sie sogar als Aphrodisiakum, was
ihr die Aufmerksamkeit der oberen Stände bescherte. Kaspar
Plautz, Benediktinerabt im niederösterreichischen Seitenstet-
ten, veröffentlichte in seinem 1621 erschienenen Amerikabuch
neben Illustrationen auch Rezepte, wie sich aus der Knolle
etwa Salate, Eintöpfe und weitere Speisen zubereiten ließen.
Damit dürfte er den Übergang der Kartoffel von der botanischen Kuriosität zur Nutzpflanze eingeleitet haben.

Alan Davidson trägt im *Oxford Companion to Food* einige
Legenden über den Reiseweg der Kartoffel zusammen: So
habe entweder der umtriebige Freibeuter und Weltumsegler
Sir Francis Drake die Kartoffel eingeführt (wofür man ihm
angeblich irgendwo in deutschen Landen sogar ein Denkmal
errichtet hat), die spanische Armada vor der irischen Küste
einige Säcke verloren oder Sir Walter Raleigh, der illustre
Abenteurer und Günstling der englischen Königin, sie aus
Südamerika – wahlweise auch aus Virginia – mitgebracht. Am
wahrscheinlichsten jedoch ist, dass es die besagten baskischen
Fischer waren, die sie als Erste nach Irland brachten – wo sie
für eine veritable Revolution sorgte. Im hunger- und kriegs-
geplagten Irland des 17. Jahrhunderts nahm die Kartoffel nicht
nur erstmals in Europa die Rolle des neuen Grundnahrungs-
mittels ein, sondern sie wurde auch zum einzigen und aus-
schließlichen Nahrungsmittel einer Mehrheit der bitterarmen
katholischen Bevölkerung, die, und auch das dürfte weltweit
einmalig sein, darüber das Kochen komplett verlernte. Die iri-
sche Rede von *potatoes and point* hält dies mit sarkastischem
Witz fest, denn bei diesem Gericht handelte es sich um die

täglichen Pellkartoffeln, die der Esser einem über dem Tisch baumelnden Hering entgegenstrecken durfte, bevor er sich ohne jegliche Zutaten über sie hermachte. Ähnliche Anekdoten kennt man von den verarmten Leinwebern Sachsens und Schlesiens. In Irland führte die kulinarische Alleinherrschaft der Kartoffel bekanntlich zur Tragödie, der Großen Hungersnot von 1845 bis 1852, die eine der acht Millionen Iren ins Grab brachte und mindestens eineinhalb weitere in die Emigration trieb, nachdem die neuartige Kartoffelfäule in zwei aufeinanderfolgenden Jahren die Ernten vernichtet hatte.

Zu diesem Zeitpunkt freilich war ihr Siegeszug nach Osten schon nicht mehr aufzuhalten. Flandern wurde im späten 17. Jahrhundert Kartoffelland, einige Regionen Deutschlands folgten im Verlaufe des 18. Jahrhunderts. Im Gefolge der Napoleonischen Kriege verwandelten sich die Weiten Russlands dann ebenfalls in Kartoffelanbaugebiete. Anders als in Irland freilich blieb auf dem Kontinent ein gemischtes Kultivierungssystem erhalten, bei dem die Kartoffel das Getreide nicht vollständig verdrängte. Die Ärmsten im Kartoffelgürtel Deutschlands, Polens und Russlands lebten zwar von der neuen Knollenfrucht, ohne indes komplett auf Kohl, Rote Beete und bisweilen sogar Schwarzbrot verzichten zu müssen. Was sich hingegen nicht veränderte, war, dass die Kartoffel überall als billiges Nahrungsmittel für die Armen galt.

Neue Lebensmittel, die am oberen sozialen Rand einer Gesellschaft eingeführt werden, man denke an den Zucker, die Schokolade oder Südfrüchte, breiten sich bei wachsendem Wohlstand problemlos nach unten aus, weil die unteren sozialen Stände die oberen nachzuahmen pflegen. Der Volkskundler Günter Wiegelmann, ein Pionier der Erforschung der Ernährungsrevolution in Mitteleuropa, hat dafür den Ausdruck »sinkendes Kulturgut« geprägt. Weitaus schwerer aber gelingt es einer Speise, den Makel als Armenkost abzulegen und zu einem »steigenden Kulturgut« zu werden. Folglich überrascht es wenig, dass noch im frühen 19. Jahrhundert Brillat-Savarin einem französischen Gourmet die folgenden Worte in den Mund legen konnte: »Danke, ich esse sie nicht; ich schätze die Kartoffel nur als Vorbeugungsmittel gegen Hungersnot; im Übrigen kenne ich überhaupt nichts Faderes.«

Auf die Frage, wie es die Kartoffel geschafft hat, zu einem steigenden Kulturgut zu werden und von allen sozialen Schichten nicht nur akzeptiert, sondern sogar gerne gegessen zu werden, hat Wiegelmann eine einleuchtende Antwort gefunden, nämlich »die ganz ungewöhnlich breite Zubereitungsskala der Kartoffel«. Den Pell- und Salzkartoffeln der Armen begegnete der Bürger mit opulenten und raffinierten Kartoffelgerichten wie Knödeln, Kroketten oder Gratins. Es war zunächst nicht ihr Geschmack, der sie so unwiderstehlich machte, sondern die in der Kartoffel angelegten Möglichkeiten für kulturelle Differenzierung und soziale Distinktion.

Die zahllosen Bohnensorten (*Phaseolus vulgaris*) der Neuen Welt, die wie alle proteinreichen Hülsenfrüchte (*Leguminosae*) überall als »Fleisch der Armen« galten, stellten für Europa derweil keine allzu große Herausforderung dar. Der Diffusion dieser unscheinbaren Pflanzen schenkte praktisch niemand Aufmerksamkeit. Sie waren den einheimischen Hülsenfrüchten Linsen, Erbsen, Saubohnen und Kichererbsen derart ähnlich, dass sie in Windeseile an ihre Seite traten und sie bisweilen sogar verdrängten. Als südfranzösisches Cassoulet oder toskanisches Fagioli al Fiasco wurden sie zu kulinarischen Ikonen ihrer Region.

Anders die Tomate.

Als einer weiteren Pflanze der Neuen Welt aus der Familie der *Solanaceae* oder Nachtschattengewächse erging es ihr anfangs ähnlich wie der Kartoffel. Im Gegensatz zu Mais und

Bohnen wollte sie in kein bekanntes Schema passen. Sie sah aus wie eine Frucht, obwohl sie einen viel zu hohen Säuregehalt hatte, um als Obst verzehrt zu werden. Reif und weich aber wirkte die Tomate fast wie verdorben, und auch gekocht machte die Frucht, die schnell ihre Form verlor, einen wenig ansprechenden Eindruck.

Obwohl die Tomate heute zur Welt des Mittelmeers zu gehören scheint wie die Olive und der Wein, brauchte sie ihre Zeit, um hier heimisch zu werden. Die Tomate ist uns als rot bekannt – wieso aber nannten die Italiener sie dann *pomodoro*, also Goldapfel? Die bekannteste Legende besagt, die Tomate habe anfänglich als Aphrodisiakum gegolten und sei deswegen auf Französisch *pomme d'amour* genannt worden. Aus der Verballhornung von *pomme d'amour* sei dann das Italienische *pomodoro* entstanden. Dabei war die Geschichte wohl anders. Die Aubergine der Alten Welt und die Tomate der Neuen Welt sind nämlich eng verwandt. Als mit den Arabern die Aubergine, in der man sicher eines der Lieblingsgemüse der muslimischen Welt sehen kann, im Mittelmeerraum heimisch wurde, nannte man sie den arabischen oder maurischen Apfel – also *pomme des Maures* (so wie man alles, wenn es nur rund und kleiner als eine Melone war, gerne nach dem Apfel benannte, sei es die Apfelsine oder der Erdapfel). Da die ersten Tomaten als eine Art Aubergine galten, erhielten auch sie die irrtümliche Bezeichnung »maurischer Apfel«. Aus *pomme des Maures* wurde sodann *pomme d'amour*, der Liebesapfel.

Dass man Tomaten essen könne, teilte der spanische Chronist José de Acosta 1590 in seiner *Historia Natural y Moral de las Indias* erstmals der europäischen Leserschaft mit. Seine Beobachtung, aus Tomaten ließe sich eine Sauce zubereiten, basierte direkt auf dem Gebrauch, den die Indios von ihr machten. Das erste Rezept taucht in einem italienischen

Kochbuch von Antonio Latini aus dem Jahre 1692 auf, in dem eine Tomatensauce *alla spagnuola* erwähnt wird, was zwar »nach spanischer Art« heißt, vermutlich aber nur die Beschreibung einer mexikanischen Salsa und damit einer aztekischen Mole war, der aus geriebenen Zutaten gewonnenen Sauce der Ur-Mexikaner.

In weiten Teilen Europas galt frisches Gemüse als eine Speise, die nur für die Armen taugte. Das sah man in Italien schon damals anders. Von daher verwundert es nicht, dass der globale Siegeszug der Tomate seinen Ausgangspunkt auf der Apenninhalbinsel nahm. Aber selbst aus dieser Region sind die Nachrichten bis ins 19. Jahrhundert hinein nicht eindeutig. Während sich der deutsche Reisende und Theoretiker der Esskultur Carl Friedrich von Rumohr in seinem brillanten Werk *Geist der Kochkunst* (1822) auf einer Italientour sichtlich angetan von den kulinarischen Vorzügen der Tomate zeigt (»Mir ist unbekannt, weshalb man den Anbau dieser würzenden Frucht in Deutschland vernachlässigt«), ist anderen Quellen zufolge die Tomate zu dieser Zeit eher ein Luxusartikel der Reichen. Oder sie taucht auf den Märkten von Florenz nicht auf, weil ihr Genuss angeblich als »jüdisch« gilt. Gewiss ist, dass sie erst im Laufe des 19. Jahrhunderts die überragende kulinarische Bedeutung gewann, die man heute auf der ganzen Welt mit ihr und Italien verbindet.

Ähnlich populär wie in Italien wird die Tomate im Nahen Osten, wo sich ihr Verbreitungsgebiet vom Balkan über die Türkei und Arabien bis nach Äthiopien erstreckt und sich demnach weitgehend mit der größten Ausdehnung des Osmanischen Reiches deckt. Nur zögernd dagegen, nicht vor dem 20. Jahrhundert, findet sie in China Aufnahme, jenem Kulturkreis, der ansonsten wenig Bedenken zeigte, wenn es um die Übernahme von neuen Anbaufrüchten ging. Nicht anders verhält es sich in Nordamerika und im nördlichen

Europa: Erst im 20. Jahrhundert wird die Tomate hier heimisch, auch wenn man sich eine Welt ohne Ketchup – der nicht nur Amerikas Universalsauce ist, sondern auch das Sinnbild amerikanischer Ernährung – heute schlechterdings nicht vorstellen kann.

Ein weiteres Nachtschattengewächs, der Chili, den Kolumbus auf seiner ersten transatlantischen Reise als »einheimischen Pfeffer« kennengelernt hatte, brachte er bereits im Frühjahr 1493 mit nach Spanien. Dort aber – und man kann sagen: in ganz Europa – tat man sich schwer mit der ungewohnten Schärfe und reichte die Chilischote einfach nach Afrika und Asien durch.

Dies ist bemerkenswert, denn schließlich war der unstillbare Hunger nach Gewürzen der große Motor der europäischen Expansion schlechthin. Die Entdeckung Amerikas ist bekanntlich das Nebenprodukt der Suche nach dem Pfefferland. Gewürznelke, Muskatnuss und -blüte, dazu Zimt, Kardamom, Ingwer und vor allem natürlich Pfeffer waren die Kostbarkeiten und die Triebkraft des internationalen Handels. Doch als Kolumbus mit dem Superpfeffer der Neuen Welt auftauchte, da interessierte sich in Europa niemand dafür.

Bereits im frühen 16. Jahrhundert gelangte diese leicht konservier- und transportierbare Pflanze mit den Portugiesen zuerst nach Afrika und von dort weiter bis nach Indien. Unter der Bezeichnung Pernambuco-Pfeffer, die auf eine Herkunft an der brasilianischen Küste verweist, war Chili um 1550 herum in Goa bekannt, dem Hauptort des weitverzweigten portugiesischen Estado da India. Nirgendwo sonst scheint Chili so schnell und enthusiastisch aufgenommen worden zu sein wie auf dem indischen Subkontinent. Auf etablierten indigenen Handelsrouten und vor allem durch asiatische Händler unterschiedlichster Provenienz scheint sich das neue Gewürz von Indien aus in Windeseile über weite Teile Ost- und vor allem Südostasiens ausgebreitet zu haben.

Warum aber wusste Europa nichts mit dem Chili anzufangen?

Im 16. und 17. Jahrhundert machte der Kontinent einen weitreichenden Geschmackswandel durch, der einer beispiellosen kulinarischen Revolution gleichkommt. Nach der Entdeckung des Seewegs nach Indien 1498 durch den portugiesischen Seefahrer Vasco da Gama begann Portugal den Gewürzhandel zu dominieren. Bei stark sinkenden Preisen stieg zunächst die Nachfrage nach Gewürzen deutlich an, um schon bald und dauerhaft wieder zu schrumpfen. Der jahrhundertelange Hunger nach Gewürzen hatte verschiedene Gründe. Einer der wichtigsten war, dass ihre Kostbarkeit sie zu einem probaten Mittel sozialer Distinktion machte. Mit dem verschwenderischen Gebrauch kostbarer Spezereien (»spices«) ließ sich der gehobene soziale Stand hervorstreichen. Als aber Europa von immer preiswerteren Gewürzen geradezu überschwemmt wurde, fanden die Reichen an scharf und intensiv gewürzten Speisen zunehmend weniger Gefallen. Im 17. Jahrhundert büßten die Gewürze dadurch ihre dominante Rolle im Welthandel ein, und zwar unwiderruflich. An ihrer Stelle stiegen neue Produkte – namentlich Kaffee, Tee, Schokolade und, eng damit verbunden, Zucker – zur wichtigsten Warengruppe im Fernhandel auf. Mit der anspruchslosen Chilipflanze, die in jedem sonnigen Klima gut gedeiht, ließen sich dagegen keine Geschäfte machen.

Der Chili floppte in Europa nicht nur wegen seiner Schärfe, seine Verbreitung scheiterte auch daran, dass er schlicht zu billig war. Damit verwirkte er die Fähigkeit, als Mittel sozialer Unterscheidung zu dienen. Zunächst gab die französische Elite den Gebrauch exotischer Gewürze auf und wandte sich den einheimischen Kräutern zu. Daraus ging im Verlauf des

17. Jahrhunderts die im Gewürzgebrauch gemäßigte französische Küche hervor, wie sie bis heute Bestand hat. Die Eliten der Nachbarländer folgten dem französischen Beispiel, und so entstanden die Geschmacksstrukturen der modernen europäischen Küchen. Nur von den Engländern sagen Spötter, sie hätten sich nicht nur von der spätmittelalterlichen Gewürzflut abgewandt, sondern das Würzen fortan überhaupt als überflüssig erachtet und es im Wortsinne »eingespart«. Ihre Ernährung, so Stephen Mennell in *Die Kultivierung des Appetits* (1988), seinem einflussreichen Vergleich der Kochkulturen Englands und Frankreichs, unterliege mehr als anderswo einem doppelten Sparzwang – dem von Geld *und* Zeit.

Vergleicht man den Weg und die Aufnahme dieser vier Nahrungsmittel aus der Neuen Welt, dann zeigt sich ein paradoxes Bild. Bei Mais und Chili gab es bei der Wahrnehmung und Zuordnung keine Probleme, denn der Mais war das Getreide der indianischen Völker und der Chili ihr Pfeffer. Aber beiden war in Europa kulinarisch nur ein bescheidener Erfolg beschieden. Kartoffel und Tomate dagegen ließen sich nur schwer einordnen, sie passten in keines der bekannten Schemata. Deshalb war ihre Einführung anfänglich von Misstrauen und Missverständnissen überschattet. Aber nach einem holprigen Start setzten sich beide am Ende umso gründlicher durch.

Das allerdings ist nur ein grobes Bild. Dort nämlich, wo man beispielsweise aus den neuen Anbaufrüchten Speisen zubereiten konnte, die Traditionswert besaßen, war dies anders, etwa bei der Polenta, die, aus Hirse oder Weizen gewonnen, sich bis in die Zeit der Etrusker datieren lässt. Selbst die Chilischote fand regional ihre Verehrer, sie wurde etwa zum Gewürz für Wurst und Salami, bereichert als Peperoni die Antipasti-Platte und verleiht als Peperoncini in der süditalienischen Volksküche vielen Pastagerichten eine beachtliche

Würze. Nur Ungarn muss als Ausnahme von der Regel gelten, weil die Paprika hier zum bestimmenden Gewürz aufstieg, allerdings in einer eher milden Variante. Schaut man nach Süd- und Südostasien oder in Teile Afrikas, so lässt sich durchaus sagen, dass keine europäische Küche mit echter Schärfe etwas anzufangen wusste. In Asien hingegen erfüllte sich sogar die Hoffnung des Kolumbus, die Menschen würden den Chili als Pfeffer, ja als den besseren Pfeffer annehmen. Die Thais vollzogen diesen Wechsel sogar sprachlich. Chili heißt auf thailändisch nämlich *prik*, während der Pfeffer *prik thai* genannt wird. Statt also, wie man erwarten würde, im Chili den Pfeffer der Fremden zu sehen, gilt den Thais ihr alteingesessener Pfeffer (der nach wie vor beliebt ist, auch wenn er aus vielen Gerichten verdrängt wurde) demnach als »thailändischer Chili«.

Im großen Ganzen jedoch gilt, dass zwischen dem Augenblick, in dem die Europäer die neuen Nahrungsmittel kennenlernten, und jenem, in dem diese wirkliche Bedeutung für ihr Ernährungssystem erhielten, eine beträchtliche Zeitspanne lag. Massimo Montanari spricht in seiner *Kulturgeschichte der Ernährung in Europa* (1993) von der »*doppelten* Einführung der neuen Nahrungsmittel«, erstmals im 16. und dann noch einmal, und erst von da an nachhaltig, im ausgehenden 18. Jahrhundert. Auch Günter Wiegelmann war zuvor bereits zu dieser Einsicht gelangt: »Die Neuzeit der Nahrung beginnt erst im 18. Jahrhundert.«

Erst im Rückblick zeigt sich das ganze Ausmaß dieses ersten wirklich globalen kulinarischen Austausches, der keine Küche unbeeinflusst ließ und weltweit die Ernährungsgewohnheiten aus den Fugen hob. Im frühen 19. Jahrhundert bemerkte Brillat-Savarin nicht ohne Stolz, dass eine Mahlzeit in Paris von »kosmopolitischer Natur« sei, da »jeder Erdteil durch seine Erzeugnisse vertreten ist«. Der Meister hätte sogar noch weiter gehen können: Wohl keine Landes- und Regionalküche weltweit hätte ohne diese Kolumbus-Revolution den uns heute bekannten Geschmack. Es waren durchweg gewöhnliche Leute, die bislang unbekannte Anbaufrüchte und Nahrungsmittel mit der eigenen Küche verwoben und überall neue Köstlichkeiten schufen, und nicht etwa die Zunft der professionellen Lebensmittelforscher in ihren weißen Kitteln und Laboren.

Ethnologen fasziniert seit Langem, wie Menschen neue Substanzen aufnehmen und wie sie mit neuen Gegenständen umgehen – sich also Neues aneignen und Fremdes zu Eigenem machen. Bei Lebensmitteln verblüfft, wie sie restlos »indigenisiert« und damit »entexotisiert« werden. Wer könnte sich die Küche in Süd- und Südostasien ohne die allgegenwärtige Schärfe des Chilis vorstellen, die mediterrane Welt ohne den säuerlich-süßen Geschmack der Tomate oder das Essen in Europa ohne die Vielseitigkeit der Kartoffel? Häufig verbinden gerade ikonische Gerichte – also jene, die als typisch für eine regionale oder nationale kulinarische Kultur gelten und sie zu verkörpern scheinen – Fremdes mit Eigenem. Kulinarische Importe verleihen vielen Esskulturen überhaupt erst ihr typisches Gepräge. Am frappierendsten scheint mir dabei der Chili zu sein. Überall dort, wo er einen festen Platz in der Alltagsküche behauptet, wird er in Verbindung mit einigen althergebrachten Ingredienzien als Charakteristikum der jeweiligen Esskultur verstanden: Sei es in Gestalt von Harissa in Nordafrika oder Berbere in Äthiopien, sei es als Masala in Indien, Sambal in Indonesien oder auch als rotes Kimchi in Korea.

Heute teilt sich die Welt in Chiliverehrer und Chiliverächter auf. Während vor 1492 nur einige indianische Völkerschaften die scharfe Schote auf ihrem Speisezettel hatten, isst heute weltweit bereits jeder Dritte scharf gewürzt, bei weiterhin steigender Tendenz. Ausgerechnet im Kolumbus-Jahr 1992 überflügelte in den Vereinigten Staaten von Amerika der Verkauf von scharfer Salsa oder Hot Chili Sauce zum ersten Mal jenen von Tomatenketchup, der bis dahin uneingeschränkt Platz eins innegehabt hatte. 500 Jahre nach Kolumbus setzt der Chili also erneut zu einer Conquista der nördlichen Hemisphäre an, und diesmal kann er sogar in Europa auf wachsenden Zuspruch zählen.

Überall freilich neigen die Menschen dazu, diese Fremdursprünge samt und sonders zu vergessen. Für sie ist es ohne Bedeutung, woher die Tomate oder Kartoffel stammt. Ich erinnere mich an Gespräche mit Thais der Mittelklasse, die ungläubig staunten, wie viele ihrer alltäglichen Lebensmittel, vom Chili bis zur Papaya, ursprünglich aus Amerika stammen, und die sich kopfschüttelnd fragten, wovon sich ihre Vorfahren eigentlich ernährt hatten. Angesichts dieses Vergessens ist freilich bisweilen durchaus Vorsicht geboten. Weltweit verteidigen Menschen die eigenen Esstraditionen gegen die (wirklichen oder bisweilen auch nur vermeintlichen) nivellierenden Tendenzen der Globalisierung, wie dies am bekanntesten die *Slow Food*-Bewegung tut. Am Ende aber verteidigen sie vielleicht nur die Errungenschaften der ersten kulinarischen Welle gegen die späteren und neuesten Schübe der Globalisierung.

Literatur

Andrews (1992), Brandes (1992), Braudel (1985), Brillat-Savarin (1913), Crosby (1972), Davidson (2006), Nelson & Cordell (1992), Kolumbus (1981), McNeill (1991), Mennell (1988), Montanari (1993), Rumohr (1822), Sokolov (1992), Teuteberg & Wiegelmann (1986)

Kolonialismus und Curry –
die zweite Welle

Wie wir gesehen haben, drehte sich die erste Globalisierungswelle fast ausschließlich um die Ausbreitung neuer Anbaufrüchte und Nutztiere. Der Mais verbreitete sich in Europa,
Afrika und Asien, nicht jedoch die daraus zubereiteten Speisen, wie etwa Tortillas und Tamales. Die Kartoffel eroberte
zwar Europa, aber die Art und Weise, wie man sie dort zu verspeisen beliebte, reflektierte lokale und regionale Vorlieben:
In Schwaben Kartoffelsuppe und Schupfnudeln; bayerischer
Kartoffelsalat; Thüringer Klöße; Schweizer Rösti; das frugale
Erdäpfelgulasch der äußeren Bezirke Wiens; in Großbritannien Shepherd's Pie und das Paradegericht des englischen
Proletariats, Fish and Chips; holländischer Stamppot; der bel-
gische Nationalsnack Moules et frites; in Frankreich Kroketten, als Hausmannskost das Hachis parmentier und das unvergleichliche regionale Gratin dauphinois; Tortilla española,
ein kaltes Kartoffelomelett; schließlich italienische Gnocchi.
All diese Köstlichkeiten verdanken sich dem Einfallsreichtum
lokaler Köchinnen und entspringen regionalen Traditionen,
wie etwa der Vorliebe für Knödel in Deutschland oder für Pies
in England. Den Quechua und Aymara des Inkareiches waren
solche Kartoffelspeisen völlig unbekannt.

Es ist bemerkenswert, dass diese erste Diffusionswelle
globalen Ausmaßes kaum jemals die Zubereitung von Speisen umfasste. Beim Kolumbischen Austausch geht es um den
Austausch von Nahrungsmitteln, also um Rohstoffe, und
nicht um den von Speisen und Gerichten, also um Rezepte, in

denen man wie der Ethnologe Arjun Appadurai »die elementare Form des kulinarischen Lebens« sehen kann. Von einer Ausnahme haben wir gehört, nämlich den Tomaten *alla spagnuola* in einem italienischen Kochbuch der Zeit, einem Rezept, mit dem der weltweite Siegeszug dieser roten Sauce des indianischen Amerika seinen Anfang nahm. Eine weitere gewichtige Ausnahme ist die Übernahme der Schokolade, weil hier die höfische Kultur Spaniens das aristokratische Vorbild der Azteken nachahmte. Allerdings wurde im Verlauf ihrer europäischen Aneignung aus dem Trank der indianischen Krieger und Herrscher ein eher weibliches Getränk.

Schokolade wird in einem aufwendigen Verfahren aus Kakaobohnen gewonnen, den Früchten eines Baumes, dem der Schokoladenliebhaber Carl von Linné den Namen *Theobroma* gab – Speise der Götter. Die Maya, in deren Regenwäldern im Südosten Mexikos *Theobroma cacao* gedeiht, hätte dies wahrscheinlich gefreut, da sie dem daraus gewonnenen Trank genauso leidenschaftlich ergeben waren wie ihre Götter; die Schokolade galt ihnen als deren Getränk. Die im Hochland lebenden Azteken kamen durch Handel und Tributzahlungen in den Besitz der Kakaobohne. Sie diente ihnen zu Geschäftszwecken, wie anderswo Münzen. Gleichzeitig verstanden sie es in außergewöhnlichem Maße, sie auf Myriaden von Weisen zuzubereiten: mit Honig gesüßt, mit Vanille und Blütenaromen angereichert, mit Chili versetzt oder auch mit *achiote* (der natürlichen Lebensmittelfarbe Annatto), der alles blutrot verfärbt und den Mund des Trinkers in eine den Göttern gefällige Farbe taucht. Vor allem aber liebten sie es, die Schokolade stark geschäumt zu trinken. Sie war das Getränk der Elite, wozu in dieser kriegerischen Gesellschaft natürlich auch die Krieger zählten, die auf ihren Eroberungszügen sogar eine Art Instant-Schokolade in Tablettenform als Proviant mit sich führten.

Kolumbus lernte die Früchte des Kakaobaumes 1502 auf seiner vierten und letzten Reise kennen, als er vor der Küste Mittelamerikas auf eine Handelsexpedition der Maya traf. Als er einige Kakaobohnen nach Spanien sandte, handelte er sich eine weitere Schlappe ein, denn keiner wusste etwas mit den abscheulich bitteren Kernen anzufangen. Erst Hernán Cortés und die anderen Eroberer Mexikos lernten nach einem kurzen Augenblick des Befremdens den ungewohnten dunklen Trank zu schätzen. Es war sicherlich nicht von Nachteil, dass er im Ruf stand, ein Aphrodisiakum zu sein – was stets ein überragender Grund für die Akzeptanz exotischer Produkte in den vornehmen Kreisen Europas war. Dem Chronisten José de Acosta zufolge sollen ihm am Ende des Eroberungsjahrhunderts die in Mexiko siedelnden Spanier allesamt verfallen gewesen sein – und zwar unterschiedslos Männer wie Frauen. Selbst die legendären Piraten der Karibik, die nach ihrem Anteil an Spaniens neu erworbenem Reichtum trachteten, konnten auf die morgendliche Schokolade nicht verzichten, wie man aus dem *Piratenbuch* des Freibeuters Alexandre Olivier Exquemelin erfährt.

Um diese Zeit herum erreichte die Schokolade den Hof der »allerkatholischsten Majestät«, wie der König von Spanien offiziell heißt. Fortan ergötzte sich die höfische Welt an dem neumodischen Heißgetränk. Bei seinem Konsum hielt man sich sklavisch an die aztekischen Rezepturen. Sogar der Mahlstein *metate*, das wichtigste Arbeitsgerät der aztekischen Küche, wurde in Spanien eingeführt, um die Bohnen stilecht mahlen zu können. Im späten 17. Jahrhundert erlag zunehmend ganz Europa dem Bann der Schokolade, wobei man es vor allem im Versailles des Rokoko verstand, das Modegetränk in diese galante und elegante Welt zu integrieren. Zuvor bereits rühmte man seine medizinischen Vorzüge und machte es bisweilen gar für gewisse Missgeschicke verantwortlich, die man lieber verschwiegen hätte. So heißt es in einem Brief von Madame de Sévigné aus dem Jahre 1671: »Die Marquise von Coetlogon sprach der Schokolade während ihrer Schwangerschaft letztes Jahr im Übermaß zu, sodass sie ein Baby gebar so schwarz wie der Teufel.« Dadurch, dass die Schokolade zu *dem* Getränk der europäischen Aristokratie wurde, wobei sie zunehmend mit Milch getrunken wurde, ging sie allerdings auch im Gefolge der Französischen Revolution gemeinsam mit dem Ancien Régime unter. Genauer gesagt »beendet sie ihr Dasein als Schokolade und findet ihre Fortsetzung im Kakao«, wie Wolfgang Schivelbusch konstatiert. Das Feld musste sie anderen – Schivelbusch nennt sie die »erwachsenen« – Genussmitteln überlassen, vor allem dem bürgerlichen Kaffee. Im 20. Jahrhundert feierte sie aber als Tafelschokolade ein sensationelles Comeback – und sorgte fortan für überbordende Ausschüttungen von Glückshormonen bei einer stetig wachsenden Anzahl von Menschen.

Ganz anders als in Europa verlief der Kolumbische Austausch in den Kolonien. 1493 begab sich Kolumbus mit 17 Schiffen und über tausend Passagieren auf seine zweite Reise zu den Antillen. Die Haustiere, die er mit sich führte – eine veritable Arche Noah der Kolonialisierung mit Pferden und Kühen, Schweinen, Hunden und Hühnern, Ziegen und Schafen –, hatten eine Revolution der Ernährung und der Esskultur zur Folge. Besonders die iberischen Siedlerkolonien in Mexiko und Peru (aber auch das portugiesische Goa) verwandelten sich in kulinarische Laboratorien, in denen sich erstmals in großem Maße die Kochstile mischten. In erstaunlich kurzer Zeit führte dies zur Entstehung völlig neuer Küchen, die in Abhängigkeit von den jeweiligen indigenen Kochkünsten, den landwirtschaftlichen Bedingungen und der sozialen und ethnischen Zusammensetzung der Kolonien ein eigenständiges Profil gewannen. Vor allen anderen gilt Mexikos *Mestizo*-Küche bis heute als die gelungenste Mischung aus Spanischem und Indianischem.

Caecilie Seler, die Frau des Begründers der Mexikanistik, Eduard Seler, veröffentlichte im Jahre 1909 in der *Zeitschrift des Vereins für Volkskunde* den Aufsatz »Mexikanische Küche«, eine erste und durchaus gelungene Skizze dieser in Europa unbekannten Essprovinz. Caecilie Seler nahm die Küche Mexikos vollkommen zu Recht als indianisch geprägt wahr. Damals wie heute drehte sie sich vornehmlich um Mais, Bohnen und Chili, wobei der Chili Caecilie Seler in diesem Dreigestirn der hellste Stern zu sein schien. Wie sie betont, hieß Fasten im alten Mexiko, sich des Chiligenusses zu enthalten – ohne Chili konnte von Essen also keine Rede sein. In der Alltagsernährung liefert der Mais die Kohlenhydrate (und deckt rund 80 Prozent des Kalorienbedarfs), die Bohnen sorgen für die Proteine, und der Chili (ergänzt um Tomaten, Kürbis und Avocado) steuert Vitamine sowie Mineralstoffe bei und sorgt für den nötigen Geschmack. Zusammen ergeben sie die elementarste Form einer indigenen Mahlzeit. In ihrer Allgegenwart kann man einen Triumph der aztekischen Ernährungsweise über die kulinarische Kultur der spanischen Konquistadoren sehen. Einerseits. Andererseits lässt sich der Einfluss Spaniens mit Händen greifen.

Über die vorkolumbische Esskultur sind wir erstaunlich gut informiert. Der Franziskanermönch Bernardino de Sahagún hinterließ mit seiner monumentalen *Historia General de las Cosas de Nueva España* eine ethnografische Abhandlung, die sich nicht zu schade für die Aspekte des indigenen Alltags war. In diesem Pionierwerk kann man mit Fug und Recht das erste Werk der Kulinarischen Ethnologie sehen. So wissen wir, dass die aztekische Kochkunst ohne Bratfett auskam. Erst mit dem Schmalz iberischer Schweine konnte es Frijoles re-

fritos geben, da sich gestampfte Bohnen nun auch braten ließen. Die festlichen Tamales fielen mit Schmalz lockerer und
geschmackvoller aus. Und ohne die europäischen Haustiere
könnte es keine käsegefüllten Quesadillas geben und keine
Tacos mit gegrilltem Huhn, Schweine- oder Rindfleisch.

Als ich als junger Reisender glaubte, mit Chili, Cilantro und
Limette den Geschmack des indigenen Mexiko auf der Zunge
zu haben, da ahnte ich noch nicht, dass davon nur der Chili
einheimisch war. Ähnlich ging es auch der amerikanischen
Ethnologin Judith Friedlander, als sie zu ihrem Erstaunen
herausfand, dass 11 von 16 Zutaten einer Mole fremden Ursprungs waren, und das nicht etwa in der Stadt, sondern in
einer indigenen Dorfgemeinschaft, in der Nahuatl gesprochen wurde, die Sprache der Azteken. Besonders in die Moles
fand Neues also zügig Eingang, wenngleich sie bis heute auf
traditionelle Art zubereitet werden, indem ihre Ingredienzien
allesamt vor der Weiterverarbeitung auf der *metate* (oder im
Mixer) gemahlen werden.

Mexikos Nationalgericht Mole poblano ist nach der Stadt
Puebla am Fuße des Popocatepetl benannt. Es schmeckt, als
ob der Herrscher der Azteken Montezuma und der König von
Spanien zumindest kulinarisch zueinander gefunden hätten.
Denn es handelt sich dabei um ein Truthahngericht, dessen
Sauce eine wahrhaft erstaunliche Vielfalt an Zutaten weltum-
spannender Herkunft aufweist. Zum heimischen Truthahn,
diversen Chilisorten, Tomaten, Schokolade und Erdnüssen
gesellen sich mediterrane Mandeln, Rosinen und Knoblauch.
Aber erst Anis, Koriander, Sesam und die Gewürze des klassischen Gewürzhandels – Pfeffer, Zimt und Nelke – sind für
ihren unverwechselbaren Geschmack verantwortlich. War
das noch eine indianische Mole, oder nicht bereits ein mexi-
kanischer Curry mit arabisch-andalusischen Wurzeln?

Mexikanische Küche, das sind die Grundzutaten der indigenen Küche sowie das ihr zugrunde liegende Regelwerk, das man ihre »kulinarische Grammatik« nennen könnte. Aber das ist auch eine um Neues bereicherte Küche, deren herausragendste Erzeugnisse wir heute als *Crossover* und *Fusion* bezeichnen würden. Diese so modern erscheinenden Entwicklungen blieben indes für Europa und die übrige Welt ohne Folgen, da sich die Kolonialmächte Spanien und Portugal den kolonialen Einflüssen versperrten. Der in Spanien lebende Nachkomme der Inka Garcilaso de la Vega bemerkte, dass die aus den Kolonien zurückgekehrten Spanier Chili häufig den »Gewürzen aus Ostindien« vorziehen würden. Aber in Spanien selbst verbreiteten sich zunächst weder Chili noch Kartoffel, Mais oder Tomaten, ganz zu schweigen von den Köstlichkeiten, die man damit in Peru und Mexiko auf den Tisch zu bringen verstand.

Anderswo dagegen wurden die Ernährungsgewohnheiten der Kolonialherren nicht nur von den Küchen der Kolonisierten beeinflusst, sondern es gelangten auch komplette Speisen und Gerichte erstmals nach Europa. Dass sich bei dieser zweiten kulinarischen Globalisierungswelle besonders die Engländer in Indien hervorgetan haben, mag Erstaunen hervorrufen. Aber werfen wir zunächst einmal einen Blick auf ihre Kolonien in Amerika.

In sämtlichen englischen Kolonien in Nordamerika, von Neuengland im Norden bis South Carolina und Georgia im Süden, waren die sozialen Barrieren zwischen Einwanderern und Einheimischen durchweg höher als in den Kolonien Spaniens und Portugals. Mischehen etwa, sieht man einmal von der berühmten Powhatan-Prinzessin Pocahontas aus Virginia ab, kamen hier so gut wie nie vor. Dennoch pflanzten die Siedler die Grundnahrungsmittel der Indianer an, nämlich Mais, Bohnen und Kürbis, die von den Irokesen poetisch

»die drei Schwestern« genannt wurden. Dabei verdrängte der Mais allerdings nicht das aus Weizen gebackene Brot, und alle Nahrungspflanzen wurden gewöhnlich gemäß den eigenen Traditionen zubereitet. »Die Vereinigten Staaten begannen ihre kulinarische Geschichte in vollständiger Treue zu den Traditionen der Britischen Inseln [...] und sie sind diesen seither treu geblieben«, lautet das Fazit von Waverley Root und Richard de Rochemont in ihrer Kulturgeschichte des amerikanischen Essens. Die Bohnen etwa kamen als das bekannte Regionalgericht Boston Baked Beans auf den Tisch. Daran war möglicherweise der Zusatz von Molasse indianisch, aber nur insofern, als sie anstelle des indigenen Ahornsirups für die charakteristische Süße sorgte. Der erzamerikanische Pumpkin Pie hingegen ist natürlich ganz und gar englisch. Auch hier findet demnach eigentlich nur ein Austausch von Feldfrüchten statt, aber in beide Richtungen.

Denn auch die Ureinwohner des Landes, die jenseits der *Frontier* siedelten, übernahmen im Laufe der Zeit einige europäische Haustiere, wodurch Milch und Butter bald Eingang in ihre Ernährung fanden, etwa als Bereicherung des indianischen Hominy oder Maisporridge. Neues Obst fand mit Leichtigkeit den Weg in die indianischen Gärten, wo alsbald Melonen, Kirschen und Pfirsiche sprossen. Die Begeisterung für Äpfel war besonders groß. Der Amerikaner Henry Schoolcraft, den sie im 19. Jahrhundert an die Begeisterung seiner Landsleute für die exotische Banane erinnerte, erklärte: »Der Apfel ist die Banane des Indianers.« Außerdem wurden Kohl, Rüben und schließlich sogar Kartoffeln angebaut, wobei das Grundnahrungsmittel der Andenkulturen in Nordamerika als Irish Potato eingemeindet wurde. Wie der einheimische Kürbis ließen sich Äpfel und Kartoffeln in der Asche garen oder Kesselgerichten beifügen.

Überhaupt kam es auch hier nur selten zu einem Austausch

von Gerichten und Speisen in Form von Rezepten. Höchstens in Succotash, einem Mischgericht aus Mais und Bohnen, kann man ein Erbe des indianischen Kochens im heutigen Amerika sehen – das Gericht hat seinen Platz im patriotischen *American Heritage Cookbook* gefunden. Mehr Gerichte aber wurden nicht übernommen. Einige Autoren der Kolonialzeit erwähnen das wohl auffallendste indianische Gericht der Region. Dabei werden die Nüsse des Hickorybaumes zerstampft und zusammen mit Fleisch und Gemüse gegart, wobei die »Nuss-Milch« dem Gericht eine milchige Farbe und einen »kräftigen und angenehmen Geschmack« verleiht, wie Johann Heckewelder sich ausdrückte, ein deutscher Siedler und Missionar der Herrnhuter. Aber nicht einmal diese Spezialität fand den Weg über die Scheidegrenze zwischen den Kulturen. Im heutigen Amerika ist die Vorstellung eines gastronomischen Sharing, also eines Gebens und Nehmens zwischen den Alteingesessenen und den Neuankömmlingen, weit verbreitet. Doch wird man darin wohl eher einen Fall von nachträglicher »Fakelore« als von echter historischer Folklore sehen müssen.

Zu den unbekanntesten Aspekten amerikanischer Geschichte gehört, dass sich ausgerechnet im Hinterland der rassistischen südlichen Sklavenhalterkolonien eine indianisch-europäisch-afrikanische Mischkultur herausbildete. Der Gängelung in den englischen Siedlungen entronnen, gingen weiße Händler Ehen mit indianischen Frauen ein; und aus entflohenen schwarzen Sklaven wurden durch Adoption und Heirat Stammesmitglieder. Ihre gemischte Nachkommenschaft stellte ein wesentliches Bevölkerungselement jener Kulturen dar, die im frühen 19. Jahrhundert als die *Five Civilized Tribes* der Cherokee, Creek, Chickasaw, Choctaw und Seminolen bekannt wurden. Möglicherweise ist deshalb das indianisch-kulinarische Erbe im Süden ein wenig stärker ausgeprägt, wie Charles Hudson, der beste Kenner dieses Kulturareals, in seinem Standardwerk *The Southeastern Indians* (1976) argumentiert. Hier spielt Maisbrot (»Cornbread«) eine bedeutende Rolle, ebenso wie Hominy und Sofkee, das hier Grits heißt, also Grütze. Auch das Räuchern über Hickoryholz und die typischen Pit-Barbecues der *Southern Cuisine* dürften indianischen Ursprungs sein. Vieles davon blieb freilich auf die Unterschicht beschränkt. Es dürfte kein Zufall sein, dass es als *Soul Food* überlebte, wie die Küche der Afroamerikaner seit der Zeit der Bürgerrechtsbewegung genannt wird.

Mit »Cherokee-Frikassee« hat allerdings zumindest ein indianisches Gericht kurzfristig den Sprung über den Atlantik geschafft. Und das kam so: Im späten 18. Jahrhundert besuchte eine indianische Delegation London, um für ein Bündnis gegen den Expansionismus der neugegründeten Vereinigten Staaten von Amerika zu werben. Bei ihrem Anführer handelte es sich um einen ehemaligen Siedler namens William Augustus Bowles, der nach Art des Lawrence von Arabien unter den Seminole Floridas lebte. Der charismatische »Weiße Indianer«, der gebürtiger Engländer war, wurde in der besten Gesellschaft herumgereicht und machte großen Eindruck – nicht zuletzt mit seinem »Cherokee-Frikassee«, das sich Presseberichten zufolge als kulinarische Sensation der Saison entpuppte. Leider hat es die englische Sensationspresse versäumt, die Nachwelt auch über die Beschaffenheit dieser indianischen Spezialität zu informieren. Es könnte sich um die milchfarbene Speise aus der Hickorynuss gehandelt haben. Andererseits waren die Ressentiments der Engländer bei Weitem größer, als dieses kurzfristige Interesse am Unbekannten suggeriert. So sah sich der berühmte amerikanische Indianermaler George Catlin mit vielen Fragen konfrontiert, als er mit seiner Wanderausstellung durch England tourte, von denen die beliebteste war, ob die Indianer ihre Skalps auch verspeisen würden.

Auch dem wichtigsten Genussmittel der Indianer Nordamerikas neben dem Tabak war beim kulinarischen Transfer zwischen den Kulturen kein Erfolg beschieden. In Amerikas Südosten kannten die indianischen Völker ein einheimisches, dem Tee vergleichbares Getränk, das unter den Namen *Black Drink, Yaupon* oder *Cassina* (*Ilex vomitoria*) bekannt wurde. Es enthält den Wirkstoff Koffein und ist im Geschmack leicht bitter, wie sein enger Verwandter, der vor allem in Argentinien und Paraguay beliebte Mate (*Ilex paraguariensis*). Die Indianer genossen diesen stimulierenden Trank in Gruppen, kaum anders als wir Tee oder Kaffee. Hoch konzentriert und in Mengen getrunken galt er als Brechmittel, mit dessen Hilfe sich die Männer öffentlich ritueller Reinigungen unterzogen, indem sie so viel davon tranken, bis sie sich wiederholt übergeben mussten. Von Anfang an hob der koloniale Blick diesen Aspekt des *Black Drink* hervor. Als Trank, der zum Erbrechen führte, wurde er zu einem *savage drink* stilisiert, einem für Wilde passenden Getränk. Als schließlich Botaniker diesen Aspekt im lateinischen Namen der Pflanze festschrieben – *Ilex vomitoria* –, war das natürlich nicht unbedingt »ein guter Handelsname für einen Tee«, wie Charles Hudson trocken bemerkt.

Es ist bekannt, dass spanische Siedler in Florida ihn als *té del Indio* tranken. Nach England kam er unter der irreführenden Bezeichnung *South Sea Tea*, während er in Frankreich als *Apalachine* eingeführt wurde. In Europa ging der *Black Drink* in der Konkurrenz mit den drei neuen Heißgetränken Kaffee, Tee und Schokolade unter, die fast zeitgleich auf den europäischen Markt drängten. Auf die Frage, warum er nicht einmal in Amerikas Süden überlebte, drängt sich eine Antwort auf: Da die Pflanze überall zwischen South Carolina, Florida und Texas gedeiht, war der *Black Drink* billig zu haben. Als Tee der indianischen Wilden aber und als das Getränk des *white trash,* der armen weißen Bevölkerung, die sich nichts Besseres leisten konnte, galt er als *déclassé*. Damit hatte der *Black Drink* in seiner Heimat keine Zukunft. Es entbehrt freilich nicht ganz der Ironie, dass mit Coca-Cola im 20. Jahrhundert ausgerechnet von Atlanta, der Metropole des Südens, der globale Siegeszug eines neuen *Black Drink* ausgeht.

Der eigentliche Siegeszug der zweiten kulinarischen Globalisierungswelle nahm in Indien seinen Ausgang und spülte mit »Curry« erstmals fremde Speisen nach Europa. Diese Diffusionswelle bietet reiches Anschauungsmaterial, nach welchen Regeln kulinarisch Fremdes domestiziert und indigenisiert, also zu Eigenem gemacht wird. Mit der Einverleibung des indischen Kronjuwels in das Britische Empire stießen zwei denkbar unterschiedliche Esskulturen aufeinander. Anders als in Nordamerika entstand dabei eine bemerkenswerte Kolonialküche. Und anders als in Mexiko oder Peru ging diese neue hybride Küche nicht spurlos an der Küche der Kolonialmacht vorüber.

Anglo-Indian cookery wird häufig als Resultat der alltäglichen Interaktion von männlichen indischen Köchen (die ihr Handwerk beherrschten, aber keine Vorstellung davon hatten, wie englische Kost zu schmecken hatte) und ihren Memsahibs, den britischen Ehefrauen (die natürlich genau wussten, wie englisches Essen zu schmecken hatte, aber meist nicht kochen konnten und ratlos waren, wie dieser Geschmack zu erzielen sei), charakterisiert. Die Anfänge der angelsächsischen Curry-Begeisterung sind freilich älter. Sie gehen auf das 17. Jahrhundert zurück, als überwiegend alleinstehende Männer im Auftrag der East India Company nach Indien kamen. Als kleine Gruppe von Händlern und Verwaltungsbeamten lebten sie weit verstreut über ein Land von gewaltigen Ausmaßen, wodurch sich keine segregierten Siedlerkolonien ausbilden konnten. Deshalb passten sie sich auf vielerlei Weise an die Landessitten an, rauchten etwa regelmäßig die Hookah oder Wasserpfeife und gelegentlich auch Haschisch, konsumierten lokal destillierten Arrak und kauten auch mal Betelnüsse, würzten ihre Sprache mit indischen Lehnworten, duschten regelmäßig, kleideten sich leger und bisweilen sogar nach indischer Art. Und sie lebten häufig mit einer einheimischen Frau zusammen. Man stelle sich vor, dass im 17. und 18. Jahrhundert einer von drei Briten in Südasien, die sich damals selbst *Indians*, *East-Indians* oder *Anglo-Indians* nannten, seinen gesamten Besitz an eine Einheimische vererbt hat. Da überrascht es nicht, dass viele dieser »verinderten Europäer«, wie Karl-Friedrich von Rumohr sie einmal genannt hat (in der Epoche des Britischen Empire sprach man vom *going native*), bereitwillig Gefallen am lokalen Essen fanden. Man muss allerdings betonen, dass damals in ihrem heimischen England das Würzen auch noch keinesfalls, wie in späteren Zeiten der Fall, mit einem Tabu belegt war. In diesem Milieu wurde die britische Lust auf Curry geboren, die heute aktueller ist denn je.

Im Verlaufe der Konsolidierung der *Raj*, wie die britische Kolonialherrschaft in Indien heißt, bildete sich ein eigenständiger Ableger der südasiatischen Esskultur heraus. Diese *Anglo-indische Küche* der neuen herrschenden Klasse Indiens drehte sich um Reis und Curry, die es morgens, mittags und abends gab. Ihr Flaggschiff war zweifellos die legendäre Mulligatawny-Suppe, die einem breiten Publikum hierzulande aus dem obligatorischen Silvester-Sketch fast sämtlicher deutscher Fernsehkanäle bekannt ist – *Dinner for One*. Die Mulligatawny entstand aus der Erwartung britischer Kolonialherren, als ersten Gang ihrer Mahlzeit eine Suppe kredenzt zu bekommen. Also würzte der Koch das einheimische »Pfefferwasser« (*molo tunny* ist die tamilische Bezeichnung für

eine Brühe aus Pfeffer und Tamarinde) mit etwas »Curry«
und fügte Gemüse, Fleisch und sogar Reis hinzu. Diese Verbindung von englischen Vorstellungen einer angemessenen
Mahlzeit mit indischen Ingredienzien ist geradezu das Para-
debeispiel für die Kreolisierung der Küche.

Ein beliebtes Frühstücksgericht war Kedgeree, ursprünglich
eine Mischung von Reis und Linsen. Da Fisch sich im tro-
pisch-feuchten Klima Indiens schlecht hielt, wurde er am
liebsten frühmorgens gegessen. Mit der Zeit verdrängte Fisch
die Linsen komplett, sodass das anglo-indische Kedgeree ein
mit dem leuchtend-gelben Kurkuma gewürztes Reisgericht
mit Fisch bezeichnete, das mit hart gekochten Eiern und gerösteten Zwiebeln garniert wurde. Ein anderes Fischgericht
war Bombay Duck, womit eine kleine Fischsorte gemeint war,
die man zunächst in der Sonne trocknete, um sie dann gold-
braun auszubacken. Die Briten liebten deren intensives Salz-
aroma über alles und bröselten sie am liebsten auch über andere »Currys«. Während die Anglo-Inder von Madras als
Mulls (von Mulligatawny) bezeichnet wurden, hießen jene
von Bombay nur noch *Ducks*. Unter der seltsamen Bezeichnung *Country Captain* schließlich wurde ein Chicken-Curry
bekannt, das reisende Kolonialbeamte regelmäßig in den staat-
lichen Rasthäusern und Bungalows vorgesetzt bekamen, weil
seine wesentlichen Zutaten Huhn, Kurkuma und Chili immer
und überall verfügbar waren.

Allerdings wäre kein Inder angesichts dieser Speisen auf die
Idee gekommen, von »Curry« zu sprechen. »Curry« war nämlich eine britische, den vielfältigen Esskulturen des Subkontinents aus Ignoranz übergestülpte Bezeichnung. Ein Einheimischer hätte Speisen wie Rogan Josh oder Korma oder sogar ein
Linsengericht wie Dal bestellt. Für die Briten war das alles
»Curry«. In einigen Sprachen Südindiens bezeichnen Wörter
wie *karil* oder *kari* gewisse Gewürzmischungen und damit

zubereitete Saucen. Zunächst entlehnten die Portugiesen dieses Wort, und von ihnen übernahmen es die Briten. Das verballhornte »Curry« wurde die englische Oberbezeichnung für alle stark gewürzten indischen (und in der Folgezeit sogar anderen asiatischen) Gerichte, die mit einer Sauce serviert wurden. Dabei war ihnen durchaus geläufig, dass es regionale Unterschiede gab. Gewöhnlich wurde zwischen den drei Zentren Bombay, Bengalen (also Kalkutta) und Madras unterschieden, wozu noch Ceylon und der Curry auf malaiische Art traten, wo man deutlich schärfer und unter Verwendung von Kokosmilch kochte.

Mit der Zeit blieb es nicht aus, dass diese Currys simplifiziert und dem britischen Geschmack angepasst wurden. Doch »Curry« wurde nicht nur die Bezeichnung für alle Speisen vom Typ Ragout und Geschmortes, sondern »Curry« wurde selbst zu einem Gericht. Ein »Curry« meinte gewöhnlich ein Fleisch- oder Fischgericht mit einer scharfen Sauce aus Gewürzen, Zwiebeln und Tomaten, das nur noch die Unterscheidung Chicken Curry, Lamb Curry, Prawns Curry zuließ, und zwar in den Versionen mild, mittel oder scharf. Die Küche der von den Briten abgelösten Mogulherrscher war kein panindisches Phänomen, sondern vor allem auf den Norden beschränkt. Dagegen nahmen die Briten Anregungen aus allen Teilen ihrer weitläufigen Kolonie auf und vereinigten die unterschiedlichsten Rezepte, Zutaten und Techniken zu einem Ganzen. Grüne Mango etwa, die bisweilen einem südindischen Fischgericht beigegeben wird, fand plötzlich in zahllose Currys Eingang. Die als delikat empfundene Kokosmilch dagegen verfeinerte Rezepte der Mogulküche, in denen sie eigentlich nichts verloren hat. Schließlich kamen aus allen Landesteilen die unterschiedlichsten Chutneys und Relishes, in Indien *achar* genannt, gleichzeitig auf den Tisch. Das dürfte wahrscheinlich der Fall gewesen sein, als der größte Dichter des Empire, Rudyard Kipling, nach einem Dinner im berühmten Raffles Hotel in Singapur im Jahre 1889 enthusiastisch notierte, er habe nicht weniger als »sechs verschiedene Chutneys mit einem Curry« verspeist. Es war vor allem diese Kombination von pikantem Curry mit süß-sauer-salzigen Dips, die die anglo-indische Küche für den britischen Gaumen so unwiderstehlich machte.

Die East India Company regierte Indien bis 1858, erst als Reaktion auf den Sepoy-Aufstand wurde die Verwaltung des Landes der Krone unterstellt. 1877 schließlich wurde Königin Victoria zur Empress of India gekrönt. Bereits in *The Art of Cookery* von Hannah Glasse aus dem Jahre 1747 tauchen erstmals in einem englischen Kochbuch einige indische Rezepte auf und stoßen zunächst in der Welt des Adels auf Interesse. Doch es waren vor allem pensionierte Angestellte der Ostindischen Handelsgesellschaft – die man sich in der englischen Heimat allesamt als reich vorstellte und deshalb *Nabobs* nannte –, die den Curry nach England brachten. Bereits Mitte des 19. Jahrhunderts galt das in England erfundene »Curry-Powder« als fester Bestandteil der englischen Küche – mit fatalen Folgen für die subtile Raffinesse und Vielfalt der Küchen Indiens. Eine standardisierte Gewürzmischung kannte die anglo-indische Küche nicht, denn es mangelte den britischen Herrschaften nicht an Küchenpersonal, das tagtäglich alle Gewürze nach Bedarf frisch zu mahlen pflegte, wie in Indien üblich. Als sich die aufstrebende englische Mittelklasse zunehmend für Curry begeisterte, kam das abgepackte Currypulver wie gerufen und wurde zu einem regelrechten Brandbeschleuniger bei der Verbreitung indischer Speisen. Großbritanniens Curry-Manie vermag die Idee eines »sinkenden Kulturguts« zu veranschaulichen, da nach aristokratischen Anfängen im 18. Jahrhundert Curry um 1850 zur Leibspeise der Mittelklasse wurde. Wobei Currygerichte der sparsamen

Mittelklasse als besonders attraktiv schienen, weil sie eine neuartige Verwertung von Fleischresten über die etablierte Folge »Sunday, roast; Monday, hash« hinaus ermöglichten. Erst im späten 20. Jahrhundert wird Curry auch zum Leibgericht der englischen Arbeiterklasse, um schließlich sogar zum notorischen *Pub Grub* herabzusinken.

Zwei unterschiedlichere gastronomische Kulturen als die englische und die indische lassen sich kaum vorstellen. Die heimische Küche der englischen Kolonialherren, die im Verlaufe des rassistischen 19. Jahrhunderts mehr und mehr mit dem Dünkel kultureller Überlegenheit auftraten, war auf Berge von Fleisch fixiert und so gewürzarm, dass ausländische Besucher gewöhnlich an ihrer Fadheit verzweifelten. *Bland British food* wurde nach der Devise »we have it boiled, and no nonsense about it« zubereitet, wobei mit »Nonsens« solche kontinentalen Mätzchen gemeint waren wie Gemüse in Butter zu sautieren, statt es zu Brei zu kochen. Das Essen, jammerte ein Schweizer Pastor 1782, bestehe aus halb gegartem gesottenen oder geröstetem Fleisch und in Wasser gekochten Kohlblättern, die immer unter einer dicken Mehlschwitze begraben würden. Der junge Gandhi konnte sich als Student in England lange nicht von dem Schock erholen, dass in Wasser gekochte Kartoffeln ohne weiteren Zusatz verspeist wurden.

Dagegen sind die Küchen Indiens eher vegetarisch ausgerichtet, auch wenn heute nur ein Fünftel der Bevölkerung wirklich streng vegetarisch lebt, mit Gujarat als globaler Hochburg des Vegetarismus. Aber das gemeinsame Kennzeichen indischer Kochstile ist eine Gewürzintensität, die weltweit ihresgleichen sucht. Auch in Indien hat man sich der Kartoffel angenommen: Die in Öl frittierten Samosas, Teigtaschen mit intensiv gewürzter Kartoffelfüllung, sind rund um den Globus beliebt. Auf den Straßen Neu-Delhis dagegen werden geröstete Kartoffeln als Snack angeboten, die mit reichlich Masala bestäubt werden, bevor man sie auf die Hand bekommt.

Was passierte nun, als diese beiden Traditionen aufeinander prallten? Wie erging es der anglo-indischen Küche in England?

Am Beispiel des Curry lässt sich das folgende Muster einer weitgehenden »Anglisierung« erkennen: Zutaten, die in England fehlten, wie beispielsweise damals die Kokosmilch, wurden einfach weggelassen oder durch Kokosflocken oder gewöhnliche Milch und bisweilen Sahne ersetzt; an die Stelle geklärter Butter, *ghee*, trat als Bratfett frische Butter und später natürlich Margarine; und die Mango machte grünem Apfel Platz. Außerdem gibt es keinen englischen Curry ohne Rosinen (eine eigenwillige Assoziation, da man Rosinen in Indien nur in einigen Reisgerichten der Mogulküche kennt). Einheimisches Gemüse, darunter Kohl, Erbsen und Möhren, hielt Einzug in Currys. Gewürzt wurde mit standardisiertem Curry-Powder, wobei die Gewürzmenge drastisch reduziert wurde, darunter besonders der scharfe Chili, während der Anteil des farbenfrohen Kurkuma oder Gelbwurz steil anstieg. Zusätzlich wurden noch typisch europäische Küchenkräuter hinzugefügt, wie Lorbeerblätter, Thymian oder Majoran. Ferner ist es nicht unüblich, den Curry durch Zugabe von ein oder zwei Löffeln Mangochutney (oder einem beliebigen *jam*) zu würzen, statt Chutney zum fertigen Gericht zu reichen.

Auch die Kochtechniken wurden angepasst. Das Currypulver wurde einfach der Schmorflüssigkeit zugegeben, ohne zunächst leicht angebraten zu werden, was den Geschmack intensiviert. Vor allem aber wird Mehl zum Andicken des Curry gebraucht, was einem wahrhaft gravierenden Eingriff gleichkommt. Doch ohne *gravy*, Mehlschwitze in großen Mengen, fehlt etwas auf englischen Tischen. Serviert wird ein englischer Curry erst, wenn er zuvor mit etwas Zitronensaft abgeschmeckt wurde. Auf der Tafel wird er dann nicht nur mit zahlreichen Chutneys, sondern auch mit mehr oder weniger exotischem Obst serviert. Ein weiterer Schritt auf dem Weg der Anglisierung bestand darin, diese Currys in die englische Menüfolge – Suppe, Curry, Pudding – zu integrieren und gar mit Brot oder Chips zu servieren, den dicken englischen Verwandten der kontinentalen Pommes frites.

In England weilende Inder taten sich nach dieser Metamorphose schwer, das Resultat als indisches Gericht wiederzuerkennen. Englands Köche hingegen vergaßen, dass viele Zutaten aus der Not geboren und eigentlich als Ersatz gedacht waren. Sie galten bald als typisch für einen Curry, der ab Mitte des 19. Jahrhunderts zu einer fixen Größe britischer Esskultur geworden war (während zeitgleich die Curry-Küche unter den Briten in Indien zunehmend auf Ablehnung stieß und zum Außenseiter wurde; hier imitierte man lieber die französische *Haute Cuisine* oder was man dafür hielt). Es braucht nicht viel Fantasie, um sich auszumalen, wie die Anglisierung anderer anglo-indischer Gerichte ausgefallen ist, dass etwa Äpfel, Schinken und Kartoffelstärke den Weg in die englische Mulligatawny fanden oder das erwähnte Kedgeree bis auf den heutigen Tag am liebsten mit geräuchertem *haddock* (Nordsee-Schellfisch) genossen wird. Bei dem auf der Insel kreierten »Indian Egg« schließlich, einer Speise, bei der Ei auf Toast mit einer dicken Curry-Sauce überbacken wird, nicht ohne vorher noch einige Reiskörner darauf zu streuen, findet eine symbolische Umkehrung statt. Denn der Reis, Kern einer indischen Mahlzeit, dient hier zur Dekoration, während das englische Toastbrot zu ihrer Basis geworden ist.

Bei der Anglisierung des Curry handelt es sich, allgemein gesprochen, um einen Vorgang der »Indigenisierung«. Mehr noch als beim Kolumbischen Austausch vermag diese Anpassung indischer Gerichte an den englischen Geschmack exemplarisch zu zeigen, was passiert, wenn Speisen reisen. Wie Claude Lévi-Strauss betont hat, ist eine Küche ein Ort, wo Rohes in Gekochtes verwandelt wird, Natur und Kultur also gewissermaßen zusammentreffen. Anders als bloße Feldfrüchte und unverarbeitete Nahrungsmittel sind Speisen und Gerichte der zweiten kulinarischen Globalisierungswelle Resultate einer solchen kulturellen Verwandlung. Um akzeptiert zu werden – dies vermag die Geschichte des Curry in der anglo-indischen Küche und in England eindrücklich zu zeigen –, müssen sie sich in einem weitgehenden Maße in eine neue kulinarische Grammatik einfügen. Folglich können beim Reisen von Speisen unerwartete und überraschende Veränderungen nicht ausbleiben. Auch scheint ihre Diffusion selten ohne Banalisierungen und Simplifizierungen abzulaufen.

Während die Kücheneinflüsse Indiens die englischen Essgewohnheiten unübersehbar beeinflusst haben (selbst die Worcestersauce kann ihre indischen Wurzeln nicht verleugnen), werden Reisende im heutigen Indien nur mit Mühe ein englisches kulinarisches Erbe erkennen können, sieht man von einigen Getränken ab. Neben Marmelade mit Toast und einigen urenglischen *buns* und *rolls* schien mir in Indien möglicherweise die Begeisterung für Tomatensuppe ein koloniales Erbe zu sein. Auch *cutlets* aus gehackten Fleisch- und Gemüseresten, die in Panade verpackt gebraten werden, könnten von der ausgeprägten britischen Neigung zur Sparsamkeit in der Küche und zur Resteverwertung zeugen. Und bei Indiens *Upper Crust* ist der Gebrauch von Curry-Powder neuerdings angeblich angesagt. Dagegen ist der Einfluss des einstigen Kolonialrivalen Portugal bis heute weitaus größer. Eine der bekanntesten Kreationen der Kolonialküche Goas, das Vindaloo, dessen Name sich von *vinhos e ahos* herleitet – mit Wein und Knoblauch geschmortes Fleisch –, taucht rund um den Globus auf allen indischen Speisekarten auf. Aber selbstverständlich in einer bastardierten Variante. Weil *aloo* nämlich auf Hindi Kartoffel heißt, wird unter Vindaloo ein sehr scharfer Curry verstanden, in dem Kartoffeln nicht fehlen dürfen.

Kaum anders als in Indien sieht es in den anderen Winkeln des einstigen British Empire aus. Im Guesthouse der Universität von Nigerias Millionenstadt Lagos wurde in den 1980er-Jahren nicht nur ein britisches Frühstück serviert, sondern abends auch *gammon* (an das ich mich als eine Art Kasseler erinnere), stilecht mit *gravy and mashed potatoes.* In Singapurs multikultureller Esskultur überlebte ein Wokgericht aus Corned Beef und grünen Bohnen. Und auch wenn Thailand nie Kolonie war, pflegen alteingesessene chinesische Restaurants in Bangkok ein Erbe des Empire, indem sie für »Beef Tongue Stew«, gekocht mit reichlich Zwiebeln und süßem Ketchup, einen Platz auf der Speisekarte reservieren.

Und dennoch: Kulinarischer Imperialismus ist bei Weitem kein Vorwurf, den man dem britischen Weltreich machen kann.

Ein Überraschungserfolg war den Briten freilich vergönnt. Im reformorientierten Meiji-Japan (1868–1912) propagierte man im Zuge der Konkurrenz mit dem imperialistischen Westen den vermehrten Verzehr von Rindfleisch, das zuvor verpönt gewesen war – und nahm den englischen Curry in den eigenen Speiseplan auf. Eine neue kulinarische Leidenschaft erfasste Japan, wo seither *kari raisu*, Curry und Reis, zu den beliebtesten Gerichten überhaupt zählt, nicht zuletzt bei Kindern. In jedem Supermarkt kann man ein fertiges Roux aus Mehl und Currypulver kaufen, das sich zu Hause mit den übrigen Zutaten schnell in *kari raisu* verwandeln lässt. Ganz gegen ihre sonstige kulinarische Etikette schütten Japaner das fertige Resultat – das man, mit Verlaub, nur als schlammigbraune Pampe beschreiben kann – über Reis, um sich einzig mit einem Löffel bewaffnet höchst unzeremoniell darüber herzumachen. Möglicherweise ist der englische Curry auch deswegen so beliebt, weil dieses Gericht eine Entlastung von den Geboten des in Japan ansonsten regierenden kulinarischen Perfektionismus erlaubt.

In Englands afrikanischem Kolonialreich konnte von einer anglo-afrikanischen Küche keine Rede sein. Eines der bemerkenswertesten Gerichte Westafrikas besteht aus Fleisch und Gemüse, dem geröstete und gemahlene Erdnüsse einen unvergleichlichen Geschmack verleihen. Ein unbekannt gebliebener Besucher Sierra Leones im 19. Jahrhundert scheint davon ähnlich angetan gewesen zu sein wie ich, als es mir im Senegal unter der Bezeichnung *Mafé* begegnete: »Jedes Land hat sein Nationalgericht, und ›Erdnusssuppe‹, eine reichhaltige helle Mischung aus gekochtem Geflügel und dem mandelähnlichen Inneren der Erdnuss, ist eines der großartigsten Gerichte aus diesem Teil der Welt«, schrieb er im Jahre 1847. Als »Groundnut Stew« wurde es in der Kolonialzeit in den Rang einer sonntäglichen Institution erhoben, wobei man sich am anglo-indischen Vorbild orientierte. Von seinen afrikanischen Gewürzen in Gestalt von stinkenden getrockneten Garnelen und maritimen Schnecken befreit, wurde es mit Currypulver und Zitrone gewürzt und, Indian-style, mit allerlei Dips auf den Tisch gebracht, wobei man »sich unterhielt, kräftig zulangte, mit kaltem Bier nachspülte und den Nachmittag dahindöste oder mit Plaudern verbrachte«, wie sich die Cambridge-Ethnologin Esther Goody erinnert.

Von den übrigen Kolonialmächten haben einzig die Holländer in Indonesien noch eine nennenswerte Kolonialküche hervorgebracht. Ihre Gerichte sind unter dem Namen *Rijstafel* bekannt, und sie werden nach Art eines opulenten Buffets serviert, wobei einem kulinarisch interessierten Publikum neuerdings viele Speisen zumindest dem Namen nach geläufig sind: Gado-Gado, Krupuk, Loempia, Nasi Goreng, Satay, Sambal oder Rendang. Anders als der Curry in England aber wurde die indonesische Reistafel in den Niederlanden erst im Gefolge der Entkolonialisierung populär. Nach dem fast vollständigen Verschwinden einer genuin holländischen Esstradition (sieht man einmal von Matjes und Stamppot ab) erscheint *Rijstafel* heutzutage vielen Holländern als das Einzige, was man einem fremden Besucher als »typisch niederländische Kost« anbieten kann, wie der Ostasienwissenschaftler Boudewijn Walraven angemerkt hat.

Und Frankreich? Die kulinarisch selbstbewussteste unter den europäischen Nationen, deren Haute Cuisine sich als erste Küche erfolgreich über nationale Grenzen hinaus ausbreitete, hat sich vielleicht am wenigsten den Küchen der Kolonisierten geöffnet. Was einmal scherzhaft »la conquête de la France par le Couscous« genannt wurde, hat mit Migration zu tun und ist postkolonialen Datums. Nicht anders als die bereitwillige Aufnahme der nordafrikanischen Merguez in das vergleichsweise wurstarme Snack- und Grillrepertoire des Landes. In *Nos recettes préférés à la maison* (1983), einem Kochbuch aus dem Hause Gault & Millau, fand ich nur vier Rezepte kolonialen Ursprungs: Als Vorspeisen einen Salade vietnamienne und das libanesische Tabbouleh, als Hauptspeisen Porc caramel et lait de coco aus Vietnam und das marokkanische Tajine-Gericht Poulet mqualli aux citrons confits. Während Frankreich seinen Kolonien gastronomisch die kalte Schulter zeigte, hinterließ es selbst erfolgreich überall seine Spuren. Ich war immer verblüfft, wenn mir in einem fernen Erdwinkel die französische Liebe zum frischen morgendlichen Baguette begegnete, ob auf einer Antilleninsel oder dem pazifischen Tahiti, am Ufer des Senegal oder dem des Mekong. In Laos, Kambodscha und Vietnam versteht man zu knusprigem Baguette nicht nur die lokale Version einer Paté (nebst

Chili und Korianderblättern, versteht sich) zu servieren. Viele schätzen ihr Baguette so sehr, dass sie es morgens in eine Schale Nudelsuppe stippen, das bevorzugte Frühstück der Region, als ob es sich dabei um einen Café au lait handeln würde.

In Afrika fanden während der Kolonialzeit nur wenige westliche Erzeugnisse, wie Ölsardinen, Tomatenpüree und Kondensmilch, den Weg in die lokalen Küchen. Aber besonders für die urbane Mittelschicht erkannten Forscher in den anglophonen wie frankophonen Ländern eine »kulinarische Diaglossie«. Darunter versteht man, dass die Menschen sich zu Hause durchaus traditionsgemäß afrikanisch ernährten. Im öffentlichen Raum aber sowie bei Festen und Feiern parlierten sie nicht nur auf Englisch oder Französisch, sondern sie speisten und tranken zunehmend auch nach der Fasson ihrer Kolonialherren. Bezeichnenderweise handelte es sich bei den ersten erfolgreich betriebenen Fabriken auf dem Kontinent um Brauereien. Seither ist Bier Afrikas Getränk Nummer eins.

Ein weiterer Fall von kolonial-kulinarischer Begegnung der besonderen Art kann unmöglich unerwähnt bleiben. Selten nämlich ist ein Siegeszug vollständiger ausgefallen als jener des unscheinbaren Maggi-Brühwürfels, ohne den heutzutage Kochen in Westafrika unvorstellbar ist.

Die westlichen Gäste eines Öko-Ressorts in Sierra Leone, die eines Tages beim Markteinkauf aushalfen, staunten nicht schlecht über die als Wochenration erworbene Riesenpackung Maggi. Als sie erfuhren, dass in ihrem Ressort keines der köstlichen afrikanischen Gerichte ohne den Zusatz von Brühwürfeln mit dem lokalen Garnelenaroma auf den Tisch kam, war ihnen dies eine Geschichte auf dem *Eat Your World Blog* wert. Denn Maggi bestehe doch nur aus Salz, Transfetten und Glutamat, und demnach den erklärten Feinden der herrschenden alimentären Rechtgläubigkeit. Wie war es nur möglich, so die ratlosen Blogger, dass sich nicht nur das kleine Sierra Leone, sondern weite Teile Afrikas diesem Schwindel verschrieben haben?

Das von Julius Maggi im Jahre 1886 erfundene Gewürz verbreitete sich in Windeseile sowohl in Europa als auch in den Kolonien. Heute ist es ein globales Produkt, das nicht nur Schweizer und Deutsche, sondern auch Nigerianer oder Filipinos für sich reklamieren. Maggi, das ist »the local seasoning from everywhere«, wie es ein anderer Internetbeitrag treffend genannt hat. In Guinea-Bissau heißt Maggi einfach *gusto*, Geschmack, während man im Senegal dem Brühwürfel den Spitznamen »corrige Madame« gegeben hat, also »Hausfrauen- oder Madame-Verbesserer«. Maggi gibt es in verschiedenen, auf den lokalen Markt abgestimmten Geschmacksnoten: Rind, Huhn, Garnele, scharf oder mild, für Muslime natürlich halāl etc. Überkommene afrikanische Gewürze, wie fermentierter Sesam oder das aus Kernen eines Savannenbaums gewonnene Soumbala, geraten darüber in Vergessenheit. Auf die Frage, warum Maggi so beliebt und selbst den Ärmsten unverzichtbar ist, bekommen Forscher gewöhnlich nur Banales zu hören: Mit Maggi schmecke es einfach besser.

Aber sollten in einem riesigen Kochtopf, in dem Fuß und Magen vom Rind stundenlang zusammen mit Palmöl von gewaltigem Aroma, getrocknetem Meeresgetier und einer ganzen Handvoll Chili vor sich hin brodeln, so wie ich dies bei Yoruba-Köchinnen gesehen habe, sollten also in einem Topf, wie er gewöhnlich in afrikanischen Küchen Verwendung findet, ein oder zwei Maggi-Würfel wirklich geschmacksbestimmend sein? Die Maggi-Magie beruhte ursprünglich sicher auf der Faszination, die von der Lebensweise der Kolonialherren auf die davon ausgeschlossene afrikanische Bevölkerung ausstrahlte. Für die Armen war Maggi teuer, aber es war die erschwinglichste Art, sich etwas von dem Glanz und Wohlstand der Weißen einzuverleiben.

Wer Zweifel hegt, ob Maggi wirklich mehr als nur ein Gewürz ist, der werfe einen Blick auf die Auseinandersetzungen des Internetforums *Afrik-news.com.* Hier sorgte nämlich im Jahre 2009 eine ganz aktuelle »Maggic«-Welle für Aufregung. Wie man erfährt, bewundert die Männerwelt des Kongo besonders jene Frauen, die mit einem üppigen Gesäß ausgestattet sind. Was liegt also näher, als die dem Brühwürfel zugeschriebenen Wunderkräfte gezielt wachstumsfördernd einzusetzen. Und folglich zweckentfremden kongolesische Frauen den Maggi-Würfel unter Missachtung möglicher gesundheitsschädlicher Folgen, indem sie ihn an jener Stelle applizieren, wo sie sich von seiner Wirkung Abhilfe versprechen. *Corrige Madame* – einmal anders.

Literatur

Almendral (2012), Appadurai (1988), Assombri (2009), Coe (1994), Collingham (2006), Cohen (1983), Cwiertka (1997), Engelbrecht & Keyser (1986), Garcilaso de la Vega (1983), Goody (1983), Goody & Goody (1995), Exquemelin (1968), Friedlander (2007), Hudson (1976), Hudson (1979), Jaffrey (2003), Mennell (1988), Root & Rochemont (1976), Ryan (1958), Schivelbusch (1980), Seler (1909), Siciliano-Rosen (2012), Sokolov (1993), Stoppok (2011), Trenk (2009), Trenk (2010), Walraven (2001a)

Ethnofood – die dritte Welle

Indisches Essen lässt sich heute aus England schlechterdings nicht mehr wegdenken. Im Jahre 2001 wurde Chicken Tikka Masala vom damaligen Außenminister der Labour-Regierung, Robin Cook, sogar zum neuen britischen Nationalgericht ausgerufen. Daraufhin hielt man ihm entgegen, dass dies weniger ein leuchtendes Beispiel für den Multikulturalismus des Landes wäre, wie der Minister zu glauben schien, als vielmehr ein Beweis für »die britische Fähigkeit, alles fremde Essen auf die unappetitlichste und ungenießbarste Form zu reduzieren«, wie die englische Autorin Lizzy Collingham in ihrem Buch *Curry – A Tale of Cooks and Conquerors* (2006) die Meinung seiner Kritiker wiedergibt. Denn bei Chicken Tikka Masala handelt es sich nicht um ein indisches Traditionsgericht, vielmehr entstand es als Antwort auf die Klage eines ignoranten Gastes, wonach das bestellte Chicken Tikka zu trocken sei. Das traditionelle Tanduri-Gericht Chicken Tikka besteht aus Stücken marinierten Hähnchens, die auf Spießen im Lehmofen, dem Tandur, gegart und ausschließlich mit Dips verzehrt werden. Also griff der Koch genervt zu einer Dose Tomatensuppe der Marke Campbell's und verrührte den aufgewärmten Inhalt mit etwas Currypulver und Sahne. Der Gast war begeistert, das Essen gerettet. Als Chicken Tikka Masala überflügelte das neue Gericht alsbald sämtliche Pies und Roasts und stieg auf der kulinarischen Beliebtheitsskala des Vereinigten Königreichs zur gefragtesten Speise auf. Um die 20 Tonnen verspeisen die Briten seither davon Woche um Woche, sei es beim »going for an Indian«

(wie der Gang »zum Inder« auf der Insel heißt), beim Besuch der Traditionsinstitution Pub oder zunehmend aus der Tiefkühltruhe.

Im folgenden Jahr nahm sich der britische *Observer* spöttisch des Themas an. Um zu veranschaulichen, wie selbstverständlich indische Kost in der Zwischenzeit als landestypisch empfunden und für sich reklamiert werde, erschien er mit einem Cover, das einen finster blickenden Hooligan in Lederjacke und Union-Jack-T-Shirt beim Verspeisen eines Curry zeigte. Hinter ihm prangte an der Wand die Parole »Keep Curry English!«. Gewiss hat der *Observer* recht: Die Begeisterung für Curry ist keineswegs gleichbedeutend mit einem Verschwinden des Rassismus. Aber es ist bemerkenswert, dass schließlich sogar das als chauvinistisch bekannte britische Proletariat vor dem Siegeszug indischen Geschmacks kapitulierte.

Die eigentliche Erfolgsgeschichte des Curry in Großbritannien beginnt in der Zeit nach dem Zweiten Weltkrieg. Von einer dritten Globalisierungswelle lässt sich deswegen sprechen, da im Gefolge von Arbeitsmigration und Entkolonialisierung erstmals *ethnic food* nach Europa kommt. Also mehr oder minder vollständige Küchen und nicht nur Kulturpflanzen und Lebensmittel oder ausschließlich einzelne Speisen und Gerichte, wie dies bei den ersten beiden Globalisierungswellen der Fall gewesen war.

Auswanderer und Migranten nehmen gewöhnlich ihre Küche und ihre Essgewohnheiten mit auf die Reise. Die antiken Griechen verbreiteten ihre Esskultur rund ums Mittelmeer und legten damit den Grundstein für die spätere mediterrane Essprovinz. Die aus den Niederlanden stammenden Buren nahmen im 17. Jahrhundert ihre einfache Bauernkost ans südafrikanische Kap mit. Nicht anders führten religiös Verfolgte wie die Mennoniten oder Amish oder, noch im frühen 20. Jahrhundert, deutsche Brasilien-Auswanderer ihre angestammte Küche mit im Gepäck, die sie bis heute pflegen. Die puritanischen Siedler Neuenglands schließlich prägen mit ihren angestammten Koch- und Essgewohnheiten Amerikas Foodways bis in unsere Tage.

Im Einwanderungsland Amerika legte man großen Wert darauf, aus Zuwanderern schnellstmöglich Amerikaner zu machen. Die Essgewohnheiten aller Neubürger hatten im kulinarischen Schmelztiegel anglo-amerikanischer Prägung aufzugehen. Tatsächlich vollzog sich eine umfassende Amerikanisierung gewöhnlich reibungslos. Spätestens in der zweiten Generation hatten die Einwanderer ihr kulturelles Gepäck aus der Alten Welt abgelegt, von der Kleidung über die Sprache bis hin zur Küche. Nur eines blieb immer erhalten, die Religionszugehörigkeit – denn zu einer protestantischen Glaubensrichtung bekennen musste man sich nicht. Eine alimentäre Amerikanisierung hingegen wurde als unverzichtbar erachtet.

Nach dem amerikanischen Muster übernehmen Migranten zunächst einige Snacks und Alltagsgetränke, stellen dann ihr Frühstück auf Cornflakes und Toast um, amerikanisieren im Arbeitsalltag ihr Lunch und sehr viel später dann auch ihr häusliches Dinner. Nur an ihren Festtagsspeisen halten sie häufig über Generationen hinweg unbeirrt fest.

Heutzutage sind Zuwanderer freilich bereits aus ihren Heimatländern mit den einschlägigen Produkten des amerikanischen Kulinar-Imperialismus bestens vertraut. Denn Coke und Knabberchips haben in jedem Erdwinkel den Weg bis in den kleinsten Dorfladen gefunden. »Da kommt kein Cola-Getränkelaster hin«, heißt es in Mexiko, wenn man betonen will, wie abgelegen eine Region ist.

Die Amerikanisierung des alltäglichen Lunch erfolgt hingegen zwangsläufig, da Berufstätige gewöhnlich mit ihren Kollegen, Schüler und Studenten in Gruppen ein Mittagessen in Kantinen, Cafeterias oder als Fastfood zu sich nehmen, sofern sie es nicht gleich durch Snacks ersetzen. Ob mit oder ohne Gruppenzwang: Kinder und Jugendliche erweisen sich generell als treibende Kraft dieses Prozesses, da Pasta und Pizza, Hamburger und Hotdogs weltweit ihren Geschmack bedienen. Beim häuslichen Dinner dagegen kommt es erst sehr viel später zu Anpassungen an den American Way. Das Sonntagsessen schließlich erweist sich häufig als wahre Bastion der Beharrung und kulinarischen Verweigerung. Darin lässt sich die elementare Form des Festessens erkennen. Das Sonntagsessen bewahrt gewisse Gerichte und Geschmäcker des alten Ethnofood und damit die Festessen im Jahres- (religiöse Feiern, Geburtstage) und Lebenszyklus (Hochzeiten, Begräbnisse) im großen Stil und wird häufig über Generationen hinweg gepflegt.

Drei zunächst verachtete Einwandererkulturen verweigerten sich jedoch dem Aufgehen im kulinarischen Mainstream mit Erfolg: Chinesen, Italienern und Mexikanern gelang es nicht nur, an ihren Küchen festzuhalten, sie etablierten sie auch von Küste zu Küste als Ethnofood. Einige Gerichte, namentlich Chop Suey, Pizza und Chili con carne stiegen sogar zu Lieblingsspeisen und Nationalgerichten Amerikas auf.

Über die Jahrhunderte hinweg fand ein stetiger Exodus chinesischer Männer Richtung »Südlicher Ozean« hin statt, also zur Insel- und Festlandswelt Südostasiens. Mit den großen Auswandererwellen des 19. Jahrhunderts kamen erstmals chinesische Arbeiter nach Nord- und Südamerika, die in ihrer überwältigenden Mehrheit aus dem Mündungsgebiet des Perlenflusses in der Provinz Kanton oder Guangdong stammten. Während sie in Ländern wie Peru oder Kuba akzeptiert wurden, begegnete man ihnen in der angelsächsischen Welt vielfach mit Ausgrenzung und Diskriminierung. Sie wurden in verachtete, weil »unmännliche« Berufe wie Wäscher oder Koch abgedrängt. 1882 versperrte ihnen der *Chinese Exclusion Act* die Einreise in die USA gar gänzlich. Aber den bereits Eingewanderten bot zu diesem Zeitpunkt die »Chinatown« von San Francisco immerhin einen gewissen Schutz und Freiraum.

Nach dem großen Erdbeben von 1906, in dessen Gefolge es auch zum Wiederaufbau Chinatowns kam, wurden einige chinesische Gerichte unter der weißen Mehrheitsbevölkerung außerordentlich populär. Neben dem Nudelgericht Chow Mein war das vor allem Chop Suey, das, glaubt man der Legende, zurzeit des kalifornischen Goldrausches, also um 1850 herum, in der Stadt erfunden worden war. Bereits wenige Jahre später gab es erste Versionen von Chop Suey in Dosen zu kaufen, und eine Firma in Detroit namens La Choy warf für das Gericht eine Art Toolkit auf den Markt. Von nun an konnte der Werbung La Choys zufolge jeder Amerikaner zuhause »genuines Chop Suey oder Chow Mein« zubereiten, und zwar »in nur zehn Minuten«. Dazu musste man etwas Hack anbraten, Zwiebeln und Stangensellerie hinzufügen und diese dann noch um eine Dose La Choy-Gemüse ergänzen. Tischfertig war das Ganze, wenn es mit La Choy »Chinese Sauce« abgeschmeckt wurde, einer Mehlschwitze, der Soyasauce den besonderen Touch verlieh.

In Windeseile verbreitete sich das neue Gericht über das ganze Land, auch in der erzkonservativen »Steaks and Baked Potatoes«-Welt des Mittleren Westens, wo die Abwesenheit von chinesischen Einwanderern seiner Beliebtheit eher genützt als geschadet haben dürfte. Chop Suey wird schlicht überall serviert, in den sogenannten Soda Fountains, den Coffee Shops, Cafeterias, bei Kirchenfeiern, und es dient sogar der Verpflegung des Militärs. Selbst Manhattans elitärer *Stork Club* mag es seinen Gästen nicht vorenthalten, auch wenn

Chop Suey hier snobistisch-patriotisch mit Wildreis, Butter, Sellerie und Spinat auf den Tisch kommt, und zwar als Beilage zu einem gewaltigen Steak. Von einem zeitgenössischen Autor wird Chop Suey bereits 1916 neben Corn-on-the-Cob zu den »great American institutions« gezählt. Dies war in Amerika noch keinem Gericht ohne angelsächsische Wurzeln gelungen.

Andrew Coe, der die Kulturgeschichte des Chop Suey in Amerika geschrieben hat, findet es im Rückblick schwer zu verstehen, wie es zu dieser »phänomenalen Popularität« kommen konnte. Denn nach heutigem Geschmack handelte es sich dabei um ein bräunliches, total verkochtes Stew, das er als »seltsam geschmacklos, bar jeglicher Qualität« beschreibt. Für die damaligen Amerikaner dagegen war es das Zeitgeistgericht schlechthin, irgendwie raffiniert und gleichzeitig nach jedermanns Geschmack. Chop Suey war alles, was man sich kulinarisch nur wünschen konnte: »billig, sättigend und exotisch« zugleich.

Dennoch wandte sich Amerika relativ schnell wieder von seiner ersten fremden kulinarischen Jugendliebe ab. Schon in den 1940er-Jahren hatte dieses Chop Suey sein aufregendes Flair weitgehend eingebüßt. Dagegen existierte chinesisches Essen in San Francisco und New York weiter, wo sich die Künstlerszene und die wilden Dichter der Beat-Generation dafür erwärmten. Außerdem verwandelten sich die Chinatowns an Wochenenden in Publikumsmagneten und Touristenattraktionen, die Exotisches im eigenen Land boten. Von hier aus kam es in der Nachkriegszeit zur zweiten Expansion chinesischen Essens in Nordamerika, die einerseits standardisierte Gerichte in jede Shopping Mall des Landes spülte, andererseits aber auch zur Verbreitung chinesischer Regionalküchen etwa Sichuans, Shanghais oder Kantons führte.

Totgesagte aber leben bekanntlich länger.

Bei dem in Kalifornien erfundenen Chop Suey handelt es sich um kein chinesisches Gericht. Dem Band *World Food: California* des Reiseführers *Lonely Planet* zufolge lässt sich darin auch keine Fusion erkennen, und zwar »noch nicht einmal annähernd«. Zweifelsohne ist es chinesisch inspiriert, doch ist es mehr Konzept als Rezept: Kein Chop Suey ohne »overcooked vegetables«, die der chinesischen Vorstellung von Schnellgerührtem Hohn sprechen und unter denen Stangensellerie und Zwiebeln nicht fehlen dürfen; sehr passend sind Hähnchenreste vom Vortag, aber auch alle anderen Leftovers, unverzichtbar dünne Nudeln und eine schwere, klebrige Sauce; einige exotische Einsprengsel, wie Wasserkastanien, Sojasprossen oder Bambusschösslinge, können nicht schaden, und zum Abrunden des Geschmacks schließlich bedarf es eines Hauchs von Sojasauce. Dies ist auffallend die kulinarische Grammatik und gastronomische *longue durée* des angelsächsischen Geschmacks: Die Lust an Zerkochtem, die Last schwerer Saucen, das Geizen mit Gewürzen, Zwang und Drang zur Resteverwertung – und über allem schwebt der Geist der Sparsamkeit.

»As American as Chop Suey«, hieß es lange Zeit. Doch ausgerechnet aus den kalifornischen Restaurants ist das Chop Suey praktisch verschwunden. Hier regiert nämlich die *California Cuisine*, deren Lob der *Lonely Planet* überschwänglich singt: »Nimm die besten, frischesten Zutaten die der Planet kennt, und verändere sie so wenig wie möglich, gerade einmal so viel, dass sie im Mund zu singen beginnen. Serviere sie mit überragendem kalifornischen Wein, handwerklich erzeugtem Brot und Käse und einer großen Dosis kalifornischen Flairs und Sonnenscheins. Wer würde sich des Lobes enthalten?« Wenn aber Kalifornier dieses modischen Schnickschnacks überdrüssig sind, dann wenden sie sich dem Altbewährten zu – aber ausschließlich in den eigenen vier Wänden, versteht sich. Denn die alte Tante Chop Suey hat ihr Refugium nicht verloren und genießt am heimischen Herd ein warmes Plätzchen und bleibendes Bürgerrecht. Als nostalgisches Comfort Food spendet Chop Suey Trost und bietet Entlastung von der grassierenden kulinarischen Correctness.

Im Zuge der »New Migration« genannten großen Einwanderungswelle 1880 bis 1921 kamen auch Millionen von Italienern in die USA. Wie sich einer besorgten Öffentlichkeit alsbald zeigte, war es um deren Integration in den kulinarischen Mainstream allerdings nicht zum Besten bestellt. Für die Neuzuwanderer hieß Amerika zunächst einmal das Ende des Hungers, wie es die Parole *pane e lavoro* verheißen hatte, unter der sie ihrer Heimat den Rücken gekehrt hatten. In Amerika wurde man zum Glück nicht nur von Brot satt. Hier zeichnete sich eine nie erträumte Opulenz ab, wobei besonders Fleisch, und darunter bisweilen sogar das den Italienern so teure Kalbfleisch, Bestandteil der Ernährung wurde. In offiziellem Auftrag verfasste Studien fanden heraus, dass sich selbst die Ärmsten den sündhaften Luxus teurer Importe leisteten, vor allem »italienisches Öl«, Wein und Käse. »Essen immer noch Spaghetti – noch nicht assimiliert«, zitiert Hasia Diner den Eintrag eines Sozialarbeiters nach dem Besuch einer Einwandererfamilie. Italiener liebten ihre gewohnten Gemüsesorten und Kräuter und verstanden es – dem aktuellen Trend zum *urban gardening* ein Jahrhundert voraus –, sie auf den winzigsten Balkonen der gedrängtesten Quartiere New Yorks und Chicagos anzubauen. Überschüsse konservierten sie in Einmachgläsern für die Wintermonate, das Essen aus der Dose aber, das ihre fortschrittsliebende Umwelt so sehr schätzte, belegten sie mit einem Tabu. Eine Studie aus dem Jahre 1938 resümiert: Die italienischen Einwanderer, die zumeist den untersten Schichten entstammten, ignorierten das amerikanische Vorbild und suchten nach Kräften, das Essverhalten »der besseren Klassen in Italien« nachzuahmen.

Das herrschende WASP-Amerika, die Welt der weißen Protestanten angelsächsischer Herkunft, schaute natürlich auf sie herab. Die Italiener selbst aber blickten voller Abscheu auf das amerikanische Essen. Amerikaner? Das waren Leute, die glaubten, gut gegessen zu haben, wenn sie Peanut Butter auf pappigem Brot verdrückten, das aus einem Plastikbeutel kam. So mancher Italiener schien das amerikanische Essen mehr als den Tod zu fürchten. Wie Ärzte feststellten, ließen sich italienische Patienten nicht ins Krankenhaus einweisen, weil sie das dortige Essen für ungenießbar hielten. Was sich hier offenbarte, war die außerordentliche Bedeutung, die ihre Kultur Lebensmitteln und dem Essen, der eigenen Küche wie der kochenden Mama beimaß. Das Leben drehte sich um die gemeinsamen Mahlzeiten. Einwanderkinder aus Nord-, Mittel- und Osteuropa schämten sich der Küche ihrer Mütter und übernahmen leichten Herzens und ohne Bedauern die gastronomischen Gepflogenheiten Amerikas. Anders als anderen Einwanderern blieben den Italienern häusliche Konflikte um das Essen erspart.

Dabei konnte an der Wende vom 19. zum 20. Jahrhundert von einer italienischen Nationalküche überhaupt noch keine Rede sein. Aber natürlich gab es unter den Regionen des Landes Gemeinsamkeiten. Die Kochtraditionen auf der Halbinsel reichen über 2000 Jahre zurück und wurzeln im Römischen Reich. In Weizen, Wein und Oliven wird man drei ihrer Grundfesten sehen können. Dabei ist Olivenöl nur im Süden unverzichtbar, während im Norden Butter seine Rolle einnimmt. Auch Tomaten und Pasta sind charakteristischer für den Süden, wo man die im Norden beliebten Risotto- und Polentagerichte nicht kennt. Eine ausgeprägte Neigung zu Weizenprodukten indes, ob als Weißbrot oder als Pasta, die

Bevorzugung frischer Kräuter, die Vorliebe für Käse und besonders für Hartkäse sowie für Luftgetrocknetes vom Schwein verbinden die Regionen, die immer einen gemeinsamen Kulturraum bildeten. Dabei hört Italiens Küche nicht an den Grenzen des Landes auf. Nicht nur in Nizza schmeckt es bisweilen ausgesprochen italienisch. Vor allem das Adriatische Meer vereint mehr, als es trennt, und man trifft am westlichen und östlichen Ufer der Adria auf ganz ähnliche Gerichte und Geschmäcker. So manchem Reisenden schien die Küche Dalmatiens »italienischer« als jene Siziliens zu sein, die einen deutlichen arabischen Einschlag aufweist.

Die italienischen Einwanderer kamen aus allen Regionen des erst seit 1861 unter einer nationalen Regierung vereinigten Italien. Aber eine überwiegende Mehrzahl hatte den Mezzogiorno verlassen, den verarmten Süden des Landes. In Amerika lernten sie unterschiedliche kulinarische Stile und neue Speisen kennen, von denen sie noch nie gehört hatten, und die hier allesamt als *Italian food* galten. Der aus Palermo stammende Niccola de Quattrociocchi berichtet von einem abendlichen Bummel im New York der 1920er-Jahre, der im Besuch eines *Italian Restaurant* mündete. Hier lernte er erstmals »zwei sehr feine, traditionelle amerikanische Spezialitäten« kennen, die ihm vortrefflich mundeten, nämlich *Spaghetti with meatballs* und *Cotoletta parmigiana*. Damit sollte man unbedingt alle Landsleute vertraut machen, schrieb er darauf enthusiastisch in einem Brief an Freunde in der alten Heimat. Auch wenn es in der einen oder anderen Region Italiens Spaghetti mit einer Art Kalbfleischpolpettine gab, waren die *Spaghetti with meatballs* fraglos das Flaggschiff der aufkommenden italo-amerikanischen Küche, gefolgt von *Veal parmigiano* und *Chicken cacciatore*. In Amerika konnte es nicht ausbleiben, dass auch die Einwanderer ihr lokales Essen bald als »italienisch« wahrnahmen. Denn so wird Ethnofood geboren: Was vorher einfach nur »unser lokales Essen« war, wird zu *ethnic food*, wenn es die Grenzen zwischen den Kulturen überschreitet.

Der kanadische Historiker Harvey Levenstein, der die amerikanische Antwort auf die Herausforderung durch das italienische Essen untersucht hat, schreibt: »Bereits 1911 galt das Unterrichten von Immigranten in amerikanischem Kochen als eigenständiger Berufszweig, ja sogar – selbstdeklariert – als eine Wissenschaft.« Sehr amerikanisch führte eine Phalanx von Philanthropen, Sozialarbeitern, Hauswirtschaftlern und Ernährungsberatern im Namen von Wissenschaft und Patriotismus einen wahren Kreuzzug gegen die Ess- und Kochgewohnheiten der Südländer – und zwar mit einem Gefühl der Selbstsicherheit und Herablassung, wie man es sich heute kaum noch vorstellen kann. Den Genuss von frischen Tomaten betrachtete man mit höchstem Argwohn; überhaupt stieß die italienische Begeisterung für Gemüse auf wenig Verständnis, denn der Verzehr von Obst und Gemüse galt eigentlich als reine Geldverschwendung, da es nach damaliger wissenschaftlicher Überzeug im Wesentlichen nur aus Wasser bestand. Knoblauch galt als widerwärtig, und sein Konsum wurde geradezu als unpatriotisch gebrandmarkt. Und überhaupt, so die massive Kritik, gaben selbst die Ärmsten Unsummen für ein Essen aus, dessen überzogene Geschmacks- und Gewürzfülle vor allem dem Alkoholgenuss Vorschub leiste, wie die Temperenzler predigten, von deren Geist die amerikanische Gesellschaft am Vorabend der Prohibition zutiefst infiziert war.

Das Ende dieser Ablehnung ging schleichend vonstatten. Im Ersten Weltkrieg machte die Kriegswirtschaft vielen Amerikanern überraschend klar, »dass fleischlose Tage für unsere italienischen Freunde keinen Schrecken haben«, wie die Zeitschrift *Good Housekeeping* erkannte. Nach der Entdeckung der Vitamine ließ sich der italienische Essstil mit seiner Betonung von Salat und Gemüse im wissenschaftsgläubigen Amerika nicht mehr pauschal verdammen. Mit der Bloßstellung der kulinarischen Ignoranz der Einwanderer durch die Zunft der Spezialisten war es vorbei. Während der Großen Depression der 1930er-Jahre wurde aus der Not heraus immer mehr Pasta mit Tomatensauce gegessen. Gewöhnlich verabscheuen Menschen die Nahrungsmittel der Not- und Hungerzeiten und wenden sich davon ab, kaum dass diese vorbei sind. Bei Pasta jedoch war dies nicht der Fall. Mit Käse überbackene Makkaroni kamen aus der Krisenzeit als »the nation's great meatless dish« hervor – und sind dies bis heute geblieben.

Nach dem Zweiten Weltkrieg kam zu dieser Leidenschaft die Begeisterung für Pizza hinzu. Ein grundlegender Wertewandel hatte die Gesellschaft erfasst, der auch vor dem Essen nicht haltmachte. Eugene Anderson erinnert sich, wie die erste Pizza im heimatlichen Lincoln, Nebraska, viele Menschen verunsicherte. In Leserbriefen wurde sie als »fremd« denunziert und deswegen verdächtigt, womöglich »kommunistisch« zu sein. Dem puritanischen Mittleren Westen war dieses sinnliche neue Lebensmittel anfangs zutiefst suspekt. Aber es setzte sich durch. Es ist kein Zufall, so Anderson, dass der Aufstieg der Pizza in Amerika Hand in Hand ging mit einem neuen Lebensgefühl, welches sich im Aufstieg von »Sex, Drugs and Rock 'n' Roll« manifestierte. Wie rasant dieser Wandel vor sich ging und wie schnell Pizza kulinarischer Mainstream wurde, kann man daran sehen, dass Pizza Hut bereits im Jahre 1958 vom Mittleren Westen aus zum nationalen und internationalen Siegeszug ansetzte.

Den italienischen Einwanderern in den Vereinigten Staaten ist etwas Bemerkenswertes gelungen: Trotz massiven Anpassungsdrucks blieben sie ihren Essgewohnheiten weitgehend treu und gingen nicht im amerikanischen Einheitsbrei auf. Unter den Bedingungen der Migration haben sie eine italo-amerikanische Küche erfunden, die viele Italiener in der Heimat überhaupt nicht als solche erkannt hätten. Die Zuwanderer freilich identifizierten sich mit ihr und waren stolz auf sie. Hier liegt also eine denkbar andere Situation vor als bei den ersten chinesischen Einwanderern, bei denen die amerikanische Chop-Suey-Passion nur Kopfschütteln hervorrief. Obwohl Chop Suey von chinesischen Migranten ins Land gebracht wurde, ähnelte der amerikanische Umgang damit noch sehr jenem der Briten mit Curry im 19. Jahrhundert. Die italo-amerikanische Küche aber war die allererste Ethno-Cuisine, die sich auf amerikanischem Boden wirklich und dauerhaft durchsetzte. Franco La Cecla liegt also gar nicht falsch, wenn er in seinem streitbaren Essay *Pasta and Pizza* (2007) die Geburtsstunde der italienischen Nationalküche in die Neue Welt verlegt: »Als die italienische Küche aus den Vereinigten Staaten nach Italien zurückkehrte, fand sich Italien mit einer Nationalküche ausgestattet wieder.«

In Europa verlief die Entwicklung etwas anders. In der Nachkriegszeit kamen fremde Küchen erstmals mit den Gastarbeitern aus dem Mittelmeerraum nach Deutschland. Diese kulinarische Öffnung zum Mittelmeerraum und zu Europas Südosten hin bildete den Auftakt zu einer viel weiter reichenden Erschließung. Im Laufe der 1960er-Jahre tauchten in westdeutschen Großstädten die ersten China-Restaurants auf, denen japanische, thailändische und indische Lokale folgten. Anfänglich zeichneten die exotischen Küchen die Routen ihrer jeweiligen kolonialen Beziehungen zu Europa nach: Chinesisch und indisch kamen über England nach Europa, indonesisch über Holland, vietnamesisch über Frankreich. Besonders von Großbritannien aus eroberten die ersten asiatischen Küchen Deutschland.

Die asiatischen Küchen bei uns sind keine Folge der Massenmigration von Asiaten nach Europa, was ihre Expansion von derjenigen der Gastarbeiterküchen – ob die Italiens, der Türkei, Griechenlands, Portugals, Spaniens oder des Balkans – unterscheidet. Anfänglich wurden etwa die chinesischen Restaurants Großbritanniens von den Angehörigen eines einzigen Clans aus Hongkong betrieben. Auch die indischen Gaststätten im Vereinigten Königreich gehören wie in den Vereinigten Staaten bis auf den heutigen Tag ganz überwiegend Einwanderern, die samt und sonders aus einer ländlichen Region Bangladeschs stammen. Als Migranten südasiatischer Herkunft in der boomenden englischen Nachkriegswirtschaft Arbeit im alten Industriegürtel des Landes fanden, gab es Curry-Shops bereits in jeder Kleinstadt. Dies erklärt sich folgendermaßen:

Im Nordosten des heutigen Bangladesch, an der Grenze zum indischen Assam, liegt die Region Sylhet. Ihre männlichen Bewohner sind seit dem Aufkommen der Dampfschifffahrt bekannt dafür, dass sie gerne als Laskaren anheuerten, wie man einst die Seeleute Südasiens nannte. Da die Arbeit zur See aber aufreibend und gefährlich und dazu noch miserabel entlohnt war, gehörten Sylhetis bald zum Bild von Londons Osten und anderer britischer Häfen. Mit ihrer Heimatregion Sylhet verband sich keinerlei kulinarische Reputation. Bei ihrer bekanntesten lokalen Spezialität, »rotten punti fish«, handelt es sich um fermentierten Fisch, dessen intensiver Geschmack ihrer Küche einen überraschenden Hauch Südostasien verleiht.

In London kamen viele Sylhetis in der Gastronomie unter, wo sie vom Abwasch bis zum Kartoffelschälen sämtliche niederen Arbeiten verrichteten. Es war nichts Ungewöhnliches, in Großbritannien ethnische Minderheiten in diesem Gewerbe zu sehen. So gehen auch die legendären Fish-and-Chips-Läden des 19. Jahrhunderts ursprünglich auf jüdische

Einwanderer zurück. Später wurden sie dann allmählich von Italienern, Zyprioten und Chinesen aufgekauft und übernommen. Genau darin sahen viele Sylhetis im ausgebombten London der Nachkriegszeit ihre Chance. Sie investierten in abgetakelte Fish-and-Chips-Shops, polierten sie mit einem Farbanstrich auf und hängten an das alte Menü einfach noch ein Currygericht dran. Mit langen Öffnungszeiten gewannen sie die Kundschaft, die zu jener Zeit sämtliche Pubs des Vereinigten Königreichs nach dem kurz vor 23 Uhr erfolgten Schlachtruf *Last orders!* zu verlassen hatte. Schnell sprach es sich im Arbeitermilieu herum, wie wohltuend ein scharfer Curry nach einem durchzechten Abend war. Eine neue Tradition war geboren – *going for an Indian.* Als sich immer mehr Briten für Curry zu erwärmen begannen, strichen die Wirte der kleinen Cafés und Chips-Shops die verbliebenen englischen Gerichte von der Karte und verwandelten sich in indische Schnellrestaurants.

Ihr Essen war preiswert und der Service schnell. In diesen ersten Restaurants war es nicht unüblich, Bottiche voller vorgefertigter Currypaste zu erwerben, die dem Koch als Grundlage für alle Gerichte diente. Vor dem Boom dieser Curry-Shops, hatte es in London einige wenige indische Restaurants gegeben, darunter das bekannteste und älteste indische Lokal Londons, das *Veeraswamy*, das im Jahre 1926 gegründet wurde. Ein Besucher aus Indien erlebte das Essen dort als speziell für den englischen Gaumen zubereitet, bar jeglicher Authentizität. Das *Veeraswamy* fühlte sich nämlich der kolonialen Tradition der anglo-indischen Küche verpflichtet: farbenfrohen Reisgerichten, sauer-scharfen Vindaloos, cremig-milden Kormas mit Mandelsauce, pikant-scharfen Madras-Currys mit etwas Zitrone, süßlichen Linsen-Currys und mit Zwiebeln überladenen Dopiazas. »Bloß keine Experimente und ja nichts Neues«, das scheint die Devise der Sylhetis gewesen zu sein, als sie sich selbständig machten. Denn die Bengalen kopierten dieses bewährte Menü für ihre Curry-Shops und ergänzten es um einige nordindische und Gerichte der Mogulküche. Später wurde die Speisekarte noch um Tanduri-Gerichte erweitert. Die Standardisierung der Menüs, die einer amerikanischen Fastfood-Kette imponiert haben könnte, ließ Kritiker von einer »schrecklichen Parodie indischen Essens« sprechen. Der wachsenden Popularität der Curry-Shops tat dies allerdings keinen Abbruch.

Als ein neues Einwanderungsgesetz 1965 Südasiaten die Einreise in die USA erleichterte, suchten geschäftstüchtige Sylhetis die Erfolgsstory ihrer Landsleute auf der anderen Seite des Atlantiks zu wiederholen. Damals besuchte Madhur Jeffrey, eine indisch-englische Journalistin und Kochbuchlegende, New York und glaubte an ein Déjà-vu: Denn die Speisekarten der neu aus dem Boden gestampften Restaurants sahen wie Fotokopien ihrer Londoner Vorlagen aus.

Die Eroberung Englands durch die chinesische Küche kann mit einigen Parallelen aufwarten. Bis Mitte des 20. Jahrhunderts waren die Anfänge der chinesischen Gastronomie in England und Europa so unscheinbar, dass sie kaum jemandem aufgefallen sind. In den Dockvierteln von London, Cardiff und Liverpool (aber auch in Rotterdam und Hamburg) kümmerten sich kleine billige Cafés und »Noodle-Shops« um das leibliche Wohl chinesischer Seeleute. Zudem gab es einige wenige chinesische Restaurants, die von Einwanderern aus Singapur betrieben wurden, andere wiederum verdankten sich der Initiative ehemaliger Konsulatsangehöriger der nationalchinesischen Regierung, nachdem die neuen Machthaber der Volksrepublik die alten Botschaften geschlossen hatten. Sie alle imitierten luxuriöse Restaurants im Pekinger Stil und waren ausschließlich auf London beschränkt.

Da rief die wachsende Nachfrage in der gastronomischen Nachkriegswüste Großbritanniens eine neue Gruppe auf den Plan. In den New Territories der britischen Kronkolonie Hongkong befindet sich das von einer Mauer umgürtete Dorf San Tin, das zur Gänze von den Angehörigen eines Clans oder einer Abstammungsgruppe besiedelt ist. Die Bewohner San Tins verstehen sich alle als miteinander verwandt und hören sämtlich auf den Namen ihres gemeinsamen Ahnen Man. Bei den Mans handelte es sich eigentlich um Reisbauern. Aber angesichts der schwindenden landwirtschaftlichen Möglichkeiten in dem kleinen Stadtstaat verwandelten sie sich in global agierende Unternehmer in Sachen chinesischer Gastronomie. Wie sich Jack Goody erinnert, gab es in Cambridge am Vorabend des Krieges ein einziges chinesisch-amerikanisches Lokal namens *Blue Barn*, das mit Chow Mein, Chop Suey und Schweinefleisch süßsauer die preiswerten Klassiker des amerikanischen Geschmacks auf der Speisekarte führte. Die Mans könnten sich dieses Etablissement zum Vorbild genommen haben. Denn sie nannten ihre sich rapide über England ausbreitenden Läden »Chop-Suey-Restaurants«.

In den *Swinging Sixties* kristallisierte sich in Londons Soho eine Art Mini-Chinatown heraus. Chop-Suey-Läden gab es hier keine. Dafür aber Restaurants, die von der chinesischen Community besonders an Wochenenden frequentiert wurden. Dort servierte man Speisen, von denen in England noch nie jemand gehört hatte; Fremde waren nur in chinesischer Begleitung willkommen.

Die Chop-Suey-Läden setzten sich in kurzer Zeit flächendeckend im ganzen Königreich durch. Es handelte sich bei ihnen nicht um die klassischen Familienbetriebe »ethnischer Unternehmen«, wie die Wissenschaft die geschäftlichen Aktivitäten ethnischer Minderheiten nennt. Denn sie beschäftigten fast ausschließlich Männer, die allerdings durch verwandtschaftliche Bande verbunden waren. Lange Arbeitszeiten und harte Arbeit waren charakteristisch, eine Situation, die als typisch für chinesische Arbeitsmigranten weltweit gilt und die es den Beteiligten mit den Jahren ermöglicht, beträchtliche Ersparnisse anzuhäufen. Bis zu 85 Prozent aller männlichen Bewohner San Tins arbeiteten in der Fremde. Aber sie träumten von einer Rückkehr, denn in England wollte niemand bleiben. Wenn sie nach Hause kamen, wurde dieses freudige Ereignis mit einem Bankett begangen, wobei bis zu 800 geladenen Gäste nur das Beste serviert und das Ereignis mit französischem Cognac begossen wurde. Unter keinen Umständen hätte der in der Fremde erfolgreiche Gastronom dabei selbst zum Kochlöffel gegriffen. Denn zu Hause konnten nur professionelle Köche ein Bankett stilecht ausrichten.

Als der britische Markt mit Chop-Suey-Restaurants und billigen Takeaways gesättigt war, geriet das Festland ins Auge der Hongkong-Connection, wobei der EU-Beitritt Großbritanniens diese Ausbreitung erleichterte. Die ersten Restaurantgründungen gab es in den Benelux-Staaten, wobei beliebte Gerichte der indonesischen Küche wie Nasi Goreng in das Repertoire aufgenommen wurden. Unter dem Banner der bewährten Speisekarte erfolgte schließlich die Bekehrung Deutschlands zu Süßsauer.

So lernte Europa die chinesische und die indische Küche durch männliche Angehörige zweier ethnischer Gruppen kennen, die von Haus aus mit Gastronomie nichts am Hut hatten. Bei den Mans aus Hongkong handelte es sich um vormalige Reisbauern, bei den Sylhetis aus dem späteren Bangladesch um ehemalige Seeleute. Sie erkannten und ergriffen einfach die Chance, die sich aus den bestehenden gastronomischen Marktlücken ergeben hatte. Ihre Erfolge sind demnach nicht mit der Ausbreitung einer Migrantenküche zu verwechseln, die den Geschmack der Einheimischen getroffen hätte, wie

dies bei den Italo-Amerikanern der Fall war. Dass die Gastronomen aus Hongkong und Bangladesch in ihren Kulturen
nicht zu den Köchen zählten, war dabei nicht von Nachteil.
Im Gegenteil: Ohne weitreichende Anpassung und Selbstba-
nalisierung hätten sie schwerlich Erfolg gehabt. In den Lokalen der bengalischen Sylhetis wird man vergeblich nach bengalischen Spezialitäten suchen, ganz zu schweigen von dem
schon erwähnten »rotten punti fish«. Und der Koch eines
Chop-Suey-Ladens müsste schlicht passen, würde ein Gast
nach den Vorzeigegerichten der *Kanton-Cuisine* fragen.

Die dritte kulinarische Globalisierungswelle – das sind also
zunächst einmal die von Auswanderern und Arbeitsmigranten in alle Welt getragenen Küchen. Chinesische Emigranten
brachten ihre Koch- und Essgewohnheiten nicht nur in die
Metropolen der westlichen Welt. Auf eine chinesische Dias-
pora-Küche stößt man auch in ganz Südostasien, selbst auf
einigen Inseln Ozeaniens und in Südamerika ist sie präsent.
Der aus Taiwan stammende Ethnologe David Wu erforschte
im Jahre 1970 die chinesischen Auswanderer in Neuguinea.
Ihm wollte es scheinen, dass ihre Kochkünste auf einem im-
provisierten ländlichen Kochstil nach südchinesischer Art be-
ruhten. Die Resultate waren durchaus genießbar, zeugten
aber von keiner großen kulinarischen Raffinesse. Spanferkel,
wilde Tauben und Fledermäuse gehörten zu den lokalen Köstlichkeiten, aber auch Corned Beef aus dem Wok und sogar
eine Art Chop Suey, wenn man darunter ein Gericht aus ge-
mischtem, schnell gerührtem Gemüse versteht. In Südamerika, entlang der peruanischen Küste, gelang es den Einwanderern, mit ihren *Chifas* genannten Lokalen alle Schichten der
Bevölkerung anzusprechen. Und wo immer auf der Welt indische Kontraktarbeiter Beschäftigung fanden, bereichert ihre
Küche bis heute die lokale Esskultur, sei es in Singapur und
Malaysia, auf den Fidschi-Inseln und Mauritius, sei es in Ost-

und Südafrika, auf Trinidad oder in Guyana. In all diesen über alle Kontinente verstreuten Ländern haben sich unterschiedliche Versionen des indischen und des chinesischen Kochens herausgebildet.

Aber wie konnten Chop Suey und Curry diese weltweite Verbreitung erlangen?

Den Grund wird man darin sehen können, dass die beiden imperialen Mächte des Jahrhunderts, Großbritannien und die USA, dabei als Drehscheiben fungierten. Wie wir gesehen haben, traf die amerikanische Chop-Suey-Küche auch den englischen Geschmack. In England wurde sie von den Zuwanderern aus Hongkong aufgegriffen und um einige Gerichte erweitert. Dann war es nur noch eine Frage der Zeit, bis man in Nairobi oder Lagos, im Istanbul-Hilton oder im Diplomatenviertel von Neu-Delhi ein »original chinesisches« Chop Suey bekam. Der schon erwähnte David Wu hat im Alter sehr freimütig den zwangsläufigen Kulturschock angesprochen, den ihm und vielen seiner Landsleute diese Küche verursacht hat. Er erzählt, wie er 1967 seine frisch aus Taiwan eingereiste junge Frau in eines der großen Chop-Suey-Restaurants Honolulus ausführte. Doch beim Anblick des »chinesischen Essens« – »schrecklich anzuschauen, ungewohnt und ungenießbar« – kamen der Enttäuschten die Tränen.

Beim Curry verlief diese Entwicklung sogar noch einfacher. Während es in Indien üblich war, jedes Gericht bei seinem Namen zu nennen, wurde »Curry« die englische Bezeichnung für alle indischen Gerichte mit einer Sauce. Diese Sichtweise des britischen Kolonialismus hat sich die Welt zu eigen gemacht. Seine Definition hat sich durchgesetzt. Auf keiner Speisekarte eines indischen Restaurants weltweit fehlt die Rubrik »Curry«. Und obwohl es unter Indern immer noch üblich ist, die Gerichte bei ihrem richtigen Namen zu nennen, weiß man mittlerweile auch in Indien, was ein Curry ist.

Als Weltmacht und Einwanderungsland Nummer eins fiel den Vereinigten Staaten von Amerika auch bei dem globalen Siegeszug zahlreicher weiterer Küchen die Rolle einer Drehscheibe zu.

Die Küche Japans zum Beispiel kam mit der Einwanderungswelle des ausgehenden 19. Jahrhunderts nach Hawaii und Kalifornien, verharrte aber am Rande des kulinarischen Spektrums. Wie so vieles nimmt ihr Siegeszug seinen Ausgang im Kalifornien der radikalen *Counterculture*, die ein Faible für alles Asiatische und speziell Japanische vom Haiku bis zum Zen-Buddhismus hatte. »Sushi isn't an easy concept to sell to the uninitiated«, gibt Theodore Bestor in *How Sushi Went Global* allerdings zu bedenken. So war es zumindest ... Nach dem Angriff auf Pearl Harbor verdeutlichte man den amerikanischen Soldaten die Barbarei des japanischen Feindes damit, dass dieser Fisch roh zu verschlingen pflege. Aber mit dem späteren Aufstieg Japans zur Wirtschaftsmacht ging im Ausland auch eine Aufwertung der Kultur und Küche des Landes einher. Anders als die chinesische Küche wurde die Esskultur Japans mit hohem Status, Bildung und Weltläufigkeit assoziiert. Die erste Sushi-Bar an der Ostküste eröffnete 1972 im exklusiven *Harvard Club* von New York. Daraufhin klärte das Magazin *Esquire* seine Leserschaft unter dem Titel »Wake up Little Sushi!« über den neuen Esstrend aus Fernost auf. Denn Fisch, Reis und Gemüse galten als gesund, hinzu kam die Faszination der japanischen Ästhetik. Sushi wurde Kult. Zunächst erlangte es das Image als Yuppie-Food schlechthin, um dann in den 1990er-Jahren als »sinkendes Kulturgut« seinen Platz in den Supermärkten zu finden. Dieser Erfolg von Sushi hat auch damit zu tun, dass Sushi zum Experimentieren verleitet. Die von einem japanischen Küchenchef erfundene California Roll, die auf rohen Fisch verzichtet, ebnete dem vegetarischen Sushi den Weg und er-

sparte dem heiklen amerikanischen Gaumen, auf Algen her-
umkauen zu müssen. Fusionfood ist so populär wie nie zuvor.
Vor allem die Jugend fühlt sich von den coolen Sushi-Bars angesprochen, wo der Geist des *Anything goes* weht. Sogar
Shanghais *jeunesse dorée* delektiert sich neuerdings an Sushi
mit gereiftem Gouda, dekoriert mit hauchdünnen Ingwer-
streifen, ein wenig Koriandergrün und einem Tupfer ge-
schmolzener Schokolade – die ganze Welt in einem Sushi.

Die thailändische Küche wurde hingegen weder von Mig-
ranten in die Welt getragen noch konnte sie sich entlang kolo-
nialer Beziehungen ausbreiten, da Thailand bekanntlich seine
Unabhängigkeit immer zu bewahren verstanden hat. Ihre
Globalisierung geht auf den Vietnamkrieg zurück, den man in
Südostasien den Krieg der Amerikaner nennt. Während des
Krieges nutzten die USA Thailand als Basis für ihre Truppen.
Hier scheinen einige GIs auf den Geschmack gekommen zu
sein, denn schon bald boten Lokale jenseits des Pazifiks thai-
ländische Speisen an. In Los Angeles, das im Rufe steht, die
»Hauptstadt der Dritten Welt« zu sein, soll es in den 1980er-
Jahren bereits mehr als 200 Thai-Restaurants gegeben haben.
Zu jener Zeit übten neben den Geschmäckern Japans auch
jene Thailands eine unwiderstehliche Anziehungskraft auf
die im Entstehen begriffene *California Cuisine* oder *Pacific
Rim Cuisine* aus. Mehr als jeder andere Kochtrend verkörpert
diese Fusionsküche den postmodernen East-West-Crossover
in Vollendung und trägt dazu bei, dass bislang ungewohnte
Geschmacksnoten wie etwa Zitronengras, Kokosmilch oder
grüner Curry im Westen und zunehmend auch weltweit immer bekannter und beliebter werden.

Bei der sich globalisierenden mexikanischen Küche schließlich handelt es sich um Kochstile, deren Wurzeln bis in die
spanische Kolonialzeit im Süden Kaliforniens, in Arizona,
New Mexico und Texas zurückreichen. Die Welt kennt sie

unter der pauschalen Bezeichnung *Tex-Mex*. Mexikos eigentliche Küche dagegen gelangte mit dem Millionenheer von Einwanderern über den Rio Grande nach Norden und verbreitete sich über das ganze Land. Ihr großer, nachhaltig erfolgreicher Sprung über den Atlantik und den Pazifik steht dagegen noch aus.

So erwiesen sich die Vereinigten Staaten von Amerika in den vergangenen Jahrzehnten als das eigentliche kulinarische Diffusionszentrum der Weltgesellschaft. Genauer gesagt lernte die Menschheit erst über den Umweg Amerika zahlreiche ihr bis dahin fremde Küchen kennen, wobei sich gewisse Gerichte und Getränke in ikonisches Worldfood verwandelten. Dies gilt in besonderem Maße für die Küche Italiens, wie die Beispiele der Pizza und des Espresso zu zeigen vermögen.

Die Pizza kann auf eine Geschichte zurückblicken, die möglicherweise so alt ist wie das Rad. Denn die Technik, Mehl mit Wasser zu Teig zu vermischen und in Form einer Sonnenscheibe zu garen, kommt nicht eben selten vor, wie Tortillas, Chapatis, Blinis und all die vorderasiatischen Pita-Brote zeigen. Aber es musste erst ein runder Brotfladen im Neapel des 18. Jahrhunderts mit der indianischen Tomate belegt werden, damit die moderne Pizza das Licht der Welt erblicken konnte. Die Pizza war von Anbeginn an das Streetfood der Armen, das praktischerweise obendrein den Teller verzichtbar machte. Außer mit Tomatenpaste wurde sie höchstens noch mit Käse belegt, wahlweise noch mit Knoblauch, Oregano, Basilikum oder Anchovis gewürzt. Dieses ausgesprochene Regionalgericht kannte man damals nur in Neapel. Von dort wanderte die Pizza zunächst nach Amerika aus, um schließlich nach 1945 auch im übrigen Italien bekannt zu werden. Noch 1955 gab es in Italien außerhalb Neapels höchstens zehn Pizzerien. »Pizza went from being strictly Neapolitan to being Italian-

American and then becoming Italian«, fasst Carol Helstosky diese Geschichte in ihrem Buch *Pizza: A Global History* zusammen. Erstaunlicherweise entdecken nicht nur Amerikaner und Deutsche, sondern auch Italiener fast zeitgleich die Pizza.

Im boomenden Nachkriegs-Amerika nahm die Pizza ein zunehmend amerikanisches Aussehen an: Sie wurde größer, ihr Teig dicker, während die neapolitanischen Gewürze samt und sonders in der Versenkung verschwanden. Der Belag dagegen wurde immer kreativer, innovativer und opulenter. Gemüsepaprika, Zwiebeln und Mais machten den Anfang, doch bald schon türmten sich darum herum Würstchen und Eier, Hamburger, Schinken und Ananas, aber auch Räucherlachs, Feta, Falafel oder was auch immer. Die Expansion der bereits erwähnten Fastfood-Kette Pizza Hut machte Menschen von Mexiko über die Golfstaaten und Indien bis nach Japan und Australien in weltweit mehr als zehntausend Filialen mit diesem Gericht vertraut. Heute dürfte Pizza die globalisierteste aller globalen Speisen sein. Angenommen, Neapel hätte sich die Pizza patentieren lassen, dann wäre das Armenhaus Italiens heute so wohlhabend wie Dubai.

»Es gibt zwei große Erfindungen auf der Welt, die nicht zu verbessern sind, das Rad und die Pizza«, erklärt Antonio Pace, der Präsident der Vereinigung *Verace Pizza Napoletana* (echte neapolitanische Pizza). Unter Pizza versteht er eigentlich nur die Marinara und die Margherita, also die beiden Urformen mit vollreifen Tomaten und bestem Olivenöl und, im Falle der Margherita, mit Büffel-Mozzarella, die im Steinofen bei Holzbefeuerung und Höchsttemperatur gebacken werden. Seine Vereinigung stemmt sich dem Niedergang der »Idee einer Pizza« entgegen, wie er ihn bei ihrem globalen Siegeszug ausmacht. Denn in anderen Kulturen ist man weit davon entfernt, in der klassischen Schlichtheit der Pizza Neapels ein Vorbild zu sehen. »Ich glaube, dass zum Beispiel kein vernünftiger Mensch Mayonnaise in eine *Pasta al forno* geben würde, und zwar nirgends auf der Welt«, gibt er angesichts grassierender gastronomischer Absurditäten zu bedenken. In Thailand würde Signore Pace das kalte Grausen packen. Hier hat sich die Pizza, wie sie die Thais zunächst bei Pizza Hut kennen gelernt haben, längst zum Streetfood gemausert. Allerdings gelten für eine gelungene Thai-Pizza statt Käse und Tomaten durchweg Mayonnaise und Ketchup als unverzichtbar.

Natürlich gibt es in Thailand eine Pizza mit grünem Curry oder mit dem Geschmack des Nationalgerichts Tom Yum Gung (sauer-scharfe Garnelensuppe), in Indien mit Lammkebap und der lokalen Käsesorte Paneer und in Südafrika sogar in Kombination mit einem weiteren kulinarischen Neuimport, Chicken Tikka Masala. Das liebenswerte Insistieren auf einem Pizza-Reinheitsgebot verstrahlt den Charme eines Don Quijote. Pizza global, das ist eine amerikanische Erfolgsgeschichte – mit tausendundeiner lokalen Ausprägung.

Bei aller Vielfalt ist die Pizza jedoch weltweit überall als Pizza erkennbar geblieben. Das lässt sich von Italiens Espresso nicht unbedingt sagen. Wie mir scheint, wurde dem Espresso von seinen amerikanischen Verehrern noch übler mitgespielt als der Pizza.

Starbucks steht für frisch geröstete Bohnen und guten Kaffee. Das weltumspannende Imperium hat Schluss gemacht mit der abgestandenen, dünnen Plörre, die in Amerika gemeinhin als Kaffee galt. Wenn man sich heute in New York entschließt, zu einer Reise quer über den Kontinent aufzubrechen, muss man nicht mehr fürchten, den nächsten guten Kaffee erst wieder in San Francisco zu bekommen. Sogar die Kaffee-Wüsteneien, die weite Teile der Welt noch vor wenigen Jahren waren, haben für den Reisenden ihren Schrecken eingebüßt, dank Starbucks und seiner zahlreichen Nachahmer. Nach all den jahrzehntelang weltweit erlittenen Entbehrungen läuft ein Espresso-Aficionado wie ich in der Fremde ungern an einer Starbucks-Filiale vorbei. Doch ob in Bangkok oder Vancouver, überall konnte ich mit Erstaunen feststellen, dass alle pokalgroßen Bechern den Vorzug gaben, bis zum Rande gefüllt mit Starbucks kompletter Dröhnung, Karamellsirup etc. inklusive. Fraglos gibt es bei Starbucks richtigen Kaffee, aber als Espresso-Bar sollte man die Kette nicht missverstehen.

Dabei war Howard Schultz, der Visionär von Starbucks, von der Idee getrieben, seinen Landsleuten die italienische Kaffeekultur näherzubringen. Er träumte von einem Amerika der Espresso-Bars. Aber in dieser Hinsicht hat das Marketinggenie der Firma die Rechnung ohne den Wirt gemacht. Amerikas Getränk Nr. 1 ist nämlich Milch, zudem sind Amerikaner für ihren *sweet tooth* bekannt, ihre Liebe zu Süßem. Tatsächlich macht Starbucks sein Hauptgeschäft mit Latte und Frapuccino. Eigentlich ist die Kette »im Milchgeschäft« tätig, wie Kritiker sagen. Dazu, würde ich ergänzen, ist sie noch eine Konditorei, die auf Süßigkeiten in flüssiger Form spezialisiert ist. Denn bei dem Verkaufsschlager Frapuccino Venti kommt eine Unze Espresso auf 20 Unzen Milch. Das ist ein satter halber Liter. Hinter dem italienischen Wort für zwanzig, *venti*, verbirgt sich folglich ein Getränk, wie man es sich unitalienischer nicht vorstellen kann. Der exklusiv von Starbucks vertriebene Frappucino gilt denn auch weniger als ein normales Getränk, sondern als »beverage entertainment«. Auch in einem Toffee Nut Latte lässt sich ein prächtiger Vorwand sehen, um den Tag gleich mit einem Dessert zu beginnen. Der Besitzer der Triester Traditionsrösterei Illy äußerte gegenüber dem Journalisten Taylor Clarke die Vermutung, Starbucks würde womöglich deswegen seine Bohnen so kohlrabenschwarz rösten, damit die von seiner Kundschaft favorisierten Getränke wenigstens einen Hauch von Kaffeearoma verströmen.

Nachdem Starbucks, dessen Wurzeln bis in das Berkeley der Hippiezeit und des politischen Aktivismus zurückreichen, mit den USA ein Land im Sturm erobert hatte, in dem zuvor der miserabelste Kaffee König gewesen war, schien dem Unternehmen nichts mehr unmöglich. In den Jahren darauf, überbot sich Starbucks selbst, indem mit Japan und England zwei notorisch kaffeephobe Länder kolonialisiert wurden. Im London des Jahres 1998 musste man lange suchen, wollte man einen Espresso trinken. Wenn es überhaupt Kaffee gab, handelte es sich zumeist um löslichen Pulverkaffee. England war eine der führenden Teenationen, nicht anders als Japan. Heute hingegen kann man allein in London unter 200 Starbucks-Filialen wählen, und die Briten geben mehr Geld für Kaffee als für Tee aus. Von Sieg zu Sieg eilend, gerät neuerdings verstärkt China in das Visier der amerikanischen Coffee-Colonization. Die Volksrepublik bietet zwar den potenziell größten Markt, ist aber auch eine Kultur, wo bislang weder Kaffee noch Milch zu den dem Menschen zuträglichen Nahrungs- und Genussmitteln gezählt wurden.

Zur Starbucks-Revolution zählt auch, dass weltweit viele Städte mit einem Ort ausgestattet wurden, den es dort vormals noch nie gab. Nämlich einem Ort, an dem man sich stundenlang aufhalten kann, sei es ins Gespräch vertieft, sei es alleine, lesend oder im Internet surfend. Gemäß der Devise *alone, but not lonely* ist mit Starbucks und seinen Nachahmern eine der großen Errungenschaften und Annehmlichkeiten Europas, das Kaffeehaus, zu einer weltweiten Realität geworden. In Amerika kann man das besonders in den Universitätsstädten beobachten, wo um den Campus herum Studenten gerne und lange die Filialen in Beschlag nehmen. Landesweit werden dagegen auch bei Starbucks *Drive-throughs*

immer populärer, und zunehmend mehr Amerikaner begnügen sich damit, ihren hektischen Tagesablauf mit einem
Coffee-to-go zu versüßen. Nicht so im Ausland. Eine überwältigende Mehrzahl aller internationalen Kunden zieht es
nämlich vor, für längere Zeit zu verweilen. Denn Starbucks ist
teuer und folglich ein Ort, an dem man sich gerne sehen lässt.
In Thailands nördlicher Metropole, Chiang Mai, hört man folgende Geschichte: Als in der Stadt der erste Starbucks eröffnete, nahm eine junge Frau mit dem dekorativen grünen Becher ostentativ nahe am Fenster Platz, wo sie über eine Stunde
verweilte. An ihrem kostspieligen Getränk freilich mochte sie
in all der Zeit nicht einmal nippen.

Robert Thompson, Spezialist für Populärkultur an der Sy-
racuse-University im Staat New York, meint, Starbucks habe
als Erster realisiert, in welchem Ausmaß Kaffee zum Treib-
stoff des modernen Lebens geworden ist: So wie die Welt von
einer schwarzen Substanz namens Petroleum am Laufen gehalten werde, so würden wir von einer schwarzen Flüssigkeit
namens Kaffee auf Trab gebracht. Das klingt durchaus plau-
sibel. Aber angesichts koffeinarmer Lattes und Frapuccinos
sollte man nicht ausschließen, dass wir möglicherweise auch
von Zucker und Fetten am Laufen gehalten werden.

Mit Starbucks und Pizza Hut haben wir eine Phase der dritten Welle der kulinarischen Globalisierung erreicht, die von
Corporate America getragen wird, also von multinationalen
Unternehmen im Zuge der Expansion des globalen Kapitalismus und nicht mehr von Immigranten. Starbucks verwandelte den italienischen Espresso in ein globales Produkt, so
wie Pizza Hut die ursprünglich neapolitanische Pizza auf der
ganzen Welt einführte, wo sie heute paradoxerweise ein re-
ges Eigenleben als lokales Erzeugnis führt. Angesichts der
Verwandlung eines Espresso in einen Frapuccino, die kaum
weniger wundersam ist als die einer Raupe in einen Schmet-

terling, aber auch angesichts der Metamorphose einer schlichten neapolitanischen Pizza in eine Pizza-Hut-Pizza drängt sich die Schlussfolgerung auf, dass in Amerika Adaptionen anscheinend zwangsläufig zu einer XXL-Version führen müssen. Einen Unterschied zwischen den beiden Unternehmen freilich sehe ich: Während wohl niemand die Erzeugnisse von Pizza Hut mit einer leibhaftigen *Pizza napoletana* verwechseln würde, vermögen die Baristas von Starbucks jederzeit einen original italienischen Espresso zu zaubern. Allerdings trifft das kleine tiefschwarze, bitteraromatische Getränk den globalen Geschmacksnerv nicht.

Literatur

Anderson (2005), Bestor (2005), Buettner (2008), Clark (2007), Coe (2009), Collingham (2006), Diner (2001), Goody (1998), Helstosky (2008), La Cecla (2007), Levenstein (1993), Levenstein (2002), Jaffrey (2003), Pace (2002), Peter (2006), Pilcher (2006), Ray (2004), Roberts (2003), Smart (1999), Sterling (2003), Van Otterloo (2001), Watson (1975), Wu (2011)

DER GESCHMACK DER WELT:
EINE TOUR
DURCH ETHNOFOODLAND

Auf die Weltreisen und historischen Exkursionen des ersten Teils folgt nun eine ethnografische Erkundung unserer Alltagswelt. Wie sieht es angesichts dieser Wellen der kulinarischen Veränderungen und Erneuerungen heute in Deutschland aus? In drei Streifzügen möchte ich das breite Spektrum an Ethnofood in unserer unmittelbaren Umgebung erkunden. Wie man weiß, machte in den Jahren des Wirtschaftswunders der Urlaub am Mittelmeer den Deutschen Appetit auf neue Speisen, die dann mit den Strömen der Gastarbeiter ins Land kamen. Bekanntlich holten wir damals Arbeitskräfte, aber die Menschen, die kamen, brachten selbstverständlich neben vielen fremden Lebensmitteln und Kochutensilien auch ihre kompletten regionalen Küchen mit. Anfänglich verspotteten die Einheimischen die Zuwanderer wegen ihrer kulinarischen Gepflogenheiten, aber im Handumdrehen verwandelten sie sich selbst in eingefleischte »Spaghetti- und Makkaronifresser«.

Der erste Streifzug gilt folglich den einstigen Gastarbeiterküchen, von denen zwei auf gegensätzliche Weise hervorstechen, die italienische und die türkische. Die italienische Küche stieg in wenigen Jahrzehnten zum unangefochtenen Leitgeschmack der Deutschen auf, italienische Lokale beherrschen unsere gastronomische Landschaft. Die türkische Küche dagegen bescherte uns unseren Lieblingsimbiss, das Dönerkebap. Döner-Imbisse fehlen weder in West noch Ost, sie überziehen flächendeckend das ganze Land. Aber in seltsamem Kontrast dazu bleibt alles, was die türkische Küche sonst noch zu bieten hat, weitgehend auf ethnische Enklaven oder die Bahnhofsviertel unserer Großstädte beschränkt.

Auf dem zweiten Streifzug geht es dann bereits exotischer zu. Nachdem man hierzulande auf den mediterranen Geschmack gekommen war, machten sich zunächst chinesische Lokale diese neue kulinarische Offenheit zunutze. Das anspruchslose »China-Restaurant«, dessen schlichte und standardisierte Küche eine problemlose Begegnung mit dem Exotischen ermöglichte, gehörte alsbald zur gastronomischen Grundausstattung einer jeden Innenstadt. In ihrem Windschatten kam es zur Verbreitung der anspruchsvolleren Küchen Japans und Thailands, die das Ende von Chinesisch-Süßsauer einläuteten. Sind sie deswegen aber wirklich authentischer als das im Rückblick so altbacken und deutsch wirkende China-Restaurant?

Der dritte Streifzug schließlich fasst das restliche Treiben in unseren Fußgängerzonen ins Auge. Fastfood-Ketten behaupten hier einen festen Platz und finden als amerikanisches Ethnofood ihre (vor allem jugendlichen) Anhänger. Auch die übrigen Gastarbeiterküchen, vom »Griechen« bis zum »Spanier«, überleben als schlichte Esslokale oder wagen als schicke Tapas-Bars den Aufbruch zu neuen Ufern. Darin folgen ihnen weitere Küchen, denen die Vermarktung von einzelnen ihrer Speisen als trendige Tapas neue Chancen eröffnet. Während es sich bei Tex-Mex und argentinischem Steakhaus eher um Mogelpackungen handelt, gibt es auch noch die gastronomischen Traditionsinstitutionen, die auf den Ethnozug aufgesprungen sind. *Nordsee* bietet Sushi an, und in den verbliebenen *Wienerwald*-Filialen kann man sich das Backhendl thailändisch-süßsauer schmecken lassen. Was passiert eigentlich, wenn sich die Systemgastronomie vermehrt des Ethnofood annimmt? Findige deutsche Geschäftsleute überziehen mit trendigen Fast-Casual-Konzepten wie dem *Global Lifestyle Food* zunehmend unsere Innenstädte mit immer neuen und zumeist asiatisch angehauchten Ethnofantasy-Gerichten. Jenseits dieses kulinarischen Disneyland existieren weitgehend unbeachtet zahlreiche Nischen. Hier lassen sich Kochtraditionen entdecken, die selbst dem Weitgereisten bisweilen kaum dem Namen nach geläufig sind: uigurisch und eritreisch, kolumbianisch und nigerianisch. In solche Lokale, wo es in der Küche tatsächlich authentisch zugeht, verirren sich Einheimische freilich nur äußerst selten.

Italienisch und türkisch:
La deutsche Vita – bitte mit Döner

In den Jahren des Wirtschaftswunders kamen Gastarbeiter in steigender Zahl ins Land, und ihre Küchen machten die Deutschen allmählich mit bislang ungeahnten kulinarischen Möglichkeiten bekannt. In einer deutschen Stadt aber, so will es die Legende, hatte sich da bereits der zukünftige Zeitgeist zu regen begonnen und Flagge gezeigt: »Deutsche Pizzageschichte schreibt am 24. März 1952 der Abbruzzese Nicolo di Camillo mit seiner Würzburger Braut Janina, als er in der Elefantengasse der Frankenweinmetropole das *Sabbie di Capri* eröffnet: Die ersten Kunden der ältesten Pizzeria Deutschlands (mit Nachbildung der Blauen Grotte!) waren fast ausschließlich amerikanische Besatzungssoldaten«, schreibt Peter Peter in seiner *Kulturgeschichte der italienischen Küche* (2006). Das 60-jährige Jubiläum von Deutschlands erster Pizzeria ging durch die Presse. Und mit einer marmornen Plakette wird dieses geschichtsträchtigen Ortes gedacht, an dem die Metamorphose vom Sauerkrautland zum Ethnofoodland ihren Ausgang nahm.

Der Betreiber des *Sabbie di Capri* war zunächst als Küchengehilfe für die US-Armee tätig gewesen. In dieser Zeit soll ihm ein Italo-Amerikaner und ehemaliger Landsmann aus den Abruzzen die Augen für den neuen kulinarischen Wind geöffnet haben, der jenseits des Atlantiks wehte. Im ersten Pizzalokal Deutschlands konnten die in der Region stationierten GIs nicht allein ihrer Lust auf Pizza frönen, sondern auch der auf die übrigen neuen Leibspeisen Amerikas, darunter *Spa-*

ghetti with meatballs. Da bekanntlich die amerikanischen Be-
satzer einem Fraternisieren mit Teilen der deutschen Bevölkerung nicht grundsätzlich abgeneigt waren, kamen erstmals
auch junge Deutsche auf den Geschmack von Pizza und Pasta.

Nach einem halben Jahrhundert machten sich allerdings
Enttäuschung und Ernüchterung über »la deutsche Vita« breit.
Die Bilanz des *Stern*-Journalisten Christoph Wirtz fällt besonders verheerend aus: »Herrschaften, machen wir uns nichts
vor: Deutsche Leidenschaften enden tragisch. Es ist Zeit für
eine schonungslose Bestandsaufnahme – unserer entgrenzten
Sehnsucht folgt der Abgrund. Nichts, rein gar nichts, wird
hierzulande so flächendeckend, so konsequent, so fortgesetzt
gequält wie das, was sie die ›italienische Küche‹ nennen!«
Wirtz weiß von Pizzerien zu berichten, in denen deutsche Familien jahraus, jahrein stets nur die Hausspezialität bestellen:
»Pizza Pumuckl, saftigst belegt mit Ananas, Mais, Gouda,
Sauce Bolognese und Spiegelei«; er registriert kopfschüttelnd
die lustvolle Regression, mit der sich die Deutschen in »La-
sagneschlürfer und Lattesäufer« verwandelt haben; und er
rauft sich die Haare angesichts der grassierenden »Geiz-ist-
Geil«-Mentalität und des generell »verlotterten Qualitäts-
empfindens«. Denn die deutsche Kundschaft würde sich noch
die bescheidensten Resultate italienischen Kochens mit »selig
augenrollendem Vergnügen« reinschieben. Da nimmt es kein
Wunder, dass ein Mann wie der Frankfurter Unternehmer
Giorgio Stella gegen eine Wand rannte, als er in den Achtzigern seine Landsleute von den Vorzügen italienischer Quali-
tätsweine überzeugen wollte: »Die haben mich ausgelacht!
Spaghetti carbonara, Zweiliterflasche Lambrusco – das hat
doch gereicht für ein Haus im Grünen, eine kleine Albergo in
der Heimat, zwei Kinder auf der Uni und die *bella macchina*
vor der Pizzeria. Und dann wollte ich denen was von Qualität
erzählen…«

Die beiden bedeutendsten Emigrantengruppen kamen aus Süditalien und Anatolien. Ihre Küchen waren weder die anspruchsvolle Kochkunst der wohlhabenden norditalienischen Städte noch jene Istanbuls und des Osmanischen Reiches, sondern durch die Bank bescheidene ländliche Kost. Italienische »Gastarbeiterküche« – das war vor allem neapolitanische Pizza sowie diverse Sorten von Pasta mit Tomaten, Käse, Olivenöl und Knoblauch. Als in den Fünfzigern die große Emigrationswelle aus Süditalien anrollte, gab es unter den Einwanderern allerdings keine Pizzabäcker, denn in deren Zunft gab es für das Auswandern keine Gründe. Es waren die Touristen, die sich nach dem Sommerurlaub ihren Traum von einer Pizza nicht mehr aus dem Kopf schlagen konnten. Darauf sahen Neapolitaner im Norden sich zunehmend mit der Frage konfrontiert, ob sie des Pizzabackens kundig seien. Und so bot sich Leuten, die in der Emigration ihr Glück machen wollten, überraschend die Chance ihres Lebens.

»Ich wusste überhaupt nichts über Pizza«, so der Inhaber einer Pizzeria in Frankfurt über den Start seiner Karriere. Aber eine Pizza zu backen war schließlich nicht schwer. Es waren weitgehend Autodidakten, die Deutschland von den Vorzügen der italienischen Küche überzeugten. Der *pizzaiolo*, der ausgebildete Pizzabäcker, hatte daran jedoch keinen Anteil. Für Deutsche war diese neuartige Speise zunächst gewöhnungs- und erklärungsbedürftig. Die Reiseführer jener Zeit beschrieben sie wahlweise als neapolitanisches Törtchen oder als Pfannkuchen, die freilich nicht süß, sondern salzig schmecken. Aber schon bald wurde Pizza mit italienischem Essen generell gleichgesetzt. Es schien unvorstellbar, dass eine italienische Gaststätte sie nicht im Angebot führen könnte. Diese Einstellung führte dazu, dass jedes italienische Speiselokal nördlich der Alpen Pizza anbieten musste: Deutschlands »Ristorante-Pizzeria« war geboren.

In Italien gibt es schlichte Trattorien und Osterien. Pizzerien hingegen sind ausschließlich auf Pizza spezialisiert, während ein Ristorante der gehobenen Küche verpflichtet ist. Ein »Ristorante-Pizzeria« ist demnach im eigentlichen Sinne ein Widerspruch. Maren Möhring zitiert in ihrem Buch *Fremdes Essen* (2012) Vertreter der gastronomischen Interessenvertretung CIAO Italia mit den Worten, man könne nicht unter einem Dach Pizza und Scampi anbieten, denn »wenn sich etwas als *ristorante italiano* definiert, dann darf es keine Pizza haben«. Eine Mehrzahl sah das hierzulande freilich nicht so eng und setzte sich damit durch. Die italienische Gastronomie in Deutschland entsprang also keiner ethnischen Enklave, stattdessen war sie von Anfang an ein typisches Gewächs der deutschen Innenstädte. Dieser Umstand diktierte, was dort auf den Tisch kam. Es war dies eine eigene, eine neue Mischform aus italienischen Ursprüngen kombiniert mit deutschen Vorlieben. Die Regionalküchen Neapels und des Südens hingegen suchte man vergeblich.

Zu Veränderungen und Anpassungen kam es in dieser Küche anfänglich allein schon deshalb, weil gewohnte Zutaten fehlten. Sicher gab es Petersilie, aber frischen Oregano, Thymian, Rosmarin oder Basilikum? Wer hatte schon mal von Auberginen, Zucchini, Kürbis, Broccoli oder Artischocken gehört? Bei Salat dachte man an Kopf- oder Gartensalat, nicht an Radicchio oder Lollo rosso. Selbst Paprika und Tomaten in passabler Qualität aufzutreiben, entpuppte sich als illusorisch. Also musste ein Onkel oder Schwager, wie in der WDR-Reportage *Wie die Pizza ins Ruhrgebiet kam* erwähnt, fehlende Zutaten mit dem Kleintransporter über die Alpen karren, vieles davon in der Dose. Statt verderblichem Mozzarella behalf man sich für die Pizza mit Edamer und Gouda, und für *salame e prosciutto* mussten Hartwurst und Kochschinken einspringen. In Wahrheit erleichterte und beschleunigte dieser Ersatz die Akzeptanz italienischen Essens. Denn anders als Gouda war Parmesan nicht jedermanns Geschmack, und Kreationen wie »Pizza Plockwurst« waren den Einheimischen allemal vertrauenswürdiger als eine Salami, die womöglich gar vom Esel stammte. Eine gezielte Anpassung an den deutschen Geschmack blieb natürlich auch nicht aus. Über allem lastete der Fluch der hiesigen Saucenküche! In Deutschland hatte alles in Sauce zu schwimmen, denn wie sollte man sonst satt werden? Fleisch, das bloß mit etwas Schmorflüssigkeit oder Bratensaft auf den Teller kam, oder gar Fisch mit Öl und Zitrone, von einigen Gemüsestreifen garniert? So etwas war kein Hauptgericht zum Sattwerden und löste eher Hungergefühle aus. Pastagerichte galten nicht als ein Gang, der auf Antipasti folgte. Man bestellte einen Teller Spaghetti als komplette Mahlzeit, und folglich konnte er gar nicht reichhaltig genug ausfallen. Da liegt es nahe, dass Spaghetti Bolognese zur Leib- und Magenpasta der Deutschen wurde, denn dieser Kombination – viel Nudeln, viel Fleisch, viel Sauce – gab man schon immer den Vorzug. Auch die Spaghetti nach Köhlerart waren nicht übel. Denn gegen Eier mit Speck gab es nichts einzuwenden, und es verstand sich von selbst, dass Spaghetti alla carbonara mit Sahne noch besser schmeckten. *Panna*, Italiens dicke süße Sahne, mutierte so zur kulinarischen Geheimwaffe der italienischen Küche in Deutschland, und ihr Anwendungsgebiet beschränkte sich keineswegs nur auf klassische Nachspeisen wie die Panna cotta, sondern erstreckte sich quer durch die Speisekarte.

Trotz Rücksichtnahme auf die kulinarischen Vorlieben der Einheimischen waren diesen die Resultate der italienischen Kochkunst häufig nicht deftig genug. Dem mussten die Wirte Rechnung tragen, indem sie Gerichte wie Gulaschsuppe und Jägerschnitzel in ihre Speisekarten aufnahmen. Dabei gab es bereits einen Brückenschlag zwischen den beiden Speisekulturen in Gestalt des Cotoletta alla milanese, das in Deutschland als Wiener Schnitzel Kultstatus genießt. Möglicherweise Anstößiges wurde dagegen wohlweislich gemieden. Von der Begeisterung der italienischen Volksküche für Kutteln und anderen Innereien legen die Speisekarten damals wie heute nicht Zeugnis ab. Das gilt sogar für den Süden des Landes, wo Saure Nieren und Lüngerl, Saumagen und Milzwurst längst nicht von allen Speisekarten verbannt sind. Am ehesten hoffte man noch, die Deutschen mit Kalbsleber verführen zu können, der edelsten Variante der hierzulande noch nicht vollständig verschmähten Leber.

In der Zwischenzeit ist die Pizza zu einem unserer Grundnahrungsmittel aufgestiegen. Und in deutschen Haushalten wird mehr Pasta aufgetischt als Königsberger Klopse, Sauerbraten und Rouladen zusammen. Pasta genießt einen internationalen Status, weshalb der italienische Ethnologe Franco La Cecla die Vermutung geäußert hat, dass italienische Lokale weltweit durchaus von jedermann betrieben werden können, ohne dass dies bei den Gästen Anstoß erregen würde. Ähnlich wie Gucci oder Prada sei auch Pasta zu einem global zirkulierenden Markenartikel geworden. Wer in einer Weltstadt ein italienisches Lokal besuche, dem gehe es nicht um Authentizität, sondern um eine universale Realisierung des Markenartikels *Italian food*.

Zwar nehmen wir Spaghetti gewiss nicht als typisch deutsch wahr – aber eben längst auch nicht mehr als fremd. Spaghetti Bolognese sind zwar zu einem deutschen Gericht geworden, gleichwohl bleiben sie in unserer Vorstellung stets mit Italien verbunden. Für die Deutschen (wie für weite Teile der Welt) sind und bleiben Pizza und Pasta italienisch. Dabei ist bemerkenswert, wie viele Pizzerien hierzulande ihren Besitzer gewechselt haben. Im alten West-Berlin gingen in den Achtzigern zunehmend mehr einfache italienische Lokale in die Hände von Nicht-Italienern über, darunter viele Libanesen. Zahllose Pizza-Lieferdienste wurden von Griechen und Jugoslawen betrieben. Nach dem Mauerfall beglückten viele Türken den Osten nicht nur mit den ersten Dönerbuden, sondern auch den ersten Pizzerien. Der Betreiber einer einfachen Pizzeria kann heute jederzeit aus Pakistan stammen, und hinter so manchem noblen »Italiener« steckt ein türkischer oder bisweilen sogar ein deutscher Wirt.

Solche »ethnischen Fassaden« haben Wladimir Kaminer zu der Kurzgeschichte *Geschäftstarnungen* (2000) inspiriert. Dort wundert sich der Ich-Erzähler über bulgarische Musik in einem Wilmersdorfer Döner-Imbiss, nur um zu erfahren, dass die Wirte eben aus Bulgarien stammen. Wenn Bulgaren als Türken posieren, wer mag da hinter dem bulgarischen Restaurant stecken, fragt er sich? Es sind – richtig: Bulgaren, und nicht vielmehr Türken. Dann aber stellt er fest, dass »der Italiener« von Griechen betrieben wird, während sich hinter »dem Griechen« Araber verbergen. Die asiatische Bedienung einer Sushi-Bar entpuppt sich als russische Burjatin und erzählt ihm, dass Berlins Sushi-Bars aus New York stammen und überwiegend in jüdischer Hand sind. Doch nicht genug: Hinter den Chinesen stecken Vietnamesen, »der Inder« entpuppt sich als Tunesier, und selbst eine afroamerikanische Voodoo-Kneipe wartet mit einem belgischen Wirt auf. Wohin man auch schaut: Ethnische *Performances* und Fassaden überall; im Ethnofoodland ist häufig nichts, wie es scheint. Nur das Geheimnis, wer sich eigentlich hinter den Deutschen verbirgt, die in den verbleibenden Eckkneipen an Eisbein, Sauerkraut und billigem Bier festhalten, vermag der Erzähler nicht zu lüften.

In Deutschland verkauften viele der ursprünglichen Betreiber ihre Pizzeria an der Ecke, um in die gehobene Gastronomie einzusteigen. Nicht wenige erfüllten sich einen Traum, indem sie aus dem Konstrukt »Ristorante-Pizzeria« stolz die Pizzeria strichen. Das *Ristorante*, der »Edel-Italiener«, war geboren. Aus der wissenschaftlichen Forschung zur »ethnischen Ökonomie« (in der Lebensmittel und Gastronomie gewöhnlich den Löwenanteil stellen) stammt der Begriff der »ethnischen Ressource«. Als es in den 1980er-Jahren zum »gastronomischen Paradigmenwechsel« kommt, wie der Kulturhistoriker der italienischen Küche Peter Peter dies genannt hat, nämlich »weg vom fast proletarischen Spaghetti-Image Neapels zur Gutshofküche der Toskana«, bot sich die Chance, den Trumpf ethnische Ressource auszuspielen. Mit der Hinwendung zur Regionalküche oder zur Luxusküche gelang es, sich von den gesichtslosen Pizzerien der Nicht-Italiener mit ihrem Standardangebot abzuheben.

Ich erlebte diese »Italianisierung italienischer Lokale«, wie Edith Pichler diesen Prozess charakterisiert hat, damals in West-Berlin. Ungefähr zu der Zeit, als meine Stammpizzeria in der Oranienstraße in libanesische Hand überging (wobei Name und Speisekarte unverändert blieben), eröffneten in Kreuzberg mehrere neue Trattorien und Osterien, von denen sich eine sogar schlicht *Osteria* nannte. Ihre Betreiber waren jüngere Italiener, die aus dem links-alternativen Milieu kamen, was sich an Wandplakaten und den ausliegenden Zeitungen *Lotta continua* oder *Il Manifesto* zeigte. Obwohl keines der neuen Lokale sich *Pizzeria* nannte, war die Pizza ein Muss. Sie hatte nur authentischer auszufallen, also bloß keine Pizza Plockwurst oder Pizza Hawaii. Als Pasta favorisierte man Klassiker der Volksküche wie Spaghetti aglio e olio, ein Gericht, das in seiner Schlichtheit in den ersten Pizzerien unvorstellbar gewesen wäre, oder Spaghetti alla puttanesca. Und je nach Saison wurden regionale Spezialitäten angeboten. Auch der Wandel des Weinangebots fiel drastisch aus: Die banalen Chiantis und Lambruscos verschwanden, um schlichten Landweinen mit regionalem Charakter aus dem Fass Platz zu machen, die den Publikumsgeschmack trafen. Die »Toskanisierung« des »Edel-Italieners« scheint nicht grundsätzlich anders ausgefallen zu sein als diejenige in der linken Szene. Auch hier stand Regionales im Vordergrund, nur eben luxuriöser. Pasta mit Trüffeln, Scampi, Rotbarbe, gediegene Schmorbraten, feinste *Bistecca alla fiorentina* und gelegentlich ein exquisites Bries, und alles hinuntergespült mit hochpreisigen Barolos und Barbarescos.

Pizza und Pasta geben seit Jahrzehnten in Deutschland die kulinarische Richtung vor. Doch es gibt auch den Döner. La deutsche Vita – schlechterdings unvorstellbar ohne das Dönerkebap.

Wie in der italienischen Pizza, lässt sich auch im türkischen Kebap eine zeitlose Speise sehen. In Würfel geschnittene gewürzte Fleischstücke, auf einem Spieß oder Dolch über Holzkohlenfeuer gegrillt, gehören zum kulinarischen Patrimonium der zentralasiatischen Turkvölker. Als Şiş Kebap (was in etwa »Spießbraten« heißt) kam es mit deren Wanderungen und Eroberungen an den Bosporus. Auf dem Balkan und in der arabischen Welt wurden Kebaps freudig eingebürgert. Mit muslimischen Händlern gelangte die Idee sogar bis in die Inselwelt Südostasiens, wo ein Kebap im Bonsai-Format unter der Bezeichnung *Satay* heimisch wurde. Als der kundige Carl Friedrich von Rumohr Anfang des 19. Jahrhunderts den »schmackhaften Kjebab der Türken« rühmte, da dachte er an ein Şiş Kebap. Denn der Döner, wie wir ihn kennen, hatte zu jener Zeit noch nicht das Licht der Welt erblickt.

Die Geschichte des Dönerkebap beginnt, als in den 1830er-Jahren Köche auf die geniale Idee verfielen, »den traditionellen türkischen Festschmaus, den Lammbraten, auf die Beine

zu stellen«, wie dies Eberhard Seidel-Pielen in *Aufgespießt –
Wie der Döner über die Deutschen kam* (1996) genannt hat.
Der vertikale Drehspieß markiert die Erfindung des Döner;
denn das Wort *Dönerkebap* meint letztlich nichts anderes als
einen sich drehenden Kebap.

Ein originaler anatolischer Döner – ich orientiere mich an
den Ausführungen des türkischen Meisterkochs Rennan
Yaman aus Berlin – wird aus dem Fleisch von Lamm oder Ham-
mel hergestellt (und zwar vorzugsweise jener Tiere, die zuvor
das Glück hatten, auf nach Thymian duftenden Bergweiden
grasen zu dürfen), wobei der überwiegende Teil des Fleisches
aus der Keule zu stammen hat. Dieses Fleisch wird mit geüb-
ter Hand von den Knochen gelöst, sorgfältig von allen Sehnen
befreit und alsdann in breite, dünne Scheiben geschnitten.
Zum Würzen ist nicht mehr erforderlich als reichlich sichel-
förmig geschnittene Zwiebelscheiben und ein Gemisch aus
schwarzem Pfeffer, rotem Paprika und Kreuzkümmel. Nachdem die Fleischscheiben diese Aromen absorbiert haben,
schichte man sie auf den senkrecht stehenden Dönerspieß,
wobei aus der konischen Form herausragende Ecken und
Enden abgesäbelt werden. Diese Reste darf und soll man als
Hackfleisch dem Dönerkegel beifügen, indem man sie zwischen die Scheiben presst. Auch achte man darauf, dass nicht
weniger als ein Fünftel des Gesamtkegels aus aromatischem
Lammnetzfett besteht. Das fertig gegrillte Fleisch serviere
man in dünn abgeschnittenen Streifen auf einem vorgewärm-
ten Teller: Es sollte außen schön kross und innen saftig sein.
Dazu reiche man Brot, frisch aus dem Ofen, und gebutterten
Reis, garniert mit einer Tomate sowie einer scharfen Peperoni
vom Grill. Auch etwas Auberginenpüree kann nicht schaden.

Der Döner, wie wir ihn heute kennen, erblickte in Berlin-
Kreuzberg das Licht der Welt. In SO 36, dem ehemaligen Rand-
und Sanierungsbezirk West-Berlins, kam er im Jahre 1971

erstmals im Umkreis der U-Bahn-Station Kottbusser Tor in den Verkauf. Maren Möhring hat unterdes recherchiert, dass das Frankfurter Restaurant *Bosporus am Main* bereits 1960 mit seinem Dönerkebap warb. Auch das griechische Gyros, nichts anderes als Schweinefleisch auf Döner-Art, wurde zu dieser Zeit bereits gelegentlich in der Bundesrepublik gesichtet, darunter seit 1969 im *Athener Grill* auf dem oberen Ku'damm, und damit im Herzen der alten Mauerstadt. Der Döner war 1971 also nicht unbedingt brandneu, begeisterte in Berlin aber das Publikum erstmals in seiner neuen Rolle – als Imbiss. Und legte damit den Grundstein für eine beispiellose Karriere.

Als ich 1975 nach West-Berlin zog, gab es den Döner keineswegs in allen Bezirken, außer in Kreuzberg eigentlich nur am Bahnhof Zoo. Selbst auf der Bergmannstraße, die nach damaligem Verständnis im »anderen« Teil Kreuzbergs lag, suchte man ihn anfangs vergeblich. Seiner ethnischen Enklave, dem legendären SO 36, war der Dönerkebap wenige Jahre nach seinem Start noch nicht entflohen.

Die Kreuzberger Innovation bestand darin, das Grillfleisch im Brot zu servieren. Die Wahl fiel auf Fladenbrot, *pide*, das ursprünglich für den Fastenmonat Ramadan gedacht war. So ein geviertelter Fladen stellt eine natürliche Tasche dar, die nur darauf gewartet zu haben scheint, mit Fleisch und Tomaten, Zwiebeln und einigen Salatblättern gefüllt zu werden. Gelegentlich gab es einen Klacks Joghurtsauce mit Knoblauch dazu. Die meisten Imbisse verfügten über Hocker oder Stühle. Man rannte mit dem Döner nicht auf die Straße, sondern setzte sich zum Essen gewöhnlich hin, um seinen Döner im Sitzen zügig zu verspeisen. Nicht anders als Meister Rennan Yamans original anatolischer Döner bestand auch der Alt-Kreuzberger Döner ursprünglich aus schierem Lammfleisch. Kaum zu glauben, aber in der guten alten Zeit, bevor eine

»Hackfleischverordnung« Anwendung auf ihn fand, war jeder Döner ein *Yaprak*-Döner. *Yaprak*! Wer kennt das heute noch? Wer hat schon mal die Bekanntschaft eines Dönerkebaps aus schierem Fleisch gemacht?

Wie gut der neue Imbiss schmeckte, sprach sich allmählich bis in jene Bezirke herum, deren Bevölkerung sich mehrheitlich eher nicht für Multikulti erwärmte. Die hugenottische Bulette, das aus den Weiten des Ostens eingewanderte Schaschlik, die vom Geschmack der West-Alliierten inspirierte Currywurst – alles hatten die Einheimischen in der Vergangenheit zu »indigenisieren« verstanden. Aber wie gestaltete sich nun die »Verberlinerung« des Döners? Die These des Döner-Spezialisten Seidel-Pielen, wonach sich der Döner in Berlin erst in eine überdimensionierte Bulette verwandeln musste, bevor er triumphieren konnte, mag provokant erscheinen. Doch leider hat sie die Fakten auf ihrer Seite. In den frühen Achtzigern explodierte der Hackfleischanteil des Döners. Das Wort vom Qualitätsverfall machte in der Lokalpresse die Runde. Denn der Döner bestand zunehmend aus Hack, wobei das mit Paniermehl gestreckte Fleisch mit Diphosphaten verkleistert werden musste, einer Chemikalie, die aufgrund dieser Eigenschaften in Metzgerkreisen angeblich als »Maria Hilf« bekannt ist. Um der endgültigen Metamorphose des Kebaps zum »Ke-papp« einen Riegel vorzuschieben, fällt der Döner seit 1984 unter die deutsche Hackfleischverordnung. Seither darf er offiziell nicht mehr als 60 Prozent Hackfleisch enthalten.

»Oh, du schöner deutscher Döner« – Lammfleisch dürftest du durchaus enthalten, sogar satte 100 Prozent. Aber da kann man ganz beruhigt sein. Denn ein solcher Döner hat Seltenheitswert. Das geschmacksintensive Lamm hat es hierzulande immer schwer gehabt. Also sattelte man auf Kalbfleisch um, aus dem sich ein durchaus passabler Döner erzeugen lässt.

Leider blieb es nicht bei Kalb, wegen der BSE-Krise. Die korrekte kulinarische Lösung wäre der Salto rückwärts zum Lamm gewesen. Stattdessen schlug bundesweit die Stunde von Chicken Kebap und Puten-Kebap. Diese Pseudokebaps dürfen in Deutschland nicht unter der Bezeichnung »Dönerkebap« verkauft werden (dazu müssten sie aus Lamm oder Rind sein), was sie freilich nicht gehindert hat, dem Döner zunehmend höhere Marktanteile abzunehmen. Die amerikanische Ethnologin Holly Chase fand heraus, dass das global gehandelte Produkt »Chicken Döner«, das auch in der Türkei als *tavuk döner* ein Renner ist, ursprünglich in Saudi-Arabien erfunden wurde. Ein Geschäftsmann vor Ort (oder war es ein Alchemist?) erkannte als Erster das Potenzial, ökonomisch wie gastronomisch, das in der billig importierten Tiefkühlware dänischer Geflügelzüchter steckt.

Es würde zu kurz greifen, die Umwandlung des Döner in ein Hackfleischprodukt allein dem eskalierenden Preiskampf und der Gier skrupelloser Produzenten in die Schuhe zu schieben. Die deutsche Kundschaft liebte den saftigen Döner, monierte aber seinen hohen Fettanteil. Denn wer könnte leugnen, dass die Fettschicht beim *yaprak* ärgerlicherweise mit bloßem Auge zu erkennen ist. Kein Problem, müssen sich da einige Dönerwirte und Hersteller gesagt haben, man erhöhe einfach den Anteil an Hack, und siehe da, das anstößige Fett ist wie weggeblasen. Denn fein gewolft verschwand es in den steigenden Mengen an Paniermehl, die parallel dazu unverzichtbarer Bestandteil des Döners wurden. Unter dem Strich stieg alles, die Gewinne im Handel und die Zufriedenheit der Kunden. Wer wollte sich diese Win-win-Situation vermiesen lassen, nur weil der Fettanteil des neuen Döners unter dem Strich natürlich auch anstieg?

Kein Lamm, möglichst viel Hack – so sieht der Döner aus, der die Currywurst vom Thron stieß, um statt ihrer der beliebteste Imbiss Deutschlands zu werden. Historisch folgte auf die West-Berliner Dönermanie jene der DDR. Nach dem Mauerfall stieg er zum gefragtesten Fastfood des Ostens auf. Erst dann gelang es dem Döner, auch in den alten Bundesländern heimisch zu werden. Ohne Sauce würde dem bundesweiten Verkaufsschlager Dönerkebap etwas fehlen. Anfänglich gab es, wie schon erwähnt, bisweilen etwas Joghurtsauce oder *çacik* zum Döner, heute können sich viele einen Döner »ohne« gar nicht vorstellen: »Alles, mit scharf?«, lautet bekanntlich die Standardfrage in Deutschlands Dönerbuden. Nicht wenige Kunden beurteilen sogar die Qualität eines Döners nach der Sauce. Ob scharf oder nicht, eines sind diese Saucen immer: nämlich süß. Wer kam eigentlich auf diese Idee, die Knoblauchsauce, die scharfe Sauce und sogar die Joghurtsauce allesamt auf der Basis von Mayonnaise anzubieten? Ich fürchte, sie müssen neuerdings als Teil der deutschtürkischen Esskultur verstanden werden. Selbst wenn man einen Dönerteller in einem überwiegend von der türkischen Community frequentierten Restaurant oder *Kebap Salonu* bestellt, wie etwa im *Istanbul* in Mannheim, bleibt einem diese süßliche Mayonnaise nicht erspart.

»Der Döner als solcher ist unschuldig«, gab Jürgen Dollase, der Esskritiker der *Frankfurter Allgemeinen Zeitung*, anlässlich einer der vielen Dönerskandale zu bedenken. Ob Lamm, Kalb oder Pute, bei der grassierenden Überwürzung des Döners und den alles verkleisternden Saucen bleibe jeder Fleischgeschmack ohnehin auf der Strecke. Wer könne angesichts solcher Praktiken ausschließen, nicht selbst schon einen Gammeldöner verspeist zu haben? Bislang vermochte freilich weder die BSE-Furcht noch Gammelfleisch oder der Nachweis von Schweine- oder Pferdefleisch die grassierende Sucht nach der nächsten Döner-Dröhnung zu dämpfen.

Deutschlands beliebtester Imbiss ist und bleibt der Döner.

Ohne Frage, den leckeren Döner gibt es noch, auch wenn er selten geworden ist. Seine handwerkliche Erzeugung ist fast vollständig zum Erliegen gekommen, einige wenige Großproduzenten teilen sich den Markt. Wo sollten also geschmackliche Unterschiede herkommen? Ach ja – von der Sauce natürlich. Wer Döner unbedingt essen muss, wo nur Deutsche das tun, tut dies auf eigenes Risiko. Mir ist nur eine Art der Qualitätsgarantie bekannt – der Ausländeranteil. Sind nämlich viele Ausländer unter der Kundschaft, ist der Döner nie ganz schlecht.

In auffallendem Kontrast zu dieser Leidenschaft findet die schnörkellos solide türkische Hausmannskost unter Deutschen nur wenige Anhänger. Als ich die Teilnehmer meines Seminars »Kulinarische Globalisierung« nach türkischen Gerichten befragte, war das Ergebnis ernüchternd. Außer Döner vermochte eine Mehrzahl namentlich kaum eine oder zwei weitere Speisen zu nennen. Wenn überhaupt, dann kannte man »türkische Pizza«, Köfte und Börek. Von niemandem wurden die alltäglichen Schmorgerichte erwähnt, wie Gefüllte Paprika, Lamm mit Bohnen oder Kichererbsen, die unvergleichlichen *terbiyeli köfte* (so etwas wie türkische Königsberger Klopse) oder die Kuttelsuppe *işkembe*. Nach alter Sitte werden diese Gerichte Tag für Tag in den Vitrinen und Schaufenstern der türkischen Lokale präsentiert, wo sie für sich Werbung machen. Bei Lahmacun, der türkischen Pizza, fällt auf, dass diese authentische Variante aus der großen Pizzafamilie am Rande des kulinarischen Mainstreams verbleibt, ähnlich dem türkischen Mokka, der im Vergleich zu den italienischen Kaffeespezialitäten Espresso, Cappuccino oder Latte macchiato ein Schattendasein führt.

Die türkische Küche leidet leider unter einem Imageproblem. Aber sind die Italiener nicht auch mit einem solchen gestartet? Und ist es ihnen etwa nicht gelungen, *Made in Italy* zu einer globalen Erfolgsstory zu machen, ob als italienische Mode oder als italienisches Essen? Auf türkischer Seite hat man das Problem schon seit Langem erkannt. Die Ethnologin Ayşe Çağlar unterzog zur Zeit des Mauerfalls das Berliner Dönergewerbe einer gründlichen Studie. Dabei fiel ihr auf, dass viele Dönerwirte aus der anatolisch-orientalischen Ecke heraus wollten. An Namen wie »McDöner« und »Döner-King« glaubte sie, eine Amerikanisierung beobachten und damit eine Art Entethnisierungsstrategie festmachen zu können. Vielleicht aber wollten Berlins Dönerwirte auch einfach Anschluss an die türkische Moderne finden. In Städten wie Ankara, Izmir und Istanbul kamen damals Hamburger- und Sandwich-Bars vor allem bei Jugendlichen groß in Mode. Mit welcher Bravour man das amerikanische Modell zu kopieren verstand, konnte Holly Chase 1992 auf Istanbuls zentralem Taksim-Platz beobachten. Neben dem dortigen McDonald's hatte ein Lokal eröffnet, das in Aufmachung und Dekor von der Filiale der markanten Kette nicht zu unterscheiden war. Auf den ersten Blick glaubte man, es würde sich um einen Anbau von McDonald's handeln. Im neuen Ambiente bot man dort freilich keineswegs Hamburger an, sondern die Klassiker der lokalen Küche: Kebaps, Böreks, Baklava. Man befand sich vielmehr in einer Zweigstelle von *Borsa*, einer altehrwürdigen gastronomischen Institution der Metropole am Bosporus.

Mittlerweile herrscht auch in der türkischen Gastronomie Deutschlands so etwas wie Aufbruchstimmung. Der Joghurtdrink Ayran hat den Sprung in die Supermärkte und Cafeterien geschafft, was bisweilen auch dem Fladenbrot Pide gelingt. Aus dem türkischen Fischhandel sind Fischimbisse und auf gegrillten Fisch spezialisierte Schnellrestaurants hervorgegangen. Sie helfen erfreulicherweise ein gastronomisches Defizit des Landes zu beheben, auch wenn dort bisweilen der Döner mit einem sogenannten »Fisch-Döner« verhöhnt wird.

Türkische Imbisse haben Falafel als vegetarische Alternative neben dem Döner in ihr Repertoire aufgenommen; manche Leute ahnen gar nicht, dass die frittierte Kichererbsenkugel eigentlich der Küche des Libanon entstammt. Die türkische Pizza wird zwar vom deutschen Konsumenten verschmäht, dafür gibt es jetzt »beim Türken« italienische Pizza, neben der üblichen Prosciutto oder Hawaii auch »Pizza Suçuk« (die »Pizza Plockwurst« lässt grüßen!), belegt mit der leckeren türkischen Knoblauchwurst. Der große gesellschaftliche Trend hin zum Vegetarischen, in der türkischen Gastronomie lange Zeit stiefmütterlich behandelt, bietet neue Chancen. Zum bekannten Börek tritt neuerdings immer häufiger das delikate *su böreği*, eine echte Entdeckung. An *Gözleme*-Ständen kann man mit Schafskäse oder Spinat gefüllte Teigfladen genießen, die appetitanregend vor den Augen des Kunden gebacken werden. Vereinzelt werden sogar halbvegetarische Ravioli angeboten, *mantı* genannt, mit einer erfrischenden Joghurtsauce. Und in *Çiğ-Köfte*-Läden schließlich, bisweilen im zeitgenössischen Fastfood-Design, kann der Nichtinitiierte versuchen, Gefallen an kleinen rohen Buletten zu finden, die aus gemahlenem Weizenschrot oder Bulgur und Walnuss verknetet werden.

Um Fleischeslust pur geht es dagegen bei *kokoreç*, gemischten Lamminnereien, die mit Därmen umwickelt und dann wie an einem horizontal gewendeten Dönerspieß gegrillt werden. Neben der Andouillette der französischen Bistros kann das am Bosporus heißgeliebte *kokoreç* Anspruch auf die Palme für einen wahrhaft geschmacksintensiven Innereiengenuss erheben. Seit Neustem wird *kokoreç* vereinzelt in den türkischen Enklaven einiger Großstädte angeboten. Von Geschäftssinn zeugt das nicht. Wovon dann? Von neuem Selbstbewusstsein?

Mit dem Schlagwort »Toskanisierung« versuchen auch türkische Gastwirte neue Wege aufzuzeigen und sich Mut zu machen. Im Vergleich zum italienischen *Ristorante* gelingt der gehobenen türkischen Gastronomie bislang nur vereinzelt der Sprung aus der ethnischen Nische. Durchaus gediegene Speiselokale setzten unverdrossen auf die orientalische Karte, Bauchtanz inklusive. Die boomenden Shisha-Lounges dagegen, postmodern und altorientalisch zugleich, stehen für den Ausbruch aus der Folkloreecke. Andere wiederum suchen den Aufstieg zum »Edel-Türken« durch eine mediterrane Aufwertung ihres anatolischen Images, wie etwa das Frankfurter *Merkez,* ein typischer *Kebap Salonu,* der stolz mit *Traditional Mediterranean Cuisine* für sich wirbt. Alles in allem scheint es, als ob die große osmanische Küchentradition ihre hiesige Totalreduktion auf den Döner allmählich abzuschütteln vermag. Angesichts der Dominanz der italienischen Küche wird von einer Aufholjagd bislang allerdings keiner sprechen wollen.

Carl Friedrich von Rumohr, Italienkenner und Esstheoretiker, war voll des Lobes über die Italiener, die »ihren vollen Kunstgeschmack und Schönheitssinn auf die Tafel übertragen« hätten. Mit seiner Wertschätzung der italienischen Volksküche (und seiner Ablehnung der »Überfeinerung und Übermischung« der französischen *Grande Cuisine*) stand der Meister damals freilich allein auf weiter Flur. Keiner, wirklich keiner, hätte noch vor Kurzem geahnt, zu welcher Dominanz Italien es in diesem Feld bringen würde. Italien ist nicht nur in Deutschland das kulinarische Maß aller Dinge. Das Land mit der lange Zeit belächelten Esskultur hat sich zur gastronomischen Supermacht mit globaler Präsenz gemausert. Im Rückblick scheint es, als ob die Gründe dafür auf der Hand lägen. Der »Mediterranean Diet«, also dem altbewährten, auf Weizen und Olivenöl basierenden Ernährungsmuster der Region, wonach es Obst und Gemüse satt gibt, an Kräutern und Knoblauch nicht gespart wird, weder Käse noch Wein fehlen sollten, Fleisch hingegen eher selten auf den Tisch kommt, dafür aber Fisch und immer reichlich Ballaststoffe, und, nicht zu vergessen, man das alles in regelmäßig frisch zubereiteten Mahlzeiten in Gesellschaft zu sich nimmt, statt sich etwa beim Streifzug durch die Shopping Mall oder im Auto mit Snacks nach der Devise *gobble, gulp and go!* vollzustopfen – dieser Commonsense-Ernährung also wird von allen Seiten bescheinigt, rundum gesund zu sein. Nun könnte man sagen, dass auch Kreter und Andalusier eine vergleichbare Ernährung kennen, warum also nicht Griechisch und Spanisch? Stimmt, doch leider lassen deren Küchen Italiens Trümpfe vermissen, die da heißen: Pizza und Pasta. Nur Pizza und Pasta erfüllen nämlich die anderen beiden kulinarischen Kardinalkriterien unserer Zeit: Die Zubereitung hat schnell und unkompliziert zu sein und das Resultat kinderfreundlich. Bei alledem darf man nicht vergessen, dass trotz der Malträtierungen und Trivialisierungen, die Italiens Küche weltweit erdulden muss, die verbleibende Qualität immer noch kaum einen Vergleich zu scheuen braucht.

Die kulinarische Dominanz Italiens – das sind edle Restaurants und eine raffinierte Trinkkultur mit Aperitifs und Weinen aus Regionen, von denen bis vor Kurzem nur wenige Kenner oder Reisende wussten. Diese Esskultur hat der französischen Küche erfolgreich Konkurrenz gemacht und sie in der Gunst des Publikums gar überflügelt. Die kulinarische Dominanz Italiens – das sind aber auch die billigen Pizza- und Pastagerichte. Vor allem aber ist das die Tiefkühlpizza, die bei vielen hierzulande wöchentlich auf den Tisch kommt. Ein weiterer Pfeiler unserer Ernährung sind die Pastaregale der Supermärkte. Sie fahren nicht nur mit einer bemerkenswerten Nudelvielfalt auf (auch wenn die bescheiden wirkt angesichts der 600 Arten, die es in Italien gibt), sondern bieten dazu auch eine breite Auswahl an Fertigsaucen. Die Deutschen lieben ihre Nudeln und ihre Bequemlichkeit, und folglich gilt hier wie in Amerika: *the fasta the pasta the better.* Kein Supermarkt kann auf eine Auswahl an Pestos und Saucen im Glas verzichten. Was aber erstaunlicher ist: Mit Tomaten, Mozzarella und Basilikum führen sogar Discounter die frischen Zutaten für eine Caprese im Angebot. Parmesan im Regal ist genauso alltäglich geworden wie der Balsamico, der nicht nur dem abscheulichen Branntweinessig den Garaus gemacht, sondern auch den guten Weinessig fast komplett aus unseren Küchen verdrängt hat. Schließlich sind da bei allen festlichen Anlässen die Buffets, deren Antipasti und Tiramisus wir nicht missen wollen und derer wir anscheinend niemals überdrüssig werden. Alte Muster leben freilich weiter, etwa wenn man sich zum Kaffeekränzchen im italienischen Eiscafé trifft, nur eben bei Cappuccino und Tiramisu.

Ethnofood steht für ethnische Identität. Aber eine Welt des Ethnofood ist ohne Akkulturationen nicht denkbar. Nicht nur zwischen Mainstream und Ethno, sondern auch zwischen Ethno und Ethno wird ein gewisses Vermischen und Verwischen zunehmend die Regel. Bei uns überlebt eine nette Besonderheit, nämlich die Frage am Dönerstand: »Mit Zaziki?« Keinem Dönerverkäufer würde es einfallen, auf dem türkischen *çacik* zu bestehen. Ein »Döner Hawaii« mag vielleicht verstiegen klingen. Ist es aber nicht. In der Ära nach dem Mauerfall, als im Osten die Dönerbuden aus dem Boden schossen und der Mangel an Dosenananas endgültig Geschichte war, soll es dort erstmals zur Kombination dieser beiden regional favorisierten Geschmäcker gekommen sein, berichtet der Döner-Chronist Eberhard Seidel-Pielen. Wer dies als ostdeutsche Schrulle abtut, dem empfiehlt sich ein Abstecher nach Mexiko. Auch in der Heimat der mit Grillfleisch gefüllten

Tacos, findet das Dönerkebap immer mehr Anhänger. Und dieser Mexiko-Döner, *tacos al pastor* genannt, mundet den Einheimischen am besten mit einer Scheibe Ananas.

Ananas! Mit Toast Hawaii öffnete sich die Küche im Wirtschaftswunderland erstmals dem Exotischen; mit einer Scheibe Ananas aus der Dose hielt die weite Welt Einzug am heimischen Herd. Heute denkt man bei Ananas vor allem an die Pizza Hawaii. Wer seinen Blick um den Globus schweifen lässt, wird schlechterdings Pizza mit jedem denkbaren Belag finden – sogar mit Döner, Sushi oder Currywurst mit Pommes. Was aber hat es mit der Pizza Hawaii auf sich? Bei dem amerikanischen Bundesstaat Hawaii handelt es sich um eine Inselgruppe im Pazifik, deren polynesische Ureinwohner ursprünglich weder Teigfladen noch Schinken noch Ananas kannten. Die in Südamerika beheimatete Ananas kam mit den Weißen ins Land, wo sie im 19. Jahrhundert in großem Stil auf Plantagen gezüchtet und in Dosen gefüllt wurde. So wurde die Ananas zum Sinnbild der Insel. Die Kombination von Kochschinken und Dosenananas tauchte zunächst auf der Speisekarte pseudo-hawaiianischer Restaurants auf, die häufig einen chinesischen Koch hatten. Dort schlürfte man Cocktails, die von pseudo-polynesischen Schönheiten im Stile von Roy Lichtensteins *Little Aloha* serviert wurden, angetan mit knappen Plastikröckchen und einer Plastikblume hinterm Ohr. Die Kette *Trader Vic's* entspringt dieser Tradition, die ganz dem Geschmack Nachkriegs-Amerikas entsprach. Mit der zeitgleich aufkommenden Pizzawelle schwappten Ananas und Schinken auf den Teigfladen, und die berühmte »Pizza Hawaiian« war geboren. In chinesischen Lokalen auf Hawaii und in Kalifornien fand Ananas freizügig in Süßsaurem Verwendung. Aber die Wurzel dieser Kombination reicht bis in die altenglische Vorliebe für gekochten Schinken mit Fruchtsauce zurück, die im amerikanischen Geschmack überlebt.

Welche Geschichte erzählt demnach der globale Erfolg dieser wohl bekanntesten Pizza? Die Geschichte einer erstaunlichen Entkoppelung von Ethnofood und ethnischer Identität. Pizza Hawaii – noch globaler geht es nicht.

Literatur

Anderson (2005), Ayora-Diaz (2012), Çağlar (1998), Chase (1994), Davidson (2006), Dollase (2006), Hazan (1973), Kaminer (2000), La Cecla (2007), Möhring (2012), Pace (2002), Peter (2006), Pichler (1997), Richter (2002), Rumohr (1822), Seidel-Pielen (1996), Wirtz (2006)

Die asiatischen Küchen:
»Hey Babe, Take a Wok on the Wild Side«

Eine Thailänderin namens Prang, die an der Universität Konstanz studierte, erzählte, wie ihr eines Tages ein Kommilitone seine Liebe zur asiatischen Küche gestand. Nun ist Thailand ein Land der Essenthusiasten, die Thais lieben ihre Küche und das Essvergnügen überhaupt und man plaudert mit Vorliebe über kulinarische Genüsse. Folglich rannte ihr deutscher Kommilitone mit seiner Äußerung offene Türen ein. Auf Prangs interessierte Nachfrage, was ihm denn besonders munde, kam prompt die Antwort: »Die Nummer 49«. Von einem ähnlichen Verhältnis zur asiatischen Küche zeugt möglicherweise auch eine in der Presse kolportierte Anekdote über Helmut Kohl, der ja bekanntlich immer viel fürs Essen übrig hatte. Danach habe der Bundeskanzler bei einem Staatsbesuch in China partout sein geliebtes Süßsaures nicht missen wollen, also quasi seine Nummer 49. Den ratlosen Meisterköchen, denen Fleisch süßsauer auf Anhieb nichts sagte, musste der Staatsgast seinen ausgefallenen Wunsch erst erläutern. Heute soll ein entsprechendes Gericht unter dem Namen des hohen Besuchers seinen Platz auf den lokalen Speisekarten gefunden haben.

Nach der Neigung zum Mediterranen kommt bei uns diejenige zum Asiatischen gleich an zweiter Stelle. Aber was genau ist das obskure Objekt unserer kulinarischen Begierde? Machen wir uns also auf die Suche nach der Nummer 49. Der Siegeszug der asiatischen Küchen begann mit den China-Restaurants, die, von Großbritannien und den Niederlanden kommend, im Laufe der Sechzigerjahre allmählich in deutschen Großstädten Einzug hielten. Als ich Heidelberg 1974 verließ, gab es in der Hauptstraße ein China-Restaurant, während es damals in West-Berlin schon mehrere waren. Das bekannteste lag an der Gedächtniskirche und wurde von uns Studenten gemieden; wir zogen einen prächtigen Palast in der Bleibtreu- oder Knesebeckstraße vor, der rätselhafterweise nie den Weg aus dem Abseits fand und irgendwann aufgeben musste. In jenen Jahren traf Lou Reeds Song *Take a Walk on the Wild Side* den Nerv der Zeit, und damals fielen in weiten Kreisen auch kulinarische Hemmungen, wodurch die Bereitschaft, sich gastronomisch auf einen exotischen Seitensprung einzulassen, merklich zunahm.

Dabei machten es einem die China-Restaurants nicht schwer. Im Gegenteil, hier wurde uns nach dem Mund gekocht. Ihr Erfolg beruhte nämlich darauf, dass sie das Vertraute und Geschätzte mit einem Hauch von Exotik zu umgeben wussten. Zu einer Zeit, als man sich in deutschen Familien bereits seltener zum gemeinsamen Mahl im eigenen Haushalt versammelte, ging man zusammen zum preiswerten sonntäglichen Mittagstisch ins China-Restaurant. Dort bekam man als Vorspeise eine Sauerscharf-Suppe oder eine Frühlingsrolle, zum Hauptgang knusprige Ente oder paniertes Schweinefleisch süßsauer mit reichlich Reis als Beilage, und beim Nachtisch konnte man zwischen gebackener Ananas und Banane wählen. Zur Verdauung spendierte der Wirt noch einen Pflaumenlikör in lustigen Gläsern. Suppe, Fleisch mit Sauce, Sättigungsbeilage, Süßigkeit – kaum zu glauben, wie lecker Deutsch schmecken konnte!

Wie man sieht, fand sich die älteste, größte und vielfältigste Küchentradition der Menschheit hier erstaunlich schmal zusammengefaltet wieder. Sie verbreitete sich unter der seltsamen Bezeichnung »China-Restaurant«, also einer Wortbildung, die es bei keiner anderen Ethno-Küche gibt; denn wo existiert ein Spanien-, Japan- oder Mexiko-Restaurant? Was aber meint man, wenn man von »chinesischer Küche« spricht? Üblicherweise werden die Esskulturen des Riesenreiches mit seinen über 1,3 Milliarden Einwohnern einfach den vier Himmelsrichtungen zugeordnet. Einer auf Weizen als Grundnahrungsmittel beruhenden Küche des Nordens steht die Reis-Küche des Südens gegenüber, die sich ihrerseits in eine Küche des Ostens, des Westens und des eigentlichen Südens gliedern lässt.

Der Norden, das ist vor allem Peking oder Beijing. Aus klimatischen Gründen beruht die Ernährung hier traditionell auf Weizen, aber auch Hirse und Mais. Bei der Peking-Ente, dem berühmtesten Gericht der Region, wird in einem ersten Gang ausschließlich die knusprige Haut verzehrt, indem sie in hauchdünne Pfannkuchen aus Weizenmehl gerollt wird. Nur im Norden steht Lamm regelmäßig auf dem Speisezettel, was sich der Nähe zur Mongolei verdankt, aber auch dem Einfluss des Islam. Die südlich von Peking gelegene alte Hauptstadt Kaifeng in der Provinz Henan gilt als eines der kulinarischen Zentren des Landes. Von hier stammt das bekannteste Fischgericht Chinas, nämlich Karpfen süßsauer, bei dem ein frisch aus dem Gelben Fluss geangeltes Exemplar schnell gebraten wird, um dann, in den enthusiastischen Worten des Sinologen und Ethnologen Eugene Anderson, »mit der scharfen, aromatischen, subtilen Sauce maskiert« zu werden. Die regionale Vorliebe für Weizen hat zahllose Nudelgerichte hervorgebracht. Zu den traditionellen Spezialitäten zählten Bärentatzen (die neben den notorischen Haifischflossen, Schwalbennestern und Seegurken unter den gefragtesten Leckereien des Landes rangieren) und ein Gericht namens »Walnuss-Nieren«. Dabei werden Nieren in walnussgroße Portionen zerlegt und kurz in Öl frittiert, damit sie innen zart bleiben, außen aber knusprig sind. Ein Baumpilz mit dem Namen »Affenkopf« schließlich erfreute sich unter Kennern ähnlicher Wertschätzung wie die Trüffel unter Frankreichs Feinschmeckern.

Der Osten umfasst das südliche Tal des Jangtse, eine Region, die kulinarisch mit Shanghai identifiziert wird (obwohl sie in der Vergangenheit zahlreiche andere kulinarische Zentren kannte). Chinas bedeutendste Metropole, deren Ursprünge im Handel des 19. Jahrhunderts liegen, zeigte sich immer offen für fremde Einflüsse, woran sich nichts geändert hat. In der wasserreichen Region kommt Fisch, Krabben und Krebsen aller Art eine besondere Bedeutung zu. Daneben kennt die Küche auch Gerichte mit langer Garzeit, darunter das »Rotkochen«, bei dem Huhn oder Schwein langsam und auf kleiner Flamme in Sojasauce geschmort wird. Typisch ist eine eher milde Würze, wobei Reiswein (»Trunkenes Huhn«) und Essig wichtig sind. Hier weiß man Essig zu schätzen, der so lange reifen durfte, wie anderswo große Rotweine. Im Süden ragt die Provinz Fujian heraus, der bisweilen der Rang einer eigenständigen Regionalküche zuerkannt wird. Vor allem die Sprecher des Teochiu-Dialekts, von denen viele nach Südostasien ausgewandert sind, nehmen einen Sonderstatus ein. Sie lieben Suppen über alles, schätzen Gerichte, die gestocktes Blut enthalten, sowie süßliche Dip-Saucen zu Fischbällchen und einer Art Frühlingsrolle (die in Thailand unter ihrem Teochiu-Namen *popia* bekannt ist). Da passt es, wenn in dieser Region Chinas die typisch südostasiatische Fischsauce wichtiger ist als die Sojasauce.

Der Westen steht für die gewürzintensivste chinesische Küche. Seltsam, aber dort, wo das alte Reich der Mitte gen Südostasien expandierte, gibt plötzlich eine erstaunliche Gewürzfülle und Schärfe den Ton in einer Essprovinz an, die ich ansonsten beim Würzen eher durch Zurückhaltung auszeichnet: Neben der bekannten Fünf-Gewürze-Mischung handelt es sich namentlich um Sichuan-Pfeffer, Sternanis, Cassiazimt, getrocknete Zitrusschalen und schließlich den eingebürgerten Chili. Im bergigen Westen werden neben Reis auch Mais und bisweilen sogar Kartoffeln angebaut. In der bevölkerungsreichen Provinz Sichuan, deren Küche durch einen Zug zum Vegetarischen bestimmt wird, dreht sich alles um die Sojabohne. Zu den bekanntesten Regionalspeisen zählt Mapoh-Tofu, was sich in etwa mit Tofu nach Art der pockennarbigen Alten übersetzen lässt, eine Mischung aus Tofu und gehacktem Schweinefleisch, in Sesamöl schnellgerührt mit Knoblauch, Ingwer, Frühlingszwiebeln und den typischen Sichuan-Gewürzen. In den ländlichen Straßenküchen, so Anderson, kann leicht die Hälfte eines Gerichts aus Knoblauch und Chili bestehen. Das die Chilischärfe liebende Sichuan ist auch die Heimat der Sauerscharf-Suppe (das Rezept verlangt Schweinefleisch, gestocktes Schweineblut, Bambusschösslinge, Ingwer, Baumpilze und Gewürze in Hülle und Fülle). Als Vorzeigegericht der Region gilt die mit Kampfer und Tee geräucherte Ente, der viele Feinschmecker den Vorzug vor der Peking-Ente geben. Die Küche Sichuans ist Chinas einzige scharfe Küche, aber in großen Restaurants oder bei einem Bankett präsentiert sie sich gewöhnlich in einer milden Version. Die Provinz Yunnan stellt eine Ausnahme dar, mit einer geradezu alpinen kulinarischen Kultur, die delikate Schinken, getrocknete Würste und sogar Schweinskopfsülze kennt. Am erstaunlichsten freilich ist, dass im Gegensatz zum Rest des Riesenreichs hier selbst Milchprodukte wie Joghurt nicht verschmäht werden.

Der Süden, das ist vor allem Guangdong, das einstige Kanton. Nach einer ebenso verbreiteten wie umstrittenen Auffassung gilt die Küche dieser Region als die beste Chinas. Viele Menschen weltweit sehen in ihr dagegen Chinas miserabelste,

weil die globalisierte chinesische Restaurantküche aus dieser
Region stammt. Sicher ist, dass Chinesen aus dem Norden
schon in der Vergangenheit aus dem Staunen nicht herauska-
men angesichts der tabulosen südlichen Esskultur, deren
Delikatessen bisweilen heiß begehrt, häufig aber heftig abgelehnt wurden. Hier findet man die Definition der Essbarkeit
auf fast alles, was kreucht und fleucht, ausgedehnt; allerdings spielen Innereien eine eher bescheidene Rolle, während
etwa Entenfüße sich größter Wertschätzung erfreuen. Die
Merkmale wahrer kantonesischer Kochkunst sieht Anderson
in der absoluten Frische der Zutaten, in äußerst kurzen Garzeiten sowie sparsamster Würze. Eine unverwechselbare Geschmacksnote bescheren die schwarzen Bohnen, während
von der Sojasauce nur die leichteste Sorte Verwendung findet,
um ja nicht den Eigengeschmack der Speisen zu übertünchen.
Nirgendwo fallen die Speisekarten umfangreicher aus als hier
im Süden. Anderson weiß von Restaurants zu berichten, wo
man sich entschuldigte, weil man aus Platzgründen nur 500
Gerichte berücksichtigen konnte. Aber selbstverständlich, so
wurde ihm bedeutet, würde man jede gewünschte Speise auf-
tischen. Die Verwendung frischer Früchte, wie in »Wokge-
rührtes Rinderfilet mit Mango« oder »Ente mit Ananas«, ist
beliebt. Ausgesprochene Süßsauer-Gerichte sind es dagegen
nicht. Der aus dem Norden stammende Karpfen süßsauer ist
zwar nicht unbekannt, bei seiner Zubereitung wird aber großen Wert auf eine ausgewogene Balance von Süße und Säure
gelegt und auf die Zugabe von Früchten verzichtet. Selbst
delikates Schweinefleisch süßsauer gibt es bisweilen. Doch
viele meiden es, weil sie darin ein Gericht der »westlichen
Barbaren« sehen. Typisch kantonesisch ist schließlich noch
die Dim-Sum-Kultur, deren eher einfache Speisen sich erfolgreich globalisiert haben.

Neben vielerlei Gegensätzen haben diese Regionalküchen

in einer mehr als zweitausendjährigen Geschichte natürlich auch ausgeprägte Gemeinsamkeiten herausgebildet. Grundlegend ist, dass eine chinesische Mahlzeit auf dem »*fan-ts'ai*-Prinzip« beruht, wie der Historiker Chang in dem von ihm herausgegebenen Pionierwerk *Food in Chinese Culture* (1977) betont. Mit *fan* werden Getreide (darunter besonders gekochter Reis), aber auch alle anderen kohlenhydratreichen Lebensmittel bezeichnet, während *ts'ai* sämtliche Speisen auf der Basis von Gemüse und Fleisch umfasst. Eine chinesische Mahlzeit ist nur beim Vorhandensein beider Elemente, nämlich sowohl von *fan* als auch von *ts'ai*, denkbar (wobei ein Bankett die Ausnahme von der Regel ist).

Eugene Anderson, der sein Leben dem Studium der Küche Chinas gewidmet hat, nahm angesichts leidvoller Erfahrungen mit der chinesischen Küche im westlichen Ausland kein Blatt vor den Mund. Zu ihrem üblichen Sündenregister gehöre der verschwenderische Umgang mit Ananas, Fruchtcocktails und jeglichen Gemüsesorten aus der Dose. Hinzu komme der reichliche Gebrauch von Worcestersauce, Ketchup, billigstem Kochsherry und Sojasauce. Außerdem werde ungeniert zu Zucker und anderen Geschmacksverstärkern gegriffen, und alle Saucen würden mit Speisestärke angedickt. Laut Anderson lässt sich der folgende Grundansatz erkennen: Man brate etwas Fleisch an, gebe eine süßliche Mixtur von Dosenobst dazu, schmecke mit Glutamat und Sojasauce ab, binde das Ganze mit Stärke zu einer dickklebrigen Sauce in reichlicher Menge und präsentiere stolz das chinesische Essen.

Mit Chop Suey, Chowmein und Fried Rice kamen die drei ursprünglichen Favoriten der sino-amerikanischen Küche in die deutschen China-Restaurants. Die eigentliche Vielfalt der chinesischen Küche blieb dabei auf der Strecke. Bei Chop Suey handelt es sich um gemischtes Gemüse und bei Chowmein um gebratene Nudeln aus dem Wok. Gemischtes Gemüse, gebratene Nudeln und gebratener Reis – diese drei anspruchslosen Versionen von China-Pfanne zählen bis heute zu den am häufigsten bestellten Gerichten chinesischer Imbisse und Lokale in Deutschland. In der Publikumsgunst überflügelt werden sie allerdings von Schweinefleisch süßsauer und Ente kross. Besonders Ente wurde zur eigentlichen kulinarischen Offenbarung der China-Restaurants. Warum ausgerechnet Süßsauer? Warum Ente?

Bei »Süßsauer« denkt heute jeder an chinesisches Essen. Dabei behauptet sich diese Geschmacksnote schon seit dem Mittelalter in der deutschen Küche. Der rheinländische Sauerbraten ist in Wahrheit ein Süßsauerbraten. Königsberger Klopse schmeckt man süßsäuerlich ab, nicht anders als schwäbische Linsen mit Spätzle. Süßsauer hat die ostdeutsche Soljanka zu schmecken, aber auch die Currywurst, die Weißwurst (vorausgesetzt, man verzichtet nicht auf den passenden Senf) und erst recht der Brathering, die Senfgurke etc. Und süßsauer ist auch der altdeutsche Entenbraten. Im Ofen gebratene Ente zählt zu den Gerichten mit Traditionswert, die im Herbst und Winter unsere Tafel zieren. Einstmals pflegten Gourmets zu nörgeln, dieser Vogel sei für einen Esser zu groß, für zwei hingegen zu klein. Heute gilt eine halbe Ente aus dem Ofen als üppige Portion, und Gasthöfe und Ausflugslokale, die sich der gutbürgerlichen Küche verschrieben haben, locken sonntags ihre Gäste mit Ente, zu der es Rotkohl, Birne nebst Preiselbeeren, Klöße oder Kroketten und natürlich reichlich Bratensauce gibt. Also Ente süßsauer, German-style.

Bei der Hausente handelt es sich um eine ursprünglich chinesische Züchtung. Aber das erklärt nicht, wieso in Deutschland ausgerechnet Ente süßsauer zum Inbegriff chinesischer Kost und exotischer Köstlichkeit werden konnte. In der Nachkriegszeit wurde die Begeisterung für Grillhähnchen und

Broiler zu einer gesamtdeutschen Obsession. Damals, als sich im Westen an bald jeder Ecke eine *Wienerwald*-Filiale eingerichtet hatte, verschwand Ente vom kulinarischen Horizont vieler Deutscher. Nur um dann überraschend im China-Restaurant wieder aufzutauchen. Allein, was unterscheidet das Huhn von der Ente? Ich bin nur auf eines gekommen: Die Ente ist ein besonders wohlschmeckendes Geflügel. Selbst mithilfe der Massentierhaltung ist es bislang keinem Geflügelzüchter gelungen, eine komplett geschmacksneutrale Ente zu erzeugen. Könnte es sein, dass nach der *Wienerwald*-Ära jedes Entengericht einer kulinarischen Offenbarung gleichkam, selbst wenn es nur eine vorgegarte Brust war, die nur noch entfrostet und durch die Fritteuse gezogen werden musste, um extrakross auf dem Teller zu landen?

Nach einer weit verbreiteten Auffassung handelt es sich bei der Küche der China-Restaurants um eine frühe Form der sino-deutschen Fusion. Anders hätte man Chinesisch den Deutschen einfach nicht schmackhaft machen können. Kreolisierte chinesische Küchen gibt es wohl, etwa in Malaysia, wo die Nachkommen von einheimischen Frauen und Einwanderern aus China die sino-malaiische Nyonya-Küche pflegen. Auch in Thailand lassen sich sino-thailändische Gerichte von der Landesküche trennen, auch wenn niemand im Land eine solche Unterscheidung vornimmt. Bei der Institution China-Restaurant in Deutschland (und in England und den USA) handelt es sich hingegen eher um eine Neuerfindung: Chinesisch für Anfänger. Denn eines sticht ins Auge: Während sich bei einer echten Fusionsküche alle Beteiligten mit ihr identifizieren, kann davon in einem China-Restaurant keine Rede sein.

Wie bei Legenden und Mythen üblich, sind zahllose Versionen darüber im Umlauf, wie Chop Suey in den Westen kam. Jedoch sind alle in der Zeit des kalifornischen Goldrausches angesiedelt. Gewöhnlich werden sie so oder so ähnlich erzählt: Eines späten Abends drang ein Trupp hungriger und feindseliger Goldgräber in angetrunkenem Zustand in ein chinesisches Café ein. In Goldgräberkreisen wurde viel gemunkelt, was der verachtete und bezopfte Chinese alles zu verspeisen pflege. Von Ratte bis Katze komme alles in die Pfanne. In der Gruppe sich stark fühlend, wollte man es sich an diesem Abend nicht nehmen lassen, die Probe aufs Exempel zu machen; außerdem knurrte einem nach dem Saufen gewaltig der Magen. Als die unerwünschte Kundschaft auftauchte, war der letzte Gast gerade gegangen – viel war am Ende des Tages in der Küche nicht mehr übrig. Was konnte der Wirt also tun, um Ärger zu vermeiden und den Besuch schnellstens wieder loszuwerden? In seiner Not kratzte er sämtliche Reste zusammen und wärmte alles auf, nicht ohne das neue Wokgericht mit Sojasauce aufzupeppen. Leider verrät keine Version dieser Legende, wer am Ende des Abends verblüffter war. War es der Wirt, weil seine Gäste befriedigt abzogen, statt ihn mit Worten zu schmähen oder gar mit Tritten zu drangsalieren? Oder waren es die gesättigten Gäste, denen sich ungeahnte kulinarische Welten eröffnet hatten?

Soweit die Legende. Weiter oben wurde ausgeführt, wie Chop Suey bereits um 1900 zur ersten exotischen Lieblingsspeise des weißen Amerika aufstieg, das bis dahin eine unüberwindliche Abneigung gegen fremde Geschmäcker gehabt hatte. Bei der Bezeichnung *Chop Suey* handelt es sich um die amerikanische Version von *zaapseoi*, was in der Sprache Kantons in etwa »vermischte Essensreste« oder »allerlei Abfälle« bedeutet. Doch von dem Namen, der prima zu unserer Legende passt, dürfe man sich nicht täuschen lassen, meint sogar ein Kenner wie Eugene Anderson. Denn da man diesen Namen auch im Delta des Perlenflusses kenne, könne Chop Suey unmöglich eine amerikanische Erfindung sein. Dieser

Einwand ist wenig überzeugend. Denn es wäre überraschend, gibt der Münchener Sinologe Thomas Höllmann zu bedenken, »wenn sich die Nachricht von der kulinarischen Erfolgsstory nicht auch irgendwann in der alten Heimat herumgesprochen hätte«. Die Kommunikation innerhalb der Familien riss auch über den Ozean hinweg nicht ab, ganz abgesehen davon, dass es natürlich auch Rückwanderungen nach China gab. Die tiefere Wahrheit der Legende liegt jedoch auf der Hand, denn Chop Suey stellte den ersten exotisch-kulinarischen Traum Amerikas dar. Und so wurde auch bei uns diese improvisierte Resteverwertung zum Inbegriff dessen, was wir unter chinesischer Küche verstehen.

Man bekommt häufig zu hören, dass es ohne diese Anpassungsleistungen wohl kaum zur Popularisierung chinesischen Essens gekommen wäre. Denn wer wäre schon bereit gewesen, sich auf Asiens bizarre kulinarische Genüsse vom Schlage »Tiger, Drache & Phönix« (womit ein Gericht aus Katze, Schlange und Huhn gemeint ist) oder »Fünf-Penis-Suppe« einzulassen. Die Wirklichkeit freilich ist banaler. Im China-Restaurant trennen weniger die extremen und unaussprechlichen Gerichte die Kulturen (der Amerikaner Calvin Schwabe hat sie in seinem Buch *Unmentionable Cuisine* versammelt) als vielmehr das ganz Alltägliche. Huhn etwa. Das Problem mit einem Gericht wie »Tiger, Drache & Phönix« fängt nämlich beim Hähnchenfleisch an. Wie jeder chinesische Wirt hierzulande weiß, mögen die Gäste kein Fleisch mit Knochen, von Fuß, Hals oder Magen des Vogels ganz zu schweigen. Mit einer erstaunlichen Borniertheit besteht man darauf, ausschließlich Brustfilet serviert zu bekommen. »Deutsche mögen Fleisch, Chinesen mögen Haut und Knorpel«, fasste der Künstler Ai Weiwei in der *Süddeutschen Zeitung* seine diesbezüglichen interkulturellen Erfahrungen zusammen. Als Kompliment an die deutsche Seite war das nicht gemeint, da sich

Filet für die meisten chinesischen Gerichte als schlicht zu fade erweist.

Für Ai Weiwei wurden die China-Restaurants zu einer kulinarischen Begegnung der dritten Art; seit seinem Aufenthalt in Kassel anlässlich der Documenta begleiten Chinas großen Künstler nie weniger als drei Köche auf seinen Deutschlandreisen. Andere ausländische Besucher zeigen sich zumindest von der Pracht der deutschen China-Restaurants beeindruckt. Wie in einem Palast oder Tempel pflegen goldene Löwen den Eingang zu schmücken, und im Gastraum thronen Buddhastatuen, Pagodentorbögen und Drachensäulen. Es gibt immer ein großes Aquarium und einige prächtige runde Tische mit drehbarer Platte, die alle aufgetragenen Gerichte für jedermann am Tisch zugänglich macht. Wie Helmut Höge in der *taz* berichtete, fallen in Berlin junge Touristen in diese Lokale ein, und während sie ein nostalgisches Chop Suey verzehren, fotografieren sie mit ihren Handys die komplette Einrichtung. Das China-Restaurant ist zu einer folkloristischen Sehenswürdigkeit geworden. Nur für seine Traditionsgerichte vermögen sich immer weniger Menschen zu erwärmen: »Das große Chinarestaurant-Sterben« titelte die *taz*.

Die verbleibenden Lokale versuchen es mit All-you-can-eat-Buffets. Kein übermäßig erfolgversprechender Weg angesichts der zahlreichen preiswerten Asia-Imbisse. Aber auch die Option, gehobene chinesische Regionalküche anzubieten (wie dies in einigen amerikanischen Großstädten mit Erfolg praktiziert wird), hat ihre Tücken. Die chinesische Sozialwissenschaftlerin Maggi Leung traf im Jahre 2000 in Frankfurt einen Landsmann aus Hongkong, der diesem Traum anhing. Aber die bürokratischen Hürden und die hohen Kosten, die mit der Beschäftigung eines professionellen Kochs mit chinesischem Pass verbunden sind, belehrten ihn eines Besseren. Er machte lieber einen weiteren Asia-Imbiss auf. Wie er ihr vorrechnete, verkaufe er eine Nudelbox für sieben oder acht Mark. Davon entfalle nur eine Mark auf die Zutaten. Nach Abzug von Ladenmiete und Lohnkosten mache er immer noch ein glänzendes Geschäft. Und für diese Art von »guai-lo (foreigner) cheating Chinese food« brauche er keinen Koch, denn mit etwas Reis, Gemüse, Fleisch und Sojasauce könne schließlich jeder hantieren.

»Guai-lo (foreigner) cheating Chinese food« – welch bemerkenswerter Ausdruck aus dem Munde eines Geschäftsmanns aus Hongkong. *Guai-lo,* »weiße Geister«, damit sind natürlich wir gemeint, die Europäer. Wie im vorletzten Kapitel erläutert, kann man in den »Mans«, jenem Clan aus Hongkong, der über England und Holland nach Deutschland expandierte, die Pioniere der chinesischen Gastronomie sehen. In den Jahren des Kalten Krieges kamen einige tausend Taiwanesen hinzu, denen man im Westen bereitwillig Aufnahme gewährte. Neuerdings sind es Bürger der Volksrepublik China, die während ihrer Studienzeit in Deutschland auf die Chancen aufmerksam werden, die der boomende Ethnofood-Sektor bietet. Aber ob aus Hongkong, Taiwan oder der Volksrepublik, bis heute sind die angebotenen Gerichte auf allen Speisekarten im Wesentlichen die gleichen geblieben. In Köln befragte Astrid Wieland chinesische Wirte im Rahmen einer Feldstudie für ihre Magisterarbeit im Fach Ethnologie. Alle bedauerten, dass es in Deutschland keine guten chinesischen Restaurants gebe. Wenn sie einmal ausgehen und richtig Chinesisch essen wollten, würden sie nach London, Paris oder Amsterdam fahren. Als die Ethnologin sie jedoch nach *guai-lo* fragen wollte, gaben die meisten vor, sie nicht zu verstehen. Überhaupt war es ihnen ausgesprochen peinlich, von einer Deutschen auf die Unterschiede zwischen der chinesischen Küche und jener ihrer Restaurants angesprochen zu werden.

Zahlreiche andere chinesische Geschäftsleute und Gastwirte hingegen entscheiden sich zunehmend gegen das wenig
attraktive Etikett »chinesische Küche« und probieren es mit
Mongolisch, Thailändisch oder mit Sushi. Quasi im Gegenzug werden immer mehr China-Lokale und Asia-Bistros von
Vietnamesen betrieben. Für Wiesbaden fand die Ethnologie-
studentin Stephanie Delfs im Jahre 2006 heraus, dass unter
den 41 asiatischen Restaurants der Stadt elf die thailändische
Küche anboten, neun die chinesische, vier die japanische, drei
die vietnamesische und eines die koreanische. Die größte und
am schnellsten wachsende Gruppe aber bildeten dreizehn so-
genannter Asia-Restaurants, von denen neun von Vietnamesen geführt wurden. Was kein Zufall ist. Denn die Küche
Vietnams ist bei einem breiten Publikum nach wie vor wenig
bekannt. Da es also riskant ist, auf ihre eigene Küche zu setzen, bedienen die Vietnamesen die deutsche Vorstellung von
Asia-Food. Als Schnellrestaurants bieten ihre Bistros ein wenig von allem, was hierzulande an asiatischer Kost gefragt ist:
Ganz und gar unverzichtbar sind einige der beliebten Thai-
Gerichte, aber auch die Klassiker des China-Restaurants dürfen nicht fehlen. Dazu kommen noch Sushi und eventuell
sogar der mongolische Feuertopf. Schließlich können die
Wirte in diesem Rahmen auch mit ersten Gerichten aus ihrer
heimatlichen Küche experimentieren. Und siehe da, deren
Rohkost-Frühlingsrollen etwa oder *pho*, die Nationalsup-
pe des Landes, werden allmählich immer bekannter und beliebter.

Deutschlands China-Restaurants, die als erste Speisegaststät-
ten exotische Gerichte anboten, ebneten anderen asiatischen
Küchen den Weg, vor allem der japanischen und der thailändischen. Mit den Geschäftsleuten der aufstrebenden Wirtschaftsmacht Japan kam in den frühen Siebzigern eine neu-

artige Esskultur ins Land, zunächst vor allem nach Düsseldorf und Frankfurt, wo sich die meisten Japaner niederließen. Der grundlegende Unterschied zu den China-Restaurants bestand von Anfang an darin, dass ihre Restaurants von Japanern für Japaner betrieben wurden. Diese japanische Küche blieb bis in die Neunzigerjahre zu unbekannt und auch zu teuer, um einer größeren Zahl Einheimischer reizvoll zu erscheinen. Von Sushi und Sashimi sprach damals noch keiner.

Es waren zunächst die Teppanyaki-Lokale, die die Öffentlichkeit kulinarisch auf Japan einstimmten und damit auf die kommende Sushi-Ära vorbereiteten. *Teppanyaki* ist eine Erfindung der unmittelbaren Nachkriegszeit. Kurz nach der Kapitulation boten Lokale in Japan *Okonomiyaki* an, was wahlweise als eine Art Pfannkuchen (oder fälschlich auch als Pizza) beschrieben wird, der auf einer Stahlplatte gebraten und mit einem Belag aus rohen Kohlstreifen und etwas Seafood serviert wird. Die amerikanischen Besatzungssoldaten, die durch ihre weibliche Begleitung die neue Speise kennenlernten, zeigten sich von solch frugaler Kost wenig angetan. Zum Entzücken seiner ausländischen Gäste begann deshalb ein cleverer Koch in Kobe namens Fujioka Shigetsugu erstmals Beef zu grillen. Jetzt mussten nur noch die landestypischen kleinen Fleischstreifen durch ordentliche Stücke ersetzt werden, und fortan verfügte auch Japan mit Teppanyaki über eine genuine Steakhaus-Kultur.

Bereits 1964 kam die Idee mit einem anderen Japaner nach Amerika. Die von Rocky Aoki gegründete Kette *Benihana* verpackte die Neuerfindung in ein traditionelles Gewand. Bei *Benihana* agiert asiatisch aussehendes Servicepersonal in altjapanischer Aufmachung vor einer Kulisse im Gasthausstil des ländlichen Nippon. Im Mittelpunkt steht der Koch, der gemäß der erzamerikanischen Devise des Hauses (»solid food in abundance«) vor den Augen der Gäste Steaks, Geflügelbrust oder Shrimps sowie Bohnensprossen, Zucchini, Pilze und Zwiebeln brät. Gewürzt wird mit Pfeffer und Sojasauce. Hier hatte der amerikanische Gaumen nichts zu befürchten. Die eigentliche Show war die Performance des Kochs, der zu einem Samurai der Küche mutierte. Bei Teppanyaki begegnet uns das Erfolgsrezept der China-Restaurants wieder, nämlich vertrautes Essen in exotischer Umgebung zu servieren. Und die Faktoren Entertainment und Event in den Mittelpunkt zu rücken.

Mit diesem Konzept wurde japanisches Essen auch in Deutschland zum Erfolg. Japans größter Hersteller von Soja-sauce, Kikkoman, gründete 1973 in Düsseldorf das erste Tep-panyaki-Lokal *Daitokai*, dem bald weitere in München, Köln und 1981 auch in Berlin folgten. Zwei dieser Filialen existieren noch heute. Die aktuelle Homepage des Unternehmens ver-schaukelt freilich den Besucher mit der Behauptung, das Kon-zept Teppanyaki sei im frühen 18. Jahrhundert von japani-schen Einwanderern in den USA erfunden worden, um so ihr Heimweh zu bekämpfen. Bei allem geforderten schauspieleri-schen Talent des Kochs verlangt das Grillen von Fleisch auf einer heißen Platte weder besondere Fähigkeiten noch bedarf es dazu besonderer Geldmittel. Was dazu führte, dass die er-folgreiche Expansion des japanischen Teppanyaki hierzulande von chinesischen Gastronomen bewerkstelligt wurde, die in diesem Zweig deutlich bessere Umsätze witterten als in den stagnierenden China-Restaurants. In den Worten von Katar-zyna Cwiertka, die die Globalisierung der Küche Japans unter-sucht hat, verwandelte sich somit das ursprüngliche Konzept »von Japanern für Japaner« in ein zukunftsweisendes »von Asiaten für Europäer«.

Von einem Siegeszug japanischen Essens konnte bis in die Neunzigerjahre hinein nicht die Rede sein. Dazu bedurfte es einer neuen Mode, die sich in den USA allmählich durchsetzte, nämlich Fisch roh zu verzehren. Roher Fisch, das war eine Revolution. Eine radikalere kulinarische Wende dürfte es in der Geschichte des menschlichen Geschmacks selten gegeben haben. Noch vor Kurzem hätte niemand geahnt, dass man sich hierzulande für rohen Fisch begeistern würde. Wenn ich meine Großmutter zu überzeugen versucht hätte, den Fisch aus seinem Element ohne den Umweg über Topf oder Pfanne direkt auf den Teller zu bringen, wäre blankes Entsetzen die Folge gewesen. In der Tradition des Westens gilt der Verzehr von rohem Fisch als schlichtweg barbarisch und wurde traditionell mit den Eskimos assoziiert. Auch Carl Friedrich von Rumohr schwebten Fisch und Wal vor, als er die geschätzte europäische Esskultur von »der ekelhaften Nahrung eines Eskimo« abgrenzte. Nicht nur in Europa hielt man wenig von animalischer Rohkost, wobei besonders roher Fisch verabscheut wurde. Diese Ablehnung des Rohen teilen viele Kulturen aller Kontinente – wobei sie sogar häufig auch pflanzliche Rohkost einschließen. Dieses Tabu gehört angesichts der aktuellen Sushi-Euphorie allerdings der Vergangenheit an.

Zu einer Erfolgsstory wurde Sushi erst dank *kaitenzushi*, also dem Sushi vom Fließband. Im Jahre 1958 in Japan erfunden, galt das rotierende Sushi anfänglich als dessen plebejische Variante, hastig verzehrt an Orten, die den Charme von Werkskantinen ausstrahlten. In Amerika und Europa kam es dagegen an, und der Sushi-Tresen verwandelten sich in eine Ikone postmoderner Esskultur. So ein Fließband erspart dem Gast die Mühsal der Kommunikation mit dem Chef, und farbige Teller, die Preisklassen signalisieren, verhindern böse Überraschungen beim Zahlen. Außerdem macht die Jagd auf vorbeieilendes Sushi Spaß. In enger Anbindung an New York, hatte sich London in den Neunzigerjahren zur innovativen gastronomischen Kapitale Europas gemausert. Was heute in

New York Trend ist, findet sich morgen in London wieder und übermorgen in Barcelona, Berlin und Sankt Petersburg. Die Fusion New Yorks und Londons zur virtuellen Supercity »NYLon« fungierte als kulinarische Drehscheibe von globaler Reichweite. Nicht nur bei uns, auch in Tokio fand das neue Sushi in edler minimalistischer Ausstattung aus Chrom und Glas Anhänger. Auf dem Sushi-Band freilich tummelt sich immer weniger Sushi. Gerade einmal die Hälfte des Angebots besteht aus rohem Fisch. Und die andere Hälfte? Ein Potpourri aus vegetarischem Sushi, Yakitori genannten Hühnerfleischspießchen, Frühlingsrollen, Tempura (Fisch oder Gemüse in Teig frittiert) und Gyōza (der lokalen Version der Maultasche). Sogar eine Art japanischer Pizza und Desserts finden sich mittlerweile darunter. Denn anders als in Asien, gilt vielen im Westen eine Süßspeise sowohl als Schluss- als auch Höhepunkt jeder Mahlzeit.

Die Verbreitung von Sushi war keine rein japanische Angelegenheit. Anfänglich freilich wurde großen Wert auf eine authentische Fassade gelegt. Überall betrieben Chinesen und Vietnamesen Sushi-Bars, die unbedingt an einer japanischen Identität festhielten. Wie Theodor Bestor beobachtet hat, konnte von Boston bis Valencia ein Gast den Chef in tiefste Verlegenheit stürzen, nur weil er beim Betreten des Lokals auf Japanisch grüßte. Davon ist nicht viel geblieben. Heute kann jedermann ein solches Lokal betreiben. Ein bisschen Fassade freilich muss sein: Sushi-Lokale zwischen Kiel und Konstanz, Aachen und Zwickau bieten Studenten aus sämtlichen Ländern Ost- und Südostasiens die Chance, aus ihrem Aussehen Kapital zu schlagen und ihr Stipendium mit einem Kellnerjob aufzubessern.

Noch lockerer fällt der Bezug zu Japan in den Nudelbars aus, dem neuesten gastronomischen Trend, der unter der Fahne mit der aufgehenden Sonne die Welt erobert. Einrichtungen wie *MoschMosch* (Motto: »Eine Portion Lächeln«) im Rhein-Main-Gebiet behaupten erst gar nicht, japanisch zu sein oder original japanisch zu kochen. Sie inszenieren sich als »fröhliche, entspannte japanische Nudelbar im Stil eines japanischen Wirtshauses«. Aber ihr Vorbild wird man in den Nudelbars von London oder Glasgow sehen dürfen, wo die puristische Ausstattung für eine leichte, frische und gesunde Kost wirbt, die sich im bewährten Schema westlicher Speisenfolge präsentiert. Snacks wie gesalzene Sojabohnen, aber auch komplette Speisen wie Gyōza, Yakitori oder Miso-Suppe werden als Vorspeisen angeboten. Ramen-Nudelsuppen dagegen, unter Namen wie »Frühlingserwachen« oder »Meeresrauschen«, sowie gebratene Nudeln (sogar mit rotem Kokos-Curry) bilden die Hauptspeisen. Und unter »Erdbeer-Litschi-Rolle mit Vanilleeis« oder »Bananen-Frühlingsrolle« soll man sich »asiatische Desserts« vorstellen. Trendige Aufmachung, etwas Exotik, das Herausstreichen gesunder Ernährung, schneller Service, kleine Preise – das Erfolgsrezept liegt auf der Hand. Auf das Spiel mit der Authentizität dagegen können solche Nudelbars verzichten.

Vor einigen Jahren untersuchte Ruth Henle das Essverhalten von in Frankfurt lebenden Japanern. Dabei machte sie eine befremdliche Entdeckung. Ihre Gesprächspartner waren nämlich der Meinung, dass es außerhalb Japans eigentlich keine japanische Küche geben könne. Das liege nicht daran, dass Fisch nie so frisch wie in Japan sei oder das hiesige Fleisch zu mager. Aus Japan importierter Reis schmecke schlechter als daheim, selbst wenn man ihn mit Volvic statt mit Leitungswasser koche. Denn wie das Land sei auch seine Esskultur einzigartig. Die japanische Küche könne nicht reisen. In seltsamem Gegensatz zu diesem Pessimismus gibt es in Europa japanische Restaurants, in denen einheimische Köche ihre Gäste auf einem Niveau bekochen, von dem an-

dere Asiaten nur träumen können. Mehr als andere Küchen
Asiens besticht die japanische durch Qualität; sie konkurriert
auf Deutschlands Ethnofood-Markt nicht primär über den
Preis. Für Teppanyaki-Lokale und Sushi-Bars gilt dies freilich
nicht. Sie sind deutlich preiswerter, aber auch nur gelegentlich
in japanischem Besitz. Dies gilt noch mehr für die Nudelbars,
die zum Tummelplatz einer neuen Systemgastronomie geworden sind, in der expandierende Ketten immerzu neue Filialen eröffnen. Hier lösen sich die Grenzen von »Ethnizität«
auf, und »Authentizität« wird bedeutungslos. Japanisch ist,
was immer wir uns darunter vorstellen.

Als *everybody's darling* entpuppte sich freilich die Thai-Küche. Bei uns hat sie der chinesischen Küche längst den Rang
abgelaufen. Erst ihr rasanter Aufstieg war es, der den Niedergang der China-Restaurants alten Schlages endgültig be-
siegelte. Die aufregende Kombination von Zitronengras, Koriander, Kokosmilch und Chili lässt Süßsauer alt aussehen.
Dieser unwiderstehliche neue Geschmack scheint zum eigentlichen exotischen Lieblings- und Leitgeschmack der gesamten westlichen Welt aufgestiegen zu sein. Und das kam
plötzlich. Von einigen wenigen Ausnahmen abgesehen, gab
es vor den Achtzigerjahren noch keine thailändischen Lokale
in Deutschlands Städten. Zur Zeit des Mauerfalls waren es in
Berlin vielleicht gerade eine Handvoll. Heute gibt es in Städten wie Berlin oder Frankfurt einzelne Straßenzüge, die nicht
weniger Thai-Lokale aufweisen als vormals die ganze Stadt.
Neuerdings gehört Thai-Food bis in die Kleinstädte hinein
wie selbstverständlich zur gastronomischen Kultur unseres
Landes.

Was aber erwartet den Gast in einem Thai-Restaurant?
Eine thailändische Küche nämlich gibt es eigentlich nicht.
Noch nicht, muss man wohl sagen. Denn eine Nationalküche

ist im Entstehen begriffen, woran die weltweit tätigen thailändischen Restaurants nicht ganz unbeteiligt sind. Das Königreich Thailand besteht neben der Zentralprovinz mit der Hauptstadt Bangkok aus drei weiteren Regionen, die einfach als der Süden, Norden und Nordosten (Isaan) bezeichnet werden. Ähnlich wie in Italien, China und anderen Ländern zeichnen sich diese historisch gewachsenen Regionen durch eigenständige Esstraditionen aus. Thailändische Küche? Das sind die vier Regionalküchen des Landes mit ihrem unverwechselbaren Profil.

Ähnlich wie Deutschland durchzieht auch Thailand eine Linie, die den Süden kulinarisch vom Norden scheidet. In den beiden südlichen Regionalküchen ist gewöhnlicher Reis das Grundnahrungsmittel, als Würze ist die Fischsauce unabdingbar. Viele Gerichte werden mit Kokosmilch zubereitet. Da beide Regionen vom Meer begrenzt werden, stehen Fisch und Meeresfrüchte täglich auf dem Speiseplan. In den beiden nördlichen Regionalküchen dagegen bildet glutinöser Reis (gewöhnlich »Klebreis« genannt) die Grundlage jeder Mahlzeit, es wird mit *plaaraa* (wörtlich: vergammelter Fisch), einer deutlich intensiver schmeckenden und riechenden Variante der Fischsauce, gekocht. Kokosmilch dagegen kennt man nur bei der Zubereitung von Süßspeisen. Außerdem schätzt man im gesamten Norden dem Carpaccio oder Tartar ähnliche Speisen, wohingegen Rohes von Fisch oder Fleisch in der südlichen Landeshälfte verpönt ist.

Ein Aspekt jedoch hebt diese kulinarische Nord-Süd-Teilung auf. Thailand ist fraglos das Land des Chilis, aber zwei regionale Küchen tun sich durch wahre Schärfe hervor: der Süden und der Nordosten. Diese beiden Regionen bilden möglicherweise zusammen mit Südindien und Sri Lanka die Gruppe der schärfsten Küchen weltweit. In Bangkok und der Zentralprovinz hingegen wird der Geschmack immer süßer.

Den Europäern galten die Vereinigten Staaten lange als das Land des Süßen. Als Roland Barthes 1959 nach den Unterschieden zwischen dem französischen und dem amerikanischen Essstil fragte, fiel ihm als Erstes der Zucker auf. Der statistische Pro-Kopf-Verbrauch lag in den USA nämlich deutlich höher. Auffallend dabei war, dass Zucker, anders als in Frankreich, nicht nur in Süßspeisen auftauchte, sondern eigentlich in allen Speisen. Indes hat man in der Zwischenzeit bei näherer Betrachtung den Eindruck, dass Thailand durch seinen verschwenderischen Gebrauch von Zucker Amerika in dieser Hinsicht weit überflügelt hat.

Wie nicht anders zu erwarten, beruht auch der Erfolg der thailändischen Küche bei uns auf einer weitreichenden Anpassung an den vorherrschenden Geschmack. Das Angebot beruht fast ausnahmslos auf der Regionalküche Zentralthailands. Bei allen Speisen wird gewöhnlich neben der Schärfe auch die Gewürzintensität insgesamt reduziert, allzu ungewohnte Zutaten werden eliminiert.

Ich möchte dies anhand zweier Beispiele verdeutlichen:

Als Inbegriff des Thai-Geschmacks gilt vielen Menschen weltweit das Gericht *tom kha gai*. Dabei handelt es sich um eine säuerlich-scharfe Hühnersuppe mit Kokosmilch, der *kha* (es handelt sich um die mit dem Ingwer verwandte Galgantwurzel) den typischen Geschmack verleiht. Thailändische Speisen haben häufig rein deskriptive Namen: *tom* heißt in Wasser gekocht, *gai* Huhn. Folglich meint *tom kha gai* ein sehr flüssiges Gericht, also eine Suppe, die mit Hühnerfleisch gekocht und mit Galgant gewürzt wurde. Da dieses Rhizom auf der Zunge etwas eigenwillig (manche sagen: seifig) schmeckt, wird es heute gerne einfach weggelassen und stattdessen der Anteil an Kokosmilch erhöht. *Tom kha gai* ohne den namensgebenden Galgant – das Resultat schmeckt gefällig und erstaunlich banal. Es ist nur noch ein blasser Abklatsch des eigentlichen Gerichts. Für gewöhnlich könnte man annehmen, dass es die Touristen sind, die in Thailand solche Gerichte wie *tom kha gai* oder *tom yam gung,* sauerscharfe Garnelensuppe, die auf Englisch bisweilen *Spicy Soup* heißt, mit den Worten bestellen: »I want Spicy Soup, not spicy.« Bei meiner ersten persönlichen Begegnung mit Gerichten dieser Art im touristischen Sektor Thailands war es allerdings die thailändische Seite, die die Trivialisierung der eigenen Küche betrieb.

Im zweiten Beispiel versetzen wir uns in ein thailändisches Restaurant des Namens *Thaifun* und ordern den original thailändischen Geflügelsalat *laap gai.* Die thailändische Küche gilt hierzulande als sehr scharf – und auf die *laap*-Gerichte des Nordostens trifft dies fraglos zu. Da der Wirt aber seine Gäste nicht vergraulen möchte, hält er sich bei der Schärfe natürlich zurück. Zu *laap* gehört unbedingt gerösteter und gestampfter Klebreis, dessen leicht nussiger Geschmack bei uns gut ankommt. Mit Kräutern wie Minze gibt es ebenfalls keine Probleme, anders als mit dem ursprünglich aus Mexiko stammenden Langen Koriander, dessen gezackte Blätter recht hart sind und herb schmecken. Folglich werden sie lieber ersatzlos gestrichen oder durch ein milder schmeckendes Kraut wie gewöhnlichen Koriander oder sogar Zitronengras ersetzt. Soweit jedoch wird man immer noch von *laap gai* reden können. Aber traditionellerweise gehören zu dem Rezept auch die Haut sowie die Innereien des Geflügels, besonders der Magen, der in Streifen geschnitten für eine unvergleichliche Textur des Gerichts sorgt. Was ist allerdings noch von dem ursprünglichen Gericht geblieben, wenn unser thailändischer Wirt aus Rücksichtnahme und Geschäftssinn hierauf verzichtet und stattdessen einfach das beliebte Brustfleisch verwendet?

Doch das ist nicht alles: Wie das chinesische wird auch

das thailändische Essen in Deutschland in der Form eines westlichen Menüs angeboten, wie ein Blick auf eine x-beliebige Speisekarte zu zeigen vermag. Uns ist die Einteilung in Vorspeise, Hauptgericht und Dessert geläufig. In den Küchen Südostasiens kennt man diese Trennung in Vorspeise und Hauptgericht nicht, es gibt keinerlei Speisenfolge. Alles wird gewöhnlich in der Reihenfolge aufgetragen, wie es in der Küche fertig wird. Weil etwa *laap* in Deutschland als Salat gilt, findet es sich als Vorspeise wieder. Auch das beliebte Satay taucht unter dieser Rubrik auf. Gleiches gilt für das erwähnte *tom kha gai*. Als Suppe eingestuft, wird das Gericht vorweg serviert, statt zusammen mit dem Reis und allem Übrigen, auf dass sich ein jeder von allen Speisen nach Gusto bedienen kann. Deutsche sind es gewohnt, ein Gericht, dessen Portion nicht zu knapp ausfallen darf, individuell zu bestellen und alleine zu verzehren. Man schätzt es nicht, sich Speisen teilen zu müssen. Bei Touristen in Thailand kann man häufig beobachten, wie an diesen Gewohnheiten festgehalten wird, die Frau sich etwa ausschließlich an den Fisch hält, während ihr Begleiter einem Currygericht seine ungeteilte Aufmerksamkeit widmet. Manche Paare scheuen nicht einmal davor zurück, ein und dasselbe Gericht gleich zweimal zu bestellen. *Mai sanuk,* denken die Thais – wo bleibt da der Spaß? Aus ihrer Sicht markiert dies den Gipfel seltsamen Essverhaltens.

Typisch für thailändische Restaurants in Deutschland ist ein doppelter Selektionsprozess. Einerseits werden, wie eben erwähnt, bestimmte Zutaten einfach weggelassen, die für den hiesigen Geschmack als zu anstößig gelten. Die zweite Selektion betrifft die generelle Auswahl der Gerichte, denn im Allgemeinen finden sich auf deutschen Speisekarten nur sehr wenige wieder. Interessanterweise beruht der Erfolg der Thai-Küche auf gerade einmal zehn bis fünfzehn Gerichten – und das bei einer Esskultur, die sich einer kaum zu überblickenden

Vielfalt rühmt. Außerdem sind auch die Thai-Restaurants gewissermaßen vom Geist des Chop Suey infiziert. Alles und jedes nämlich wird bis zur Unkenntlichkeit mit Gemüse angereichert, und zwar durchweg mit europäischem Gemüse. Grünes Curry? Nicht ohne Möhren, Paprika, Lauch und Blumenkohl. Das Panaeng-Curry schwimmt in Sauce, in der sich eine bunte Gemüsemixtur tummelt (eigentlich ist es ein *Dry Curry*: wenig Sauce, nur Fleisch). Eine der populärsten Speisen Thailands, die Wok-Gerichte *pat graprao*, weisen dagegen nur wenig von dem intensiv schmeckenden Heiligen Basilikum auf, das ihnen den Namen gibt; was aber Gemüse anbelangt, können sie es mit einem Chop Suey aufnehmen. Dabei geht es nicht um Substitution: Keineswegs wird dabei fehlendes thailändisches Gemüse durch europäisches ersetzt, wie man vielleicht denken könnte. Sondern Gerichte, zu denen nur einige spezielle Gemüsesorten passen (Grünes Curry etwa) oder eben gar keine (Panaeng-Curry), werden einer großen Gleichschaltung unterzogen. Und wie schmeckt alles am Ende? Richtig: wie ein Thai-Curry eben.

Was kaum jemand weiß: Thailands Regierung versucht diesen Prozess sogar gezielt voranzutreiben. Seit Jahren fördert sie die globale Ausbreitung der Landesküche durch Beratung, Ausbildung und finanzielle Unterstützung im Rahmen des Projekts »Kitchen of the World«. Dabei werden Homogenisierung und Selektion als Erfolgsgeheimnis propagiert – etwa die Beschränkung auf die dreizehn Gerichte, die im Rufe stehen, besonders bekannt und beliebt zu sein. Dazu gehören: Grünes Curry, das nationale Nudelgericht *pat thai* und die erwähnte Garnelensuppe *tom yam gung* (ein Gericht, das ohne Frage dem Herzen der Thais sehr nahe steht). In Deutschland darf unter diesen Standardgerichten Ente nicht fehlen. Kein Thai-Lokal kann es sich leisten, diese Erwartung zu enttäuschen. Und das, obwohl Ente in Thailand keine große Rolle spielt: Entengerichte sind gewöhnlich chinesischen Ursprungs. Aber bei uns hat man gelernt, sie als Inbegriff der »Asia-Küche« zu verstehen. Diesem Pauschalurteil hat sich auch die thailändische unterzuordnen.

Von thailändischer Seite wird zum Zwecke der Qualitätssicherung das sogenannte *Thai Select*-Label verliehen. Damit kann keineswegs Authentizität garantiert werden, auch wenn dies die offizielle Begründung für die Vergabe des Siegels ist. Sirijit Sunanta, eine thailändische Wissenschaftlerin, fasst das Resultat ihrer Untersuchung zur Globalisierung der Thai-Küche in Vancouver so zusammen, dass die dortigen Thai-Restaurants zwar ihre Authentizität herausstreichen, sich aber weitgehend dem lokalen Geschmack anpassen. Ich würde hier von einer charakteristischen Paradoxie sprechen. Kein Restaurant in Thailand muss mit Authentizität werben. Anders dagegen im Ausland, wo es aus diesem Grund auch von »originalen«, »traditionellen« und »authentischen« Küchen nur so wimmelt. Das aber heißt: Mit Authentizität wirbt man dort, wo eine weitreichende Anpassung an den lokalen oder nationalen Geschmack stillschweigend vorausgesetzt und wie selbstverständlich praktiziert wird. Was also zertifiziert *Thai Select*? Gewisse Qualitätsstandards und, in Maßen, die Verwendung frischer thailändischer Produkte. Außerdem kann man davon ausgehen, dass es sich bei den Besitzern dieser Lokale um thailändische Staatsbürger handelt. Das erscheint mir in Zeiten, in denen neben ehemaligen Betreibern von China-Restaurants auch zunehmend albanische oder türkische Unternehmer das Geschäftspotenzial von Thai-Food erkennen, eine durchaus nützliche Information zu sein. Im Großraum Frankfurt etwa könnte bereits rund die Hälfte aller Thai-Lokale in der Hand von Nicht-Thais sein. Schnellrestaurantketten dagegen, wie etwa der *Thai-Express* im Rhein-Main-Gebiet, gehen da weiter und haben sich von der thailändischen

Cuisine vollständig emanzipiert. Sie kombinieren die Klassiker des alten China-Restaurants mit japanischen Nudeln sowie allerhand pseudothailändischen Fantasiegerichten. Auf Thailand verweist hier nur noch der Name.

Thailändische Wirte finden sich in einer Zwickmühle wieder. Denn was bleibt ihnen angesichts ihrer Kundschaft anderes übrig? Sie können sich nicht erklären, warum so viele Deutsche nach Speisen fragen, die in Thailand »kein Hund hinunterwürgen würde« (wie sich ein ratloser Wirt einmal ganz ohne die übliche höfliche Zurückhaltung ausdrückte). Und sie staunen über Gäste, die immer nur das Gleiche wollen. »Die Nummer XY bitte. Wie immer«, ist eine Begrüßungs- und Bestellformel, wie man sie von den Stammkunden aller Asia-Imbisse zu hören bekommt. Wenn eine Mehrzahl der Kunden stur an ihrer Nummer 49 festhält, ist es auch längst nicht mehr von Bedeutung, dass die Speisekarte extrem reduziert daherkommt. Die meisten Speisen hingegen, die die Menschen in Thailand tagtäglich mit Genuss verzehren, würden die wenigsten Gäste thailändischer Restaurants in den Mund nehmen. Und wie bereits bezüglich der chinesischen Küche erwähnt, geht es auch hier nicht um Thailands *Extreme Cuisine*, die es fraglos gibt (*laap* mit Galle oder frischem Blut, gegrillter Darm mit Naturfüllung, Curry von der Nachgeburt eines Wasserbüffels). Sondern um die Ingredienzien der Alltagsküche: die Krabbenpaste *kapi* wie Fermentiertes überhaupt; ungewohnte, teils bitter schmeckende Kräuter; die Neigung, von der Schnauze bis zur Schwanzspitze keinen Teil eines Tiers zu verschmähen.

Kaum etwas vermag asiatische Restaurants – nicht nur thailändische, sondern auch chinesische, vietnamesische und indische – hierzulande besser zu charakterisieren als der Umstand, dass deren Betreiber es gewöhnlich vermeiden, die »Originalen Spezialitäten« ihrer Speisekarte selber zu essen.

Im Asia-Lokal steht der Wirt vielleicht noch persönlich am Herd. Aber seine Spezialitäten auch selber zu essen, darauf verzichtet er lieber.

Jedoch: Besserung scheint neuerdings in Sicht. Wagemutige Gäste hinterfragen zunehmend das standardisierte Nullachtfünfzehn-Angebot. Anspruchsvollere und interessiertere Esser verlangen nach Gerichten und Geschmäckern, die sie im Urlaub kennengelernt haben, und lassen sich nicht länger mit dem Gewohnten abspeisen. Einige Thai-Restaurants hatten schon immer zwei Speisekarten, eine auf Deutsch und eine auf Thai, die nicht dieselben Gerichte enthielten. In unseren großen Städten zeichnet sich ein weiterer Trend zu zwei Speisekarten ab. Jetzt tritt neben die deutsche eine Karte in englischer Sprache. Sie ist vor allem für Gäste aus den anderen asiatischen Ländern wie China, Japan, Korea oder Indonesien gedacht und orientiert sich an deren kulinarischen Vorlieben, die durchweg von anspruchsvollerer Natur sind. So wird, um ein Beispiel zu nennen, nicht mehr allein Fischfilet angeboten, sondern der ganze Fisch. Dieses neue Angebot wird auch von einem weltläufigen deutschen Publikum gerne angenommen. Darauf wiederum reagieren einige Wirte. Seit einigen Jahren taucht am Ende der Speisekarten vermehrt eine neue Rubrik auf: »Original Thai-Spezialitäten«. Um was aber – fragt sich da der Gast – handelt es sich dann bei den anderen Gerichten?

Unter »Original Thai-Spezialitäten« tauchen erstmals regionale Gerichte auf, die vormals gewöhnlich fehlten. Etwa *kao soi*, das Touristen als das Nudel-Curry der nordthailändischen Metropole Chiang Mai kennen. Oder eine der Spezialitäten des Südens, *gung pat sato*, Garnelen, die mit Krabbenpaste und der streng schmeckenden Sato-Bohne gebraten werden. Oder einfach nur ein in ganz Thailand beliebter Fisch, nämlich der Wels, etwa auf zentralthailändische Art als *pla duk pat prik gaeng*. Vor allem aber, und das entbehrt nicht einer gewissen Ironie, tauchen unter »Original Thai« Gerichte aus dem Isaan auf, dem Nordosten des Landes, besonders der Papayasalat *somtam* und das bereits ausführlich erwähnte *laap*. Die laosprachigen Bewohner des Isaan haben sich in der Vergangenheit Benachteiligungen ausgesetzt gesehen und sich als Bürger zweiter Klasse gefühlt. Ihre eigenständige Regionalküche dagegen wurde in den letzten Jahren immer beliebter. Nachdem sie sich in Bangkok durchgesetzt und über das ganze Land verbreitet hat, setzt sie jetzt zur Globalisierung an.

Nach meiner Erfahrung finden Thais, die Deutschland und die Nachbarländer besuchen, die hiesige Thai-Küche durchaus passabel. Bisweilen aber auch ungenießbar. Ich kam einmal im ICE ins Gespräch mit einer Geschäftsfrau aus Bangkok. Nach gerade einmal drei Tagen in Europa hatte sie in Amsterdam plötzlich einen Heißhunger auf den heimatlichen Geschmack verspürt. Aber bei dem Schweinefleisch *pat graprao* in einem Imbiss verschlug es ihr den Appetit. »*Pat graprao* mit viel Zwiebeln«, sagte sie und schauderte sich, »und mit Babymais«, wobei sie mit einem Lächeln hinzufügte: »Für zehn Euro.« Für den Preis kann man dieses Gericht auf Thailands Straßen zehnmal genießen. Thais im Ausland fragen nicht, ob ihre Küche hier besonders authentisch ist, sondern ob es ihnen schmeckt. »Authentizität« ist der Lieblingsbegriff unserer Esskritik, während Ethnologen ihn gewöhnlich meiden. Wenn wir sagen, diese oder jene Speise schmecke mehr oder minder authentisch, dann meinen wir, dass sie schmeckt, wie sie schmecken sollte. Als authentisch gilt uns ein Gericht das so gekocht wurde, wie dies am Ort seiner Herkunft üblich ist. Auf die gleiche Art und mit den gleichen Zutaten hergestellt wie gewöhnlich von einem Koch dieser Kultur. Unter Authentizität verstehen wir demnach eine Art Norm. Über geringfügige Abweichungen lässt sich dabei streiten, solange das Essen nicht radikal verändert wird.

Ethnologen wie Arjun Appadurai erscheint die Rede von der »Authentizität« dagegen als problematisch, weil häufig nicht klar sei, wer eigentlich darüber entscheiden kann und soll. Außerdem sind Gerichte und Geschmäcker einem dauernden Prozess von Veränderungen ausgesetzt. Da besteht natürlich die Gefahr, dass das Beharren auf »Authentizität« sie quasi ein für alle Mal festlegen und mit einem Mantel der Zeitlosigkeit umgeben will. Innovation und Originalität wären dementsprechend das genaue Gegenteil von Authentizität. Im Falle der thailändischen Geschäftsfrau ist die Sache freilich klar, denn in dem von ihr bestellten *pat graprao* haben Zwiebeln und Babymais nichts verloren. Um das zu beurteilen, muss man nicht einmal Thai sein.

In der Welt des Ethnofood dagegen schließen Wirt und Gast häufig eine Art Pakt. Ich habe schon Restaurants gesehen, die in der Fremde (es war in Thailand) mit »English style Indian food« oder »Western style Chinese cuisine« warben. Aber für gewöhnlich werden Gäste ein Lokal meiden, das ein garantiert unauthentisches Menü verspricht. Wer möchte schon unverblümt bescheinigt bekommen, für ihn komme nur Fake Food infrage, weil er alles andere sowieso nicht anrühren würde? Also liefert ihm der Wirt typische und authentische Gerichte, ohne freilich allzu sehr seinen heimischen Traditionen verhaftet zu bleiben, um den Gaumen seines Gastes nicht zu schockieren. Ethnofood als inszenierte Authentizität (*staged authenticity*, wie sie die Forschung als typisch für die Welt des Tourismus erkannt hat) und als Spiel, bei dem beide Seiten beschließen, ein Auge zuzudrücken.

Wenn jemand dagegen auszieht, um in der Fremde andere Esskulturen zu erkunden und am eigenen Leib zu erleben, dann wird er zwar nicht zwangsläufig das Fürchten lernen, aber an Ekelgrenzen stoßen und schaudernd vor Abgründen stehen, weil keine Küche frei von Extremen ist. Die BBC-Dokumentation *Mit 80 Speisen um die Welt* von Ian Wright ist eine augenzwinkernde Odyssee durch die bisweilen skurrilen Geschmackswelten der Menschheit. Am Ende des Films werden die fünf haarsträubendsten Speisen präsentiert, die man während der Dreharbeiten kennengelernt hatte: Frittierte Mars-Riegel mit Ketchup (Schottland), frittierter Flughund (Palau), Stierhoden (Spanien), Sagowürmer, die auf Sagomark zu einer »Wurmpizza« angerichtet werden (Papua-Neuguinea), und schließlich, als Gipfel der Geschmacklosigkeit, Exkremente vom Seehund (Eskimo), wobei es sich dabei wahrscheinlich »nur« um den Darminhalt gehandelt hat. *Chacun à son goût*, könnte man mit einem kulturrelativistischen Schulterzucken meinen. Für den westlichen Gaumen soll angeblich ein traditionelles japanisches Frühstück zu den größten denkbaren kulinarischen Zumutungen überhaupt zählen. Den japanischen Gaumen hingegen soll kaum etwas mehr schockieren als der Geschmack von Lakritze oder Milchreis. Wie dem auch sein mag, in einer globalisierten Welt erweist sich die Kulinarische Ethnologie als keine schlechte Übung in Toleranz.

Literatur:

Ai Weiwei (2009), Anderson (1988), Appadurai (1986), Barthes (1982), Bestor (2005), Chang (1977), Cwiertka (2005), Cwiertka (2006), Delfs (2008), Du Pont De Brie (2004), Henle (2013), Höge (2007), Höllmann (2010), La Cecla (2007), Leung (2004), Rumohr (1822), Schwabe (1979), Simoons (1991), Sirijit (2005), Trenk (2009a), Trenk (2012), Wieland (2010), Wu (2011)

Die restliche Welt:
Zwischen Tapas und Global Lifestyle Food

Nach dem Zweiten Weltkrieg fand Europas Jugend rasch Geschmack an Amerikas Populärkultur, von der Musik über den Kaugummi bis zu Coca-Cola. Prompt beschworen besorgte Eltern und Erzieher die Gefahren der Amerikanisierung und wähnten sich gar als Opfer einer *Coca Colonization*. Als McDonald's 1986 an der Spanischen Treppe in Rom eine Filiale eröffnete, wurde dies zum Fanal für die Gründung der *Slow Food*-Bewegung, die bald weltweit Anklang fand. Nach gängiger Auffassung beginnt mit dem Fall der Berliner Mauer ein neues globales Zeitalter. Spätestens als McDonald's 1990 seine erste Filiale in Moskau (und, nicht zu vergessen, im ostdeutschen Plauen) sowie 1992 in Peking eröffnete, wurde die Befürchtung laut, die Prozesse der Globalisierung könnten zu einer flächendeckenden *McDonaldisierung* der Erde führen und in eine Art Weltmonokultur münden – also gastronomisch gesprochen im globalen Einheitsbrei. Wer würde bezweifeln, dass das Amerikanische Imperium seine Esskultur weitaus erfolgreicher zu exportieren versteht, als dies sein Vorgänger, das Britische Weltreich, jemals vermochte. Aber die Schreckensvision *McWorld* erscheint im Rückblick reichlich vermessen, da man davon ausging, dass dieser globale Geschmack ausschließlich ein amerikanischer sein könne.

Wie wir in den letzten beiden Kapiteln gesehen haben, wurden die kulinarischen Gewichte hierzulande anders verschoben. Denn der erste gastronomische Schub war mediterran, der zweite dagegen asiatisch-exotisch, und erst im

Verlaufe der Siebzigerjahre etablierte sich auch bei uns das American Fastfood. In den Vereinigten Staaten wird das gastronomische Feld als dreigeteilt wahrgenommen: Da gibt es zunächst die Alltagsgerichte mit Traditionswert wie Meatloaf, Fried Chicken oder Turkey Sandwiches. Davon unterschieden wird das Fastfood, ob die Hamburger der einschlägigen Ketten oder die Erzeugnisse von Pizza Hut oder Taco Bell. Alles Übrige im Lande wird als *ethnic food* klassifiziert. Praktisch sieht das dann so aus, dass die Traditionsgerichte und das Fastfood als amerikanisch gelten, ebenso wie gewisse Gerichte aus der italo-amerikanischen, der sino-amerikanischen und der Tex-Mex-Küche. Der Rest dagegen ist *ethnic*. Bei uns freilich, und auch sonst auf der Welt, wird für gewöhnlich lediglich das Fastfood als amerikanische Küche wahrgenommen. Das Fastfood der Ketten gilt Menschen weltweit als das Ethnofood Amerikas.

Als der Burger, Abkömmling deutscher Auswanderer, 1971 mit der Gründung des ersten McDonald's hierzulande wieder heimisch zu werden trachtete, hatte er sich in der Fremde merklich verändert. Die altdeutsche Frikadelle war einstmals unter dem Namen »Hamburg Steak« nach Amerika ausgewandert. Im Lande der unbegrenzten Möglichkeiten experimentierte man um 1850 herum gerade mit den Möglichkeiten des frisch aus England importierten Sandwichs. John Montagu, der 4. Earl of Sandwich (1718–1792), hatte auf seiner Grand Tour im östlichen Mittelmeerraum die Vorzüge des Pita-Brots kennengelernt. Der spätere britische Staatsmann war ein notorischer Spieler. Um den Spieltisch nicht wegen einer Mahlzeit verlassen zu müssen, führte er das neue Fingerfood ein, das alsbald unter seinem Namen in der besten Gesellschaft Anklang fand. So verdankt England dem Earl of Sandwich eine neue kulinarische Institution. In der aufstrebenden Massendemokratie auf der anderen Seite des Atlantiks kam das »Hamburger-Sandwich« den Bedürfnissen der arbeitenden Bevölkerungsschichten entgegen. Mit der aufkommenden Autogesellschaft wurde daraus Amerikas »national sandwich«. Im boomenden Nachkriegs-Kalifornien revolutionierten die Brüder Richard und Maurice McDonald das Fastfood-Geschäft mit der Einführung der Produktion am Fließband, wie Henry Ford dies in der Automobilindustrie vorgemacht hatte. Und mit dem Konzept des Franchise gelang ihnen eine rapide Expansion, zunächst von Küste zu Küste, dann über Kanada (1967) nach Japan, Australien und Deutschland (1971), Frankreich (1972) und Großbritannien (1974). Nach dem Mauerfall setzte McDonald's zur wahrhaft »globalen Realisierung« an, wie die Ausdehnungspläne firmenintern genannt werden.

Das erfolgreiche Geschäftsmodell beruht überall auf einem »impliziten Vertrag« (James Watson). Danach garantiert McDonald's seinen Gästen einen schnellen Service bei gleichbleibender Qualität und bezahlbaren Preisen. Im Gegenzug wird erwartet, dass der Gast sich in einer Reihe anstellt, im Voraus bezahlt, schnell aufisst, selber abräumt und Platz für neue Gäste macht, indem er zügig das Lokal wieder verlässt. McDonald's Angebot beschränkte sich von Anfang an auf einige wenige Produkte, darunter Hamburger, Cheeseburger, French Fries, Softdrinks und Milkshakes, die sich bis heute kaum verändert haben (auch wenn die Portionen mit den Jahren merklich größer geworden sind). Für den großen Reibach sorgt dabei nicht der Big Mac, wie man vielleicht denken könnte, oder neuerdings die Chicken McNuggets. Sondern die Combo aus Burger bzw. Nuggets, Fries und Coke, wobei es die dünnen und knusprigen Fritten sind, mit denen das Unternehmen weltweit richtig Kohle macht. Mit diesem Modell ist McDonald's zum Welterfolg geworden.

Esskritiker dagegen (mir gefiel Jürgen Dollases »Wut, daß

es McDonald's gibt« in der *F.A.Z.*) raufen sich angesichts der Beliebtheit des bekanntesten Markenartikels der Welt regelmäßig die Haare: Da ist das pappige und leicht süßliche Brötchen, genannt *the bun*; dann das geschmacksfreie *beef patty* von ausgedienten Milchkühen, das zunächst tiefgefroren wird, um dann übergart zwischen dem *bun* zu landen. Deswegen ist eine penetrante Würze von Zwiebeln und Gurken notwendig, die mit Ketchup und Senf einen banalen süß-sauren Geschmack erzeugen. Jumbo-Fries aus dem ewigen Eis und ein Eimer Coke, mit dem alles in Minuten hinuntergespült wird, runden das weltweit beliebteste Menü ab. Dieses Fastfood zügig zu verdrücken empfiehlt sich übrigens von selbst. Wer sich nämlich zu lange von seinem Smartphone ablenken lässt, stellt fest, dass die McDonald's-Produkte eine verdammt kurze Halbwertzeit haben. Ob Burger, Nuggets oder Fries, die Produkte aus dem Hause McDonald's sind alle in ein unverwechselbares Aroma getaucht, das vor Nachahmung geschützt zu sein scheint. Wer einmal von Amerikanern zum Grillen auf der heimischen Veranda eingeladen war, wird möglicherweise die Erfahrung gemacht haben, dass Hamburger recht lecker sein können; niemals aber schmecken sie auch nur im Entferntesten wie ein Big Mac. Man wird das nicht bedauern müssen, aber tatsächlich könnte nur ein Lebensmittelchemiker dieses Geheimnis lüften. Alles in allem, gibt der erwähnte *F.A.Z.*-Kritiker zu bedenken, entspricht der Geschmack eines Hamburgers »etwa einem Biß in die entspannte Unterarmmuskulatur«.

Kinder und Jugendliche, als Gruppe mit der geringsten Bindung an Traditionen, stellen McDonald's anhänglichste Kundschaft dar und bilden weltweit die wichtigste Zielgruppe des Unternehmens. Für sie ist McDonald's zunehmend weder amerikanisch noch fremd oder exotisch, sondern einfach nur eine vertraute Adresse. James Watson erwähnt, wie der Sohn eines japanischen Managers auf seiner ersten Fahrt in den USA 1991 beim Anblick der Golden Arches aufjauchzte: »Es gibt sogar McDonald's in Amerika!« Heute sind chinesische Kinder mit der »Tante McDonald« (ein Maskottchen, extra geschaffen für den chinesischen Markt) vertrauter als mit altchinesischen Fabelgestalten. Heinrich Heine spottete einmal, dass man dem Earl of Sandwich wohl ewig dankbar sein müsse, uns von der Notwendigkeit eines warmen Abendessens entbunden zu haben. Allerdings scheint es mir, dass die meisten Menschen (zumindest außerhalb der USA und vielleicht noch der Philippinen) das Angebot von McDonald's nicht mit einer wirklichen Mahlzeit verwechseln. Sie sehen darin einfach eine weitere Snackoption im immer weiter wuchernden Snackdschungel unserer Städte – und zwar 24/7 (also rund um die Uhr, sieben Tage die Woche). Neben McDonald's oder Burger King erweitern auch KFC, Pizza Hut und Subway die Bandbreite der verfügbaren Snackkultur. Auch der Trend zu Bagels und Muffins, Donuts und Cupcakes zeugt von der anhaltenden Faszination kulinarischer Americana. Von der großen Nivellierung des Geschmacks freilich verspürt man wenig. Mit einer Ausnahme vielleicht: Süßsauer nämlich scheint zunehmend zu unser aller Leit- und Lieblingsgeschmack zu werden.

Von der großen Gleichmacherei, wie sie an die Wand gemalt worden war, kann schon deswegen keine Rede sein, weil in unseren Städten um die amerikanischen Fastfood-Ketten herum ein immer bunteres gastronomisches Treiben herrscht.

Fangen wir mit der Küche an, für deren Spezialitäten man sich in Deutschland als Erstes begeistert hat. Noch vor den Italienern wurde in der Zeit des Wirtschaftswunders der »Balkan-Grill« zur ersten erfolgreichen Ethnoküche der Bundesrepublik. Der frühe Balkan-Grill war gewöhnlich in den

Räumen einer ehemaligen deutschen Gaststätte untergebracht, denen einige Hirtenteppiche das gewisse Flair verliehen. Die Speisekarte kam den Erwartungen der Gäste ausgesprochen entgegen. Da gab es zunächst die Suppen, darunter eine Gulaschsuppe, eine Hühnersuppe mit Nudeln und die Serbische Bohnensuppe. Die Liste der beliebtesten Hauptgerichte führte eine Troika aus schierem Fleisch an: die Hackfleischröllchen Ćevapčići, die Fleischspieße Ražnjići und eine flache Frikadelle, die mit Schafskäse gefüllte Pljeskavica. Wer sich nicht entscheiden konnte oder mochte, bestellte alles zusammen und wurde mit der »Balkan-Platte« beglückt. Sie fehlte nie, auch wenn sie bisweilen unter Namen wie »Split-Teller« oder »Istrien-Platte« angeboten und immer mit Đuveč- oder Gemüsereis und Krautsalat serviert wurde. Aber auch Sarma (Kohlrouladen), Serbisches Reisfleisch und Schnitzel, sei es Pariser oder Wiener Art, fehlten auf keiner Karte. Den Abschluss bildete ein Strudel mit Vanillesauce und Schlagsahne oder gefüllte Palatschinken. Und bei der Verdauung half der eine oder andere Sliwowitz – häufig auf Kosten des Hauses.

Der Balkan (ein Name, der im Plural – *The Balkans* – weitaus mehr Sinn ergibt) bildet eine Region, wo sich über die Jahrhunderte römisch-mediterrane mit osmanischen und habsburgischen Einflüssen gemischt haben. Dabei entstand über sprachliche, religiöse und ethnische Grenzen hinweg eine überraschend einheitliche Küche. Wie der Nahe Osten gehört auch der Balkan zu jenen Erdenwinkeln, wo man seinen Nachbarn zwar nicht leiden mag, aber durchaus die kulinarischen Vorlieben mit ihm teilt. Im Falle des Balkan-Grills erwies sich die Nähe zur deutschen Hausmannskost als eigentliches Erfolgsrezept – bei gewissen exotischen Einsprengseln, versteht sich. Viele Gerichte findet man in jedem großmütterlichen deutschen Kochbuch wieder. Nur dass nun reichlich Paprika, Zwiebeln und sogar Knoblauch für eine ungewohnte feurige Schärfe sorgten, die die Gäste verzückte. Beim Knoblauch war allerdings Vorsicht geboten, da man damit bekanntlich nicht nur Vampire, sondern im Nachkriegsdeutschland auch die meisten Gäste vertreiben konnte. Aber im Balkan-Grill herrschte die wohltuend vertraute Speisenfolge, und bereits der Anblick der wagenradgroßen Portionen ließ alle Herzen höher schlagen.

Den Zerfall Jugoslawiens hat auch diese gastronomische Traditionsinstitution der alten Bundesrepublik nicht überlebt. Die angebotenen Fleischbomben kollidierten zunehmend mit dem Zeitgeschmack, sodass vom deutschen Publikum fast nur noch eine Seniorenklientel übrig geblieben ist. Aus den Fußgängerzonen unserer Großstädte ist der Balkan-Grill deshalb verschwunden und hat sich in Nischen der Vor- und Kleinstädte zurückgezogen. Seine ehemaligen Betreiber wagen bisweilen das Naheliegende und versuchen es mit einem Steakhaus, das nach wie vor ein besseres Image genießt. Die andere naheliegende Option, nämlich auf die mediterrane Karte zu setzen, gelingt dagegen nur selten.

Anfangs von Vorteil, wurde dem Balkan-Grill die Nähe zur deutschen Küche später zum Verhängnis. An den Ćevapčići kann man sehen, wie schnell sich kulinarisch Fremdes in Eigenes verwandelt. Kein Supermarkt und kein Discounter, wo man heute nicht Ćevapčići für billiges Geld bekäme. Für die Jüngeren sind sie in etwa so exotisch wie die Rostbratwurst und das Nackensteak bei der Grillparty oder auf dem Schützenfest. Wo Döner-Imbisse vereinzelt Ćevapčići anbieten, stammt der Wirt mit hoher Wahrscheinlichkeit aus dem Kosovo. In einigen Städten haben vereinzelt sogar Ćevapčići-Imbisse überlebt, die häufig von muslimischen Bosniaken betrieben werden. Dort bekommt man einen Teller mit Hackfleisch vom Grill, Krautsalat und einer Portion Ajvar, ein pikantes Paprikamus. Wenn es dazu eine frisch gebackene

Lepinja gibt, das regionaltypische Fladenbrot, wird der Gast von Dankbarkeit ergriffen sein, dass der Balkan-Grill noch nicht gänzlich Geschichte ist.

Die griechische Küche verbreitete sich deutlich später; erst im Laufe der Siebzigerjahre tauchten ihre Tavernen auch in den Kleinstädten auf. Die aus Alexandria stammende Claudia Roden, eine Kennerin der Küchen des Vorderen Orients, schlägt Griechenlands Kochkunst ohne Wenn und Aber dieser Essprovinz zu (wobei einige Inseln einen italienischen Einfluss aufweisen wie auf dem Balkan sonst nur Dalmatien). Wie beim Balkan-Grill drehte sich auch in den griechischen Tavernen alles um die Fleischgerichte. Eine echte Neuentdeckung war hier das Gyros, mit Oregano gewürztes Schweinefleisch vom Drehspieß, wogegen die Souvláki und Bifteki von den Ražnjići und Pljeskavica des Balkans nur schwer zu unterscheiden sind. Die Ćevapčići schließlich heißen hier Keftedes, aber da man sie in Griechenland mit Ei und Brot zu strecken pflegt, verbietet sich hier ein Geschmacksvergleich. Von daher stellt es keine große Überraschung dar, dass sich auch in den Tavernen die diversen Grillspeisen zu »Akropolis-Tellern« oder »Hellas-Platten« türmten. Aber es gab auch Unterschiede: Ihre Vorspeisen teilt Griechenlands Küche weit mehr mit der östlichen Levante als mit dem Balkan. Da waren die Mezedes oder gemischten Vorspeisenteller, die neben Kalamataoliven, Feta, Auberginenpüree und Zaziki auch Gefüllte Weinblätter, den pinkfarbenen Taramasalat oder sogar gegrillten Oktopus boten, den Gipfel der Genüsse. Mit dem griechischen Bauernsalat lernten die Deutschen nicht nur den Schafskäse lieben, sondern auch das Olivenöl. Außerdem gab es neben den Fleischgerichten immer Köstlichkeiten wie mit frischer Minze gewürzte Gefüllte Tomaten, Giouvetsi (das Đuveč des Balkans) mit den unverwechselbaren Kritharaki (überbackene Nudeln, die an Reis erinnern) und natürlich

Moussaka. Auch wenn sich Fisch anfänglich nur selten auf die Karte verirrte – einen »Griechen« ohne die in Olivenöl ausgebratenen Calamari konnte es nicht geben. Das gilt auch für zwei Getränke, deren Geschmack allerdings gewöhnungsbedürftig ist, nämlich Retsina und Ouzo.

Bei den ersten griechischen Tavernen handelte es sich um typische Gastarbeiterlokale. Als jedoch in den frühen Siebzigerjahren die Diktatur der Obristen immer mehr Anhänger der Linken ins Exil trieb, schossen in Deutschland von Studenten und Akademikern betriebene griechische Lokale aus dem Boden, die auf breite Sympathie stießen. Im West-Berlin meiner Studienzeit war dies das *Terzo Mondo* unweit des Savignyplatzes, bei dem der unübliche (weil nichtgriechische) Name für das politische Anliegen einer ganzen Generation stand. Zusätzlichen Auftrieb erhielten die Tavernen durch den Erfolg des Films *Alexis Sorbas* (1964), dessen Geschichte vom Aussteigen dem eskapistischen Lebensgefühl der Zeit entsprach und so manch einen zu kleinen und großen Fluchten auf die Inselwelt der Ägäis oder auch nach anderswo ermunterte. Bald gab es keine deutsche Stadt ohne einen »Griechen« dieses Namens, und die Filmmusik von Mikis Theodorakis gehörte zu einem Abend in der Taverne wie der obligatorische Ouzo, den der Wirt seinen Gästen spendierte.

Das ist alles schon lange her, doch bereits Jahre bevor Griechenland in die größte Krise seiner Geschichte stürzte, befand sich das Image seiner Esskultur im freien Fall. Die durchaus vergleichbaren Küchen des Balkan-Grills und der hellenischen Taverna sprachen in der Vergangenheit eine ganz unterschiedliche Klientel an. Aber ähnlich wie Ćevapčići wird man in der Zwischenzeit nicht nur das Pfannengyros, sondern auch Zaziki und Feta (die in keinem Discounter zwischen Nordsee und Alpen mehr fehlen) den Alltagsgerichten der Deutschen zurechnen müssen. Die Gaststätten freilich sehen sich mit den gleichen Problemen konfrontiert, da sie den Anschluss an den Geschmackswandel verpasst haben. Außerdem wurden die Griechen überall von der türkischen Konkurrenz ausgebootet, wie der Triumph des Döner über das Gyros verdeutlicht. Dass Griechen aufs Pizza-Geschäft umsattelten (und dazu in der Volkshochschule Italienisch lernten), wie in der erwähnten Kurzgeschichte *Geschäfts-tarnungen* von Wladimir Kaminer, ist mitnichten eine Ausgeburt dichterischer Fantasie. Andere versuchten, mit ihren Tavernen an den Erfolgstrend mediterraner Küchen anzu-knüpfen, was ihnen deutlich besser gelang als den Kollegen vom Balkan. Ohne das Souvláki zu verleugnen, setzten sie mehr auf frischen Fisch und Meeresfrüchte. Mit ihrem orien-talisch-mediterranen Vorspeisenmix können sie einen der er-folgversprechendsten neuen kulinarischen Trends bedienen – den Trend zu Tapas. Das kulinarische Griechenland sollte man in Deutschland demnach noch lange nicht verloren geben.

Abgesehen von der italienischen ist keine andere Gastar-beiterküche hierzulande so gut angekommen wie die spani-sche – vor allem wegen der Erfindung der Tapas. Spanien ist bekanntlich ein Land, wo die Menschen ihr Abendessen erst sehr spät zu sich nehmen. Und dank der Institution des *tapeo* gelingt ihnen dies auch problemlos. Beim *tapeo* trifft man sich abends mit Freunden, um einige Stunden lang gemein-sam durch die Bars zu ziehen. Dabei nippt man überall einen Aperitif und stimmt sich auf die kommende große Mahlzeit ein, indem man sich an den bereitliegenden Appetithäppchen delektiert. Solche Tapas dürfen in keiner Bar Spaniens fehlen. Aber wie gut auch immer sie in einer Bar schmecken mögen, die peripatetische Kunst des *tapeo* verlangt danach, sich von Bar zu Bar treiben zu lassen und überall deren Köstlichkeiten auszuprobieren.

Den Tapas kommt dabei also eine vergleichbare Rolle zu wie den Hors d'œuvres oder Antipasti. Damit ist die Ähnlichkeit freilich auch schon zu Ende. Denn unter den Tapas finden sich nicht nur klassische Appetithäppchen, sondern durchaus auch andere Speisen. Eine Handvoll Oliven etwa, ein Stück Manchego-Käse, Lomo oder Serrano-Schinken auf etwas Brot gespießt, gegrillte Chorizo oder die Blutwurst Morcilla, die eingelegten oder frittierten Boquerones (Sardellen), ungeschälte gekochte Garnelen, scharfe Gambas al pilpil, der mit Pimentón bestäubte Pulpo a la gallega oder selbst ein Stück Tortilla española – sie alle können als typische Vorspeisen durchgehen. Aber Tapas können auch so aussehen: Albóndigas, die Fleischbällchen maurischen Ursprungs; Riñones al jerez, kurz in Sherry geschmorte Nieren; Callos a la madrileña, ein regionales Kuttelgericht; ja sogar mit weißen Bohnen gegarte Wachteln, also ein weiteres richtiges Schmorgericht. Solche Speisen können jederzeit auch als Hauptgericht aufgetischt werden, nur die Portionsgröße und die Art ihres Konsums machen sie zu Tapas.

Während sich die Idee des *tapeo* in Deutschland wohl nicht realisieren lässt (und sich wahrscheinlich nur schwer in eine Kultur außerhalb der Iberischen Halbinsel verpflanzen lässt), trifft die Idee der Tapas den Geschmack unserer Zeit. Die schnell wachsende Zahl der Tapas-Bars hat nicht nur dem spanischen (und so manchem portugiesischen) Gastarbeiterlokal das Überleben gesichert. Da das Modell im Trend liegt, vermarkten viele Küchen neuerdings ihre Vorspeisen als Tapas. Die traditionellen türkischen und libanesischen Mezze etwa erfahren als Tapas eine ungeahnte Aufwertung in der Gunst des Publikums. Mit dem Rücken zur Wand stehende griechische Wirte versuchen mit Ouzerien auf diesen Zug aufzuspringen, und selbst eine italienische Enoteca oder Vinothek profitiert von der Mode, statt eines großen Tellers oder gar eines festgelegten Menüs lieber zahlreiche kleine Portionen in entspannter Atmosphäre und zwangloser Reihenfolge zu genießen. Da kann es nicht ausbleiben, dass findige Frankfurter Wirte von der Ahle-Worscht bis zum Handkäs mit Musik die lokalen Schmankerl zu einem hessischen Tapas-Teller arrangieren. Und schließlich: Handelt es sich genau besehen nicht bereits bei Sushi um japanische Tapas? Und was sind die bei uns zunehmend beliebteren Dim Sum anderes als chinesische Tapas? Wer würde mit Bestimmtheit ausschließen wollen, dass sich unser kulinarischer Horizont demnächst nicht um brasilianische oder südafrikanische Tapas erweitert sieht?

Im Trend liegt auch die Strategie, die Snackkultur des amerikanischen Tex-Mex als coole mexikanische Küche zu vermarkten. Ihren Verächtern zufolge verhält sich Tex-Mex zur Küche Mexikos nicht anders wie Eiernudeln mit Ketchup zu italienischer Pasta. Doch von Texas über New Mexico und Arizona bis nach Kalifornien gibt es lokale Kochtraditionen, die in der spanisch-mexikanischen Kolonialzeit wurzeln. Das Paradegericht dieser Küche heißt natürlich Chili con carne. Einer neueren Umfrage zufolge sehen mehr Amerikaner darin ihr eigentliches Nationalgericht als etwa im Hamburger. Chili con carne zählt zu den Gerichten, die Eingang in die im Entstehen begriffene *World Cuisine* gefunden haben. Von Mexikanern jedoch wird es gerne als eine Erfindung der Gringos abgetan. Das freilich stimmt gewiss nicht. Denn bereits John Bourke, ein Offizier der US-Kavallerie und leidenschaftlicher Amateur-Ethnologe, erwähnt auf seinen Erkundungsreisen im ausgehenden 19. Jahrhundert in der Region »Chile con carne« als lokaltypische Speise, nicht anders als Caecilie Seler, die uns bereits bekannte Gattin des Mexikanisten Eduard Seler: »Chile con carne ist eigentlich nichts weiter als Fleisch mit Chilesauce. Es zeigt, wie hoch der Chile geschätzt wird und wie ausgiebig seine Verwendung ist, dass man nicht sagt: Fleisch mit Chilebrühe, sondern: Chile mit Fleisch.« Das hat Frau Seler genau beobachtet, und außerdem kann man ihrem Bericht entnehmen, dass die Bohnen, die vielen unserer Zeitgenossen als die eigentlich charakteristische Ingredienz des Gerichts gelten, damals darin noch nichts verloren hatten. Traditionsbewusste Texaner, die sich mit ihrem *Chili* (manchmal auch liebevoll *a bowl of red* genannt) identifizieren, sehen das übrigens immer noch so.

Der *Tex-Mex-Cuisine* sieht man auf den ersten Blick ihre mexikanischen Wurzeln an; aber es bedarf auch keines zweiten Blickes, um zu sehen, dass es sich dabei nicht um die Cuisine Mexikos handelt. Hier wird zwar irgendwie mexikanisch gekocht, aber American-style, und demnach mit Mengen und Zutaten, wie sie südlich des Rio Grande eher unüblich sind. Ein entscheidender Unterschied ist auch, dass Mexikos Küche sich der Frische verschrieben hat, was keiner von Tex-Mex behaupten würde. Die erwähnten Verächter schütten ihren Spott über Enchiladas aus, »covered with a bathtub portion of cheese«, und zwar »processed cheese«, dem geschmacksneutralen Käse der Sorten Cheddar und Monterey Jack, den die Amerikaner gerieben am liebsten allen Gerichten beifügen würden. Viel Fleisch und Bohnen, alles möglichst frittiert oder überbacken, und bloß nicht am Käse gespart, so kommt Tex-Mex häufig daher. Frische? Eisbergsalat und ein gelegentliches Blättchen Koriander müssen dafür ausreichen. Bei uns werden die Vorspeisen natürlich gerne als Tapas angepriesen – sie können von Nachos mit Guacamole oder marinierten Hähnchenbruststreifen mit Salsa über Chili con carne bis zu Cebollas fritas reichen (hinter denen sich die guten alten amerikanischen Zwiebelringe verbergen, in Öl ausgebacken und dann in Sour Cream gebadet). Hauptspeisen sind Burritos,

Chimichangas, Enchiladas und Quesadillas, also kalorien-reiche Variationen gefüllter Tortillas, möglichst mit üppigen Portionen Gouda und Sour Cream. Aber auch auf Steaks, Bur-ger, Spare Ribs und Chicken Wings muss der Gast hiesiger Tex-Mex-Bars gewöhnlich nicht verzichten, geschweige denn auf solche amerikanischen Goodies wie Brownies oder Apple Pie.

Neben Tex-Mex, diesem kulinarischen Neuzugang aus der nördlichsten Randzone Lateinamerikas, ist in unseren Fuß-gängerzonen schon seit Jahrzehnten auch die südliche Re-gion des Kontinents gastronomisch in Gestalt des argentini-schen Steakhauses vertreten. Ich vermute freilich, dass bei der Gründung der Ketten *Churrasco* (1969) und *Maredo* (1973) vielmehr das amerikanisch inspirierte *Block House* Pate stand (die erste deutsche Filiale wurde 1968 eröffnet) als der Asado und die Parrillada aus dem Lande der Pampas. Das Konzept eines amerikanischen Steakhauses lässt sich nämlich bei uns problemlos verkaufen: In einem Western-Ambiente lasse man den Gast zwischen Filet, T-Bone oder Rib Eye wählen und beim Salat zwischen einem American, French oder Italian Dressing. Und wenn man dazu noch Baked Potatoes mit Sour Cream reicht, kann man sich westlich wie östlich des Atlantiks der Zustimmung eines breiten Publikums sicher sein.

Aber Argentinien? Die Küche des weltweit wohl schwie-rigsten Landes für den reisenden Vegetarier lässt sich zwar nicht auf Steak, wohl aber auf Fleisch reduzieren. Dort gibt es bei der regionaltypischen Parrillada die auf uns bizarr wir-kende Sitte, nicht nur die guten Steaks, sondern buchstäblich alles vom Rind auf den Grill zu packen. In Argentinien weiß man zwischen verschiedenen Rippenstücken zu unterschei-den wie anderswo nur zwischen Steaksorten, und neben Cho-rizos und Morcillas nach spanischer Art finden auch Innereien wie Bries und Nieren den Weg auf den Rost. Am erstaunlichsten ist freilich: In einem Land, in dem Fleisch selbst den Ärmsten tagtäglich als Grundnahrungsmittel dient, gelten gegrillte Därme sogar den Reichen als Leckerbissen, anstatt dass sie, wie bei uns oder in den USA üblich, zu Hundefutter verarbeitet werden. Und dann wird neben Salat, Weißbrot und Rotwein zu allem noch Chimichurri gereicht, ein scharfer Dip aus einer in Öl eingelegten Gewürzmischung. Bei einem solchen Asado würden einem in Deutschland reihenweise die Gäste wegbleiben. Wer sich also zwischen München und Hamburg für das argentinische Steakhaus entscheidet, kann vollkommen beruhigt sein: Hier gibt es wirklich nur Steaks, und Chimichurri erspart man dem Gast.

Ethno sells! Selbst die Dinosaurier der deutschen Systemgastronomie laufen mit fliegenden Fahnen zum Ethnofood über. *Wienerwald* etwa. Dort schmeckt es heute ein wenig nach Asia-Imbiss, aber auch nach »dem Griechen« von nebenan und natürlich nach Fastfood. Mit seinen Backhendln und Apfelstrudeln vermochte das einstmals mit weit über 300 Filialen in Deutschland vertretene Unternehmen bereits im Ruhrgebiet oder in Berlin etwas Exotik zu verbreiten. Friedrich Jahn, die österreichische Unternehmerlegende, gründete 1955 in München die erste Gaststätte dieses Namens. Mit dem Motto »Heute bleibt die Küche kalt, wir gehen in den Wienerwald« prägte das Unternehmen das kulinarische Klima der alten Bundesrepublik und schrieb Gastro-Geschichte. Warum also sollte der Gast in den wenigen noch verbliebenen Filialen des alten Hendl-Imperiums neuerdings nicht ein »Rotes Pfefferhendl« mit »würziger Sweet-Chili-Sauce« verzehren können? Hendl asiatisch? Wo ist das Problem? Oder griechisch? Pfannengyros vom Huhn mit Knoblauch-Dip, und dazu natürlich einen griechischen Bauernsalat. Und die Kids? Diese können zwischen einem Chicken Burger und einem Sweet Chili Burger wählen. *Wienerwald* exotisch ist *Wienerwald* süßsauer.

Vergleichbar geht es in der biederen *Nordsee* zu, auch sie eine gastronomische Traditionsinstitution unserer Fußgängerzonen mit Wurzeln in der Adenauer-Ära. Auf ihr altes Wahrzeichen, die penetrante Geruchsglocke aus Öl und Frittiertem, mag sie nicht verzichten und damit auch nicht auf ihre alten Verkaufsschlager wie Backfisch oder panierte Scholle. Und ihre Nachspeisen, Schokopudding etwa oder Rote Grütze mit Vanillesauce, wird man als Bollwerk der Tradition bewundern müssen. Andere Speisen wiederum kommen so altbacken-charmant daher, als ob Thomas Lieven, der kochende Gentleman-Bankier und Geheimagent wider Willen aus Johannes Mario Simmels Bestseller der Wirtschaftswunderzeit, *Es muss nicht immer Kaviar sein*, sie höchstpersönlich erfunden hätte: »Cocktail Marseille« (ein bunter Meeresfrüchtesalat), Fischsuppe »La Mer«, Fischpfanne »Portofino«. Doch dann geht es los: Statt einfach ein Fisch- oder Garnelenbrötchen zu bestellen, muss man sich jetzt zwischen Baguette, Ciabatta, Burger, Bagel oder Wrap entscheiden. Ein Thunfischsalat mit Mozzarella wird im Tortilla-Bowl serviert. Lachs und Garnelen werden natürlich schonend im Wok gegart, und zur Thai-Curry-Suppe gibt es einen Garnelenspieß. Dank eines Sushi-Tresens mit unterschiedlichen »Sushi-Boxes« schließlich, die Namen wie »California« oder »Bento« haben, weht sogar ein Hauch pazifischer Weltläufigkeit durch die miefige *Nordsee*.

Nicht anders als in unseren Fußgängerzonen gibt auch in den Supermärkten und Discountern Ethnofood den Ton an. Erwartungsgemäß ist Italien mit Pizza und Lasagne in der Tiefkühlabteilung sowie diversen Pastasorten (inklusive Gnocchi) nebst dazu passenden Fertigsaucen klar die Nummer eins. Aus den übrigen »Gastarbeiterküchen« haben Ćevapčići, Pfannengyros und Paella einen festen Platz im Sortiment gefunden. Die tiefgefrorenen Favoriten aus Asien heißen Nasi Goreng und Bami Goreng, Chop Suey und Frühlingsrolle sowie zunehmend Sushi und Ramen. Was auch immer man von diesen Erzeugnissen der Lebensmittelindustrie halten mag: Durch die Bank handelt es sich dabei ursprünglich um wirkliche Speisen, die einmal von Menschen fremder Kulturen erfunden wurden und in den Ländern ihrer Herkunft immer noch geliebt werden (das gilt selbst für Chop Suey im heimatlichen Kalifornien). Das kreative Potential der Nahrungsmittelindustrie ist damit allerdings bei Weitem nicht ausgeschöpft. Was folgt, könnte man vielleicht das »Bihun-Phänomen« nennen – Exotik aus der Retorte. Wer nämlich eine Bihun-Suppe, den Feuergemüsetopf Indonesien, das Thai-Curry aus der Tüte, Uncle Ben's Chinesisch-Süßsauer, Mexican Chicken oder die Hacienda-Pfanne (nicht zu vergessen die Balkan-, China-, Karibik-, Madras-, Mexiko-, Provence-, Thai- oder Toskana-Pfanne) für Ethnofood hält (und das dürfte eine überwältigende Mehrheit sein), der verwechselt Nestlé, Unilever, Danone, Kraft, Heinz oder Dr. Oetker mit einer »Ethnie«. Denn diese Ethno-Welle schwappt nicht aus der fernen Fremde zu uns, sondern kommt zu 100 Prozent aus den Laboren der Lebensmittelwirtschaft.

Wenn unsere Lebensmittelindustrie damit so viel Erfolg hat, kann da die Systemgastronomie zurückstehen? Was bis vor Kurzem nur einige wenige Asia-Bistros vormachten, findet immer mehr und kapitalstärkere Nachahmer. Keine Innenstadt, wo sich nicht gastronomische Institutionen tummeln, die sich ganz überwiegend einer Ethnofantasy-Cuisine verschrieben haben. Sie heißen *ChaCha* (»Positive Eating. Thai Street Kitchen«), *coa* (»Asian Feelgoodfood«), *GinYuu* (»Asian Pacific Kitchen«) oder *MoschMosch* (»Eine Portion

Lächeln«), die bereits im letzten Kapitel erwähnte Nudelsuppenkette im Stile der neuen gastronomischen Japonerie. Hinter diesen durch und durch deutschen Unternehmen stehen gewöhnlich Visionäre, die von Haus aus eher Kaufleute oder Juristen als Köche und Wirte sind. Falls sie auf Erfahrung in der Gastronomie zurückblicken können, dann im Fastfood-Sektor. Ihre Visionen, mit denen ihre Homepages unisono als »Philosophie« des jeweiligen Unternehmens werben, orientieren sich allesamt an *Vapiano* (»Addicted to pasta«), dem rapide wachsenden Branchenprimus (dessen Jahresumsatz hierzulande 2013 bereits deutlich die Marke von 150 Millionen Euro überschritten hatte).

Vapiano (von italienisch *va*, geht, und *piano*, langsam) ist ein erstaunlicher Name für eine Schnellrestaurantkette, die sich zum »Fast-Casual-Prinzip« bekennt und bundesweit über keine Filiale verfügt, die nicht tagtäglich von mindestens tausend Gästen besucht würde. Im Jahre 2002 erfand *Vapiano* die deutsche »Ristorante-Pizzeria« neu. Serviert werden ausschließlich Pasta und Pizza, flankiert von Antipasti und Dolci, die um einige saisonal wechselnde Gerichte ergänzt werden. Die Speisen werden vor aller Augen zubereitet und von den Gästen an langen, kommunikativen Eichenholztischen verzehrt, wo sich ein jeder zusätzlich nach Herzenslust an Kräutern und Gemüse bedienen kann, als ob er in Thailand wäre. Seither macht die Selbstbedienungskette, die auf ein neues Lebensgefühl setzt, nicht nur der hiesigen italienischen Gastronomie aller Preissegmente erfolgreich Konkurrenz, sondern exportiert *La deutsche Vita* in die ganze Welt. Gerade einmal zehn Jahre alt, betrieb sie im Jahre 2013 mit über 140 Restaurants in 28 Ländern auf fünf Kontinenten die *Vapianisierung* des Globus.

Als urbane Wellness-Oasen von kurzer Verweildauer inszenieren sich auch die Nachahmer des *Vapiano*-Konzepts

(*ChaCha* heißt sogar in etwa »va piano« auf Thai). Die Gäste wollen ja schließlich keine Wurzeln schlagen, durchschnittlich 30 Minuten bleiben die meisten. Propagiert wird eine »asiatische Küche«, die vor allem frisch, leicht und gesund ist. Die in der Zwischenzeit insolvente Kette *Holyfields* nannte dieses gastronomische Konzept *Global Lifestyle Food*. Die erfolgreichere Kette *coa* verspricht dem Gast traditionelle asiatische Esskultur mit modernem europäischen Lifestyle, während ihr Konkurrent *GinYuu* an das große Fusion-Vorbild anknüpft, die *Pacific Rim Cuisine*, und mit der Stärke zweier Welten wirbt. East meets West: eine »traditionelle asiatische Küche« trifft auf die »moderne, unkonventionelle Küche der pazifischen Küste«; dabei stellt sich ein »moderner Lifestyle« wie von selbst ein. Ein kleines Problem müssen diese Ketten freilich bewältigen: *Vapiano* wird von der anhaltenden Begeisterung der Deutschen (und zunehmend aller Welt) für die italienische Küche von Erfolg zu Erfolg getragen. Aber Italiens Küche spielt hierzulande in einer anderen Liga als die Esskulturen Thailands oder Chinas, von Vietnam oder Indonesien ganz zu schweigen. Da liegt es nahe, dem deutschen Publikum statt wenig bekannter asiatischer Küchentraditionen eine *Asia Cuisine* zu verkaufen (ähnlich wie dies die kleinen, bescheidenen Asia-Bistros im Ansatz vorgemacht haben).

Coa steht für *Cuisine of Asia*. Auf der Homepage wird diese Neuerfindung als eine alte Tradition vorgestellt: »kulinarisch steht unser konzept ganz in der tradition der cuisine of asia«, heißt es da. Was man sich darunter vorstellen soll, wird freilich nicht verraten. Dafür aber wird dem Leser versichert, dass sich die Schnellkette vor allem der vietnamesischen Küche verpflichtet fühlt, weil deren Kochstil angeblich einer der »reinsten« der Region sei. In Vietnam werde noch »unverfälscht« gekocht. Außerdem würden chinesische, indische und Einflüsse aus den Nachbarländern für eine exotische

Aromenvielfalt sorgen, die sich auf der *coa*-Speisekarte niedergeschlagen habe: »was bei coa serviert wird, folgt einer ebenso einfachen wie einleuchtenden idee: das beste aus den küchen ostasiens in bester qualität und unverfälschter zubereitung.«

Nicht anders als die Speisekarten von China-Restaurants und Asia-Bistros hält auch *coa* am bewährten europäischen Schema Vorspeise, Hauptgericht, Nachtisch fest. Unter »Start & Share« kann man zwischen frischen oder gebackenen vietnamesischen Frühlingsrollen, Satay und Garnelen-Tempura wählen. Es folgen vier Arten Dim Sum, darunter so originelle Varianten wie mit Frischkäse oder Hähnchen mit Thai-Basilikum. Die Rubrik »Colourful Salads« bietet westliche Salatkultur mit fantasievoll-exotischem Dressing, »Superior Soups« dagegen die alten (Thai-Kokosmilch) und neuen (vietnamesische Nudelsuppe) Klassiker Südostasiens, ergänzt durch eine Curry-Kürbissuppe. Die Hauptspeisen sind dreigeteilt: Unter »Keep on wokkin'« gibt es gebratenen Reis und gebratene Nudeln mit viel frischem Gemüse, unter »Curry yourself« gelbes, grünes und rotes Thai-Curry mit grünen Bohnen, Babymais, rotem Paprika sowie Mango im gelben Curry und gelbe Papaya im grünen Curry. Wem das zu frugal ist, für den heißt es im Hausjargon: »Pimp it up!«. Für ein zusätzliches Entgelt werden dem Curry nach Wunsch noch Tofu, Hühnerbrust, Entenbrust oder Garnelen hinzugefügt. Das Herzstück der Hauptgerichte bilden »coa's favourites«, als da sind Chicken Teriyaki und Huhn chinesisch, »Honey Sesame Duck Tale«, also eine Variante von Ente süßsauer auf japanischen Udon-Nudeln, »Indonesia's Perfect Peanuts« (sprich: Satay, das mit Brokkoli, Paprika und Zwiebeln in ein Tellergericht verwandelt wurde) sowie Nudelsuppe und Frühlingsrolle Vietnamstyle. Eine »Kiddy Box« und »Sweets for my Sweet« runden die Karte ab.

Cuisine of Asia, man ahnte es schon, das sind Frühlingsrolle, Satay, Tempura, Dim Sum, Thai-Curry, Nudelsuppe, Nasi Goreng (fried rice) und Bami Goreng (fried noodles) mit einem heftigen Schlag Chop Suey (viel Gemüse), Chicken Teriyaki, Ente süßsauer und zu allem und jedem thailändischer Jasmin-Duftreis. Die geheimnisvolle »Tradition der Cuisine of Asia« – was ist sie anderes als die gute, alte Tradition von China-Restaurant und Asia-Bistro! Plus ça change, plus c'est la même chose? Es lässt sich freilich nicht bestreiten, dass die zeitgenössische Leidenschaft für Crossover und Fusion nicht ganz spurlos an der *coa*-Speisekarte vorübergegangen ist: Dim Sum und Delicious Dream Cream etwa, beide mit Frischkäse und Thai-Basilikum. Am trefflichsten lässt sich dieses Konzept folglich wohl mit der netten thailändischen Redensart charakterisieren: *Same same but different.*

Vieles, was bei *coa* auf den Tisch kommt, »findet in vielen straßen asiens seinen ursprung«, verraten uns die Macher der Kette, Constantin und Alexander von Bienenstamm (auch die Anfangsbuchstaben ihrer Vornamen ergeben das Wort *coa*). Wo man früher auf Authentizität pochte, versichert man heute, eigentlich nichts anderes als Streetfood oder eine Art asiatische Street Kitchen anzubieten. Unter der Überschrift »Lust auf THAILAND? Unser neues SPECIAL lädt Dich ein zu einer Kostprobe« stellte *coa* im Winter 2013/2014 sein Sonderprogramm im Netz vor. Da hieß es: »Die beiden coa-Gründer, Constantin und Alexander, sind häufig unterwegs in Ostasien und bringen für dich immer neue kulinarische Souvenirs von ihren Reisen mit.« Eine Postkarte der Brüder setzte uns ins Bild:

Sa-wat-dee, Constantin,

jetzt war ich schon so oft in Thailand, aber immer wieder gibt es hier was Neues zu entdecken. Der Khmertempel in Phimai hat mich wirklich beeindruckt. Unter dem ältesten Banyanbaum Thailands (350 Jahre alt!) habe ich meinen leckeren Salat gegessen, den ich mir in einer Garküche gekauft hatte.
Bestimmt schmeckt der auch unseren Gästen prima.
Die marinierten Hähnchenspieße waren auch ein Gedicht.

Probier mal und bis bald
Alexander

Nicht anders werden wir Kunden angesprochen: »Die thailändische Küche ist oft sehr scharf, aber immer leicht und äußerst bekömmlich. Wir haben zwei besonders leckere Gerichte für Dich mitgebracht. Mit frischen Originalzutaten und 100 % handmade, wie alles bei coa.«

1 Bangkok Breeze
Erfrischend leichter Thaisalat mit geröstetem Reis, frischer Minze, Cherrytomaten, Eisbergsalat und roten Zwiebeln, abgerundet mit einem traditionellen Dressing aus Limettensaft, braunem Zucker und natürlich Sambal Oelek.

2 Sweet Hot Chick
Marinierte Hähnchenspieße »Sweet Chili« auf Reisnudeln, mit Karotten, roten Zwiebeln, Eisbergsalat, Frühlingszwiebeln, gerösteten Zwiebeln, roten Peperoni und frischem Koriander.

Einen der Gründer der Firma, Alexander von Bienenstamm, hat es also zum wiederholten Male nach Thailand verschlagen. Die verschlafene Kleinstadt Phimai, von der in der Postkarte die Rede ist, gehört zu den wenigen Touristenzielen in der Provinz Korat, die zum Isaan gehört, der nordöstlichen Region Thailands. Anscheinend kennt der Reisende *somtam* und *laap*, die beiden großen Salatgerichte des Isaan. Angenommen, er hat dort wirklich den Papayasalat Somtam probiert, dann gewiss in seiner Bangkoker Version (*Bangkok Breeze!*) – die lokale, mit der stinkenden Fischsauce und den schwarzen Reisfeldkrabben, ist nämlich garantiert *coa*-untauglich. Für diese *somtam thai* (wie sie in Thailand genannt wird) werden zunächst einige Chilischoten mit Knoblauchzehen im Mörser gestampft, dann kommen reichlich Fischsauce, Limettensaft, Tamarindensaft und einige Limettenscheiben dazu, außerdem etwas brauner Palmzucker und unbedingt eine reichliche Prise Glutamat. Schließlich braucht man noch geröstete Erdnüsse und getrocknete Garnelen. Das Ganze wird abschließend mit einer Handvoll dünn gehobelter grüner Papaya und einer kleinen Tomate gut durchgestampft – und fertig ist Thailands bekannteste Salatkreation. Der andere Salat, *laap*, wird vor allem auf der Basis von Hühner- und Schweinefleisch zubereitet. Hier fallen frische Minze und bisweilen auch rote Schalotten als Gewürz auf, während der geröstete Klebreis ganz und gar unverzichtbar ist.

»Bangkok Breeze«, um was handelt es sich also dabei? Auf den ersten Blick denkt man an eine Art *somtam*. Allerdings fehlt die wichtigste Zutat, nämlich grüne Papaya, für die der Eisbergsalat herhalten muss. Und der geröstete Klebreis (*kao kua*) hat in einer *somtam* absolut nichts verloren. Dafür ist er *die* unerlässliche Zutat für *laap*: kein *kao kua*, kein *laap*. Gemischte Salate, ähnlich wie »Bangkok Breeze«, gibt es in Thailand übrigens auch. Die heißen auf Thai *sae-laet* und sind bei der urbanen Jugend angesagt, die sie mit einem süßlichen amerikanischen Dressing zu verspeisen pflegt. Denn bei *sae-laet* handelt es sich natürlich um Salat nach westlichem Vorbild. Und »Sweet Hot Chick«? An »marinierten Hähnchen-spießen« herrscht auf Thailands Straßen kein Mangel, auch die Geschmacksrichtung »Sweet Chili« gibt es reichlich. Aber der Rest, auf Reisnudeln serviert und mit allerlei Grünzeug drapiert, ist original *coa*.

Abschließend nochmals die Kardinalfrage: Sind »Bangkok Breeze« und »Sweet Hot Chick« (Alexander, wie würdest du das eigentlich übersetzen?) in etwa so Thai wie die Thai-Pfanne unserer Discounter oder so mexikanisch wie die Me-xiko-Pfanne? Ich gebe gerne zu: *Coa* & Co. mit Asia-Bistros und exotischen Delikatessen vom Discounter zu vergleichen ist ein wenig unfair. Das frische *Global Lifestyle Food* schmeckt nämlich tatsächlich allemal besser. Denn Essen kann sehr wohl sehr lecker sein, auch wenn es nicht authentisch ist. Aber anscheinend braucht das der Kunde, uninformiert und desinteressiert wie er ist: mit der Streetfood-Mär einen Gro-ßen Panda aufgebunden zu bekommen. Asian Feelgood Fan-tasyfood – ein weiteres Beispiel für den im letzten Kapitel er-wähnten Pakt zwischen Wirt und Gast, ohne den modernes, urbanes Ethnofood anscheinend nicht zu haben ist.

Authentizität und Qualität, wie geht das zusammen? Keine Frage, Essen kann gut schmecken, ohne authentisch zu sein. Aber kann Essen eigentlich authentisch sein und schlecht schmecken? Wahrscheinlich schon – auch wenn sich dies im Einzelnen nur schwer zeigen lässt. Denn gewöhnlich wird Menschen, die ihr eigenes, authentisches Essen zubereiten und verspeisen, dieses Essen auch schmecken. Ganz anders sieht es allerdings aus, wenn Außenstehende ins Spiel kom-men. Dann kann man davon ausgehen, dass authentisches Essen eher als Zumutung, denn als kulinarische Offenbarung empfunden wird. Ein gutes Beispiel ist der erwähnte Papaya-salat in seiner regionaltypischen Version: sehr scharf, mit beißender Fischsauce, einer fermentierten tiefschwarzen Krabbe und vielleicht sogar mit *makgok* angemacht (eine Frucht, die so sauer wie bitter ist). Ein solches Streetfood wird kaum auf Anhieb viele Freunde finden. Allerdings lässt sich der Geschmack daran durchaus erlernen.

Unsere ausgedehnte Erkundungstour durch die Welt des Ethnofood geht langsam zu Ende. Auch wenn es nach dieser Abfolge von Anpassungen und Anbiederungen an den deutschen Geschmack erstaunlich klingen mag: Es gibt in unseren Städten gar nicht so wenige Lokale, wo Tag für Tag authentisch gekocht wird. Gemeint ist allerdings nicht die folgende Erfahrung: Ich betrete nachmittags ein China-Restaurant und finde die gesamte Küchenmannschaft schmausend um einen Tisch versammelt vor, der mit zahllosen Platten und Schüsseln gedeckt ist. Meine prompte Frage, unter welchen Namen oder Nummern ich die eine oder andere dieser verlockend aussehenden Speisen bestellen könne, ruft nur ein verlegenes Lächeln hervor. Aber es geht auch anders. Wer Authentisches will, muss nur die Augen offen halten. *Realfood*, um einen Ausdruck aufzugreifen, mit dem in meiner Jugend amerikanische Reisende halb im Scherz das Essen in Mexiko belegten, findet man überall dort, wo für die eigenen Landsleute gekocht wird. Ohne Rücksichtnahme auf die Essgewohnheiten der Deutschen.

Erstaunlich erfolgreich kommt die Küche des ehemaligen äthiopischen Kaiserreichs daher. Auf einem gesäuerten Brotfladen (*injera*) werden Speisen aufgehäuft, die weit mehr nach dem Nahen Osten als nach dem restlichen Afrika schmecken. Afrikanische Küche in Deutschland (und den USA), das ist vor allem die Küche Äthiopiens und Eritreas. Ähnlich sichtbar sind seit Jahren zwei Küchen des Vorderen Orients, nämlich die des Iran und die des Libanon. Persisch, das sind die raffiniertesten Reisgerichte der Welt – Mutter aller Biryanis und Pilaws, Paellas und Risottos. Persisch sind Gerichte wie Fesenjān, Geflügel mit Walnuss und Granatapfel geschmort. Wen es nach Süßsauer gelüstet – besser als hier findet er es nirgendwo. Und warum blickt die gesamte arabische Welt auf die Küche des kleinen Libanon? Phönizische Wurzeln, osmanische Einflüsse, französisches Kolonialerbe und eine im Kern lebensfrohe multikulturelle Gesellschaft – das könnte einiges erklären. Die Zedernrepublik kennt zahllose Vorspeisen, von denen mehrere in den letzten Jahren weltweit Anklang fanden, besonders auch in den USA: Tabbouleh (ein Salat aus Bulgur oder Weizengries), Kibbeh (Bällchen aus rohem Lamm- oder Bergziegenhack mit Weizen), Baba Ghanoush (rauchiges Auberginenpüree mit Sesampaste). Aber bei uns schrumpft die libanesische Küche auf die Falafel, die mit einem Sesam- dip (Tahini) serviert oder zu Hummus gereicht wird. Vor dem Mauerfall sah es in West-Berlin aus, als ob die vegetarische Falafel dem Döner erfolgreich Konkurrenz machen könnte. Doch die Falafelstände blieben auf einige wenige Stadtteile beschränkt. Vor allem aber: Die Imbissbetreiber, neben Liba- nesen auch Palästinenser, orientierten sich nicht an der arabi- schen Community; auf arabische Kundschaft trifft man dort eigentlich kaum. Also verwandelte sich die Falafel, zu der es frische Fitnesssäfte gibt, in urbanes Lifestyle Food. Folglich sucht man nach den Spezialitäten der Region besser in libane- sischen Restaurants. Aber Achtung: Wegen des Prestiges der Küche verbergen sich dahinter häufig ägyptische Wirte. Selbst wo Falafel und Hummus verkauft werden, weiß man nicht unbedingt, wer dahinter steckt, da auch Israel die Kichererbse samt Pita-Brot als Nationalspeise für sich reklamiert. Aller- dings ist die Falafel neuerdings bundesweit im Standardange- bot türkischer Dönerbuden gelandet, wobei ihre Qualität frei- lich schweren Schaden genommen hat.

Was verbirgt sich hinter einem Imbiss mit dem Namen

Paladar Latino? Auf Nachfrage erfährt man, dass hier im Stil der kolumbianischen Küstenbewohner gekocht wird. Unbeeindruckt von hiesigen Bedenklichkeiten erfreuen sich die durchweg spanischsprachigen Gäste an Ochsenschwanz oder Rinderzunge. Zu allen Gerichten werden eine scharfe Salsa und wundervolle frittierte Scheiben von Kochbananen gereicht, ein afrikanisches Erbe. Ahnt jemand, dass sich bei *Nollywood* Nigerianer treffen? Auf der Speisekarte dominiert in Palmöl Geschmortes, etwa Pepper Soup (aus delikatem Ziegenfleisch, das aber weltweit mit einem Tabu belegt zu sein scheint) oder Kalbsfuß in einer Kürbiskernsauce mit gestampftem Yams, der ganz ohne Butter und Sahne die cremige Konsistenz von Kartoffelbrei aufweist. Schwer hat es die Küche Usbekistans, denn usbekische Gäste sind rar, und die Deutschen sehen in den Speisen lediglich einen Abklatsch der türkischen Küche. Und uigurisch? Beim östlichsten Ableger der Kochkunst der Turkvölker ist der chinesische Einfluss mit Händen zu greifen. Würziges Kebap trifft milde Nudelsuppe. Für diese bei uns komplett unbekannte Küche gestaltet sich ein Überleben naturgemäß nicht leicht. Die Touristenscharen aus der politisch eher ungeliebten Volksrepublik kommen da wie gerufen. Auch das malaysische Schnellrestaurant – großartige südostasiatische Kost, außerhalb des Landes praktisch unbekannt – könnte ohne Kunden aus der islamischen Welt, die für die Halāl-Gerichte dankbar sind, schwerlich überleben. Die indische Küche dagegen hat sich mit ihren Standardgerichten einen festen Platz auf unserem Speisezettel erobert. Aber im Bahnhofsviertel lohnt es sich, zweimal hinzuschauen. Da gibt es plötzlich die Regionalküche des Südens, mit Idlis und Masala-Dosa. Andere »Inder« wiederum kommen aus Sri Lanka und servieren einen unglaublich scharfen Fischcurry mit den landestypischen Hoppers als Beilage. Und bisweilen sind die »Inder« auch Pakistaner, deren Kundschaft dankbar für Currys der etwas anderen Art ist, sei es von Lammfüßen, sei es gar als Brain-Curry.

Realfood also, wohin man auch schaut. Allzu viele Deutsche verirren sich in solche Restaurants freilich nicht. Aber diese Lokale überleben nicht nur, einige laufen sogar prächtig, weil sich nämlich andere Ausländer von ihrem Angebot angesprochen fühlen. Deutsche mag es vielleicht vor einer türkischen Kuttelsuppe oder einem Lammkopf schaudern, nicht aber Albaner, Araber und Afrikaner. Eine Anbiederung an den deutschen Gaumen wäre hier nicht nur ein kulinarischer Frevel, sondern geradezu geschäftsschädigend. Und so lässt selbst jenes Ethnofood, das vom kulinarischen Mainstream ignoriert wird, allmählich sein Nischendasein hinter sich.

Warum ist Ethno eigentlich so populär, woraus speist sich unser anhaltender Appetit auf immer neue Küchen? Soziologen wie der Brite Alan Warde weisen auf den generellen Trend unserer Gesellschaft zu einem wachsenden Warenangebot und einer immer größeren Vielfalt hin. Auf dieser Basis gedeiht eine Einstellung – Warde spricht von »cultural omnivorousness« –, die Vielfalt und Neuartigkeit um ihrer selbst willen schätzt. Und bietet neben Musik nicht Ethnofood den vielleicht leichtesten Weg, kulturelle Grenzen zu überschreiten? Menschen anhand ihrer kulinarischen Präferenzen auszugrenzen (Krauts! Frogs! Spaghettifresser!), war einstmals kulturübergreifend gängige Praxis. Heute feiert eine multikulturelle Welt die Andersartigkeit, da lässt sich aus kulinarischer Kennerschaft kulturelles Kapital schlagen. Wie der Distinktionsforscher und Theoretiker der »feinen Unterschiede«, Pierre Bourdieu, bemerkte, waren es im kulinarisch konservativen Frankreich die intellektuellen Aufsteiger, die erstmals einen Flirt mit dem Exotischen wagten. Denn mit Wissen und Weltläufigkeit konnten sie sich vom bourgeoisen Establishment absetzen. Mit Wasabi, Sojasauce und Stäbchen kann neuerdings jeder hantieren. Als Feld sozialer Distinktion hat Sushi ausgedient. Immer noch Eindruck hingegen macht, wer nicht nur über die Unterschiede von mexikanischem, peruanischem und polynesischem Ceviche zu parlieren versteht, sondern vielleicht sogar seine Gäste höchstpersönlich damit zu »bekochen« vermag.

Literatur

Bourdieu (1982), Bourke (1895), Dollase (2004), Fichtner (2004), Higman (2012), Roden (1986), Schlosser (2002), Seler (1909), Warde (2000), Watson (1997)

ANYTHING GOES: DIE GLOBALISIERUNG IN ZEITEN DER GASTRO-ANOMIE

Was Essen und Ernährung anbelangt, erscheint neuerdings fast alles möglich. Allerdings macht sich im Schatten des *Anything goes* auch unübersehbar eine tiefe Ratlosigkeit breit. Nach dem historischen ersten Teil und dem ethnografischen zweiten ist dieser abschließende dritte Teil um drei eher theoretische Begriffe herum angelegt: Küche, Essprovinz und Nahrungstabu.

Am Anfang steht die Frage, warum die Verwandlung Deutschlands in eine Ethnofood-Nation mit einer Abkehr von den eigenen Küchentraditionen einherging. Warum sind wir Deutschen zu einem Volk der kulinarischen Überläufer geworden, anders als unsere Nachbarn im Süden? Mit dem weitgehenden Verschwinden der deutschen Küche im Alltag drängt sich die Frage auf, ob es diese Küche überhaupt jemals gegeben hat? Nach allgemeinem Verständnis wird das Land von einem Weißwurst-Äquator geteilt; die Regionalküchen des Südens sind deutlich ausgeprägter als jene des Nordens, und an eine wirkliche Nationalküche glaubt eigentlich niemand. Auch in den USA konnte sich aus historischen Gründen keine nationale *American Cuisine* herausbilden. Wie hängt das damit zusammen, dass sich das alltägliche Essverhalten der Menschen in beiden Ländern immer ähnlicher wird? Auch die zunehmende Individualisierung der Lebensweisen ist für das Verschwinden der Küche mitverantwortlich. Convenience, Fastfood und Snacks rund um die Uhr bestimmen unser Essverhalten. Die Krise der Gastronomie hat uns einen Zustand der »Gastro-Anomie« beschert, der großen Rat- und Gesetzlosigkeit.

Aber dies betrifft eben nicht nur uns, sondern auch unsere nördlichen Nachbarn und natürlich die Amerikaner. Anscheinend sind die Entwicklungen bei uns Teil eines übergeordneten Musters und wir Teil einer größeren Essprovinz. In gastronomischer Hinsicht kann von einem »Westen« keine Rede sein. Allein in Europa stehen sich mit dem Süden und dem Norden zwei kulinarische Provinzen gegenüber, nämlich die Welt des Mittelmeers und der Rest des Kontinents. Was genau macht nun eine Essprovinz eigentlich aus? Welche Essprovinzen oder kulinarische Areale lassen sich auf der Welt unterscheiden? Welche Einflüsse gehen von diesen Arealen auf die übrige Welt aus? Welche Übernahmen, aber auch welche Ausgrenzungen lassen sich beobachten? Ist es sinnvoll, von Globalisierungsgewinnern und -verlierern zu reden? Droht wirklich der globale Einheitsgeschmack, oder wird die Welt durch diese Entwicklungen gar im Gegenteil immer vielfältiger?

Nach einer Kreuzfahrt durch die Welt der globalen Verflechtungen und Beeinflussungen (aber auch zahlreicher Verweigerungen und Sonderwege) kehren wir im abschließenden Kapitel nach Deutschland zurück, um der Frage nachzugehen, mit welchen aktuellen Entwicklungen – außer jener hin zu einem Ethnofoodland – wir es neuerdings noch zu tun haben. Unsere kulinarische Welt wird nämlich nicht nur vielfältiger und bunter, sondern es sind auch neue Ausgrenzungen und Tabus auf dem Vormarsch. Der Pferdefleischskandal 2013 brachte der Öffentlichkeit deutlich zu Bewusstsein, dass auch das christlich geprägte Abendland alte Speisetabus kennt. Viel wichtiger freilich ist die sprunghafte Zunahme neuer und vormals unbekannter Meidungen. Warum gelten Innereien bei uns als Hundefutter, während Menschen vieler anderer Kulturen sie als Delikatesse schätzen? Warum ist zunehmend jegliches Fleisch verpönt, das uns an seine Herkunft erinnert? Der wahre kulinarische Megatrend unserer Zeit heißt dementsprechend Invisibilisierung. Während unser Essen weiterhin von Fleisch bestimmt wird, hat das Tier gefälligst unsichtbar zu werden. Was sind die Gründe für die Speisetabus einer Gesellschaft, die von sich glaubt, alle Tabus hinter sich gelassen zu haben? Wird zukünftig alles wie Chicken Nuggets aussehen und auch so schmecken?

Das dunkle Zeitalter der Gastro-Anomie gebiert auch Gegenbewegungen. Regionales erfuhr in den letzten Jahren eine ungeahnte Renaissance, *Slow is beautiful*, das Selberkochen wird nicht mehr ausschließlich als Bürde erachtet, eine Internationale von Foodies hat den Auswüchsen der Nahrungsmittelindustrie den Kampf angesagt, und mit den aus Amerika stammenden Food-Trucks, also Imbisswagen der gehobenen Art, rollt gerade ein neues kulinarisches Lebensgefühl durch unsere Großstädte. Sieht so die kulinarische Revolution im Lande der Currywurst aus?

Die Küche verschwindet

Zu Beginn des dritten Jahrtausends bietet Deutschland ein erstaunliches Bild: Das Land hat sich in der Vergangenheit nicht nur gastronomisch geöffnet, sondern ist auch mit fliegenden Fahnen zum kulinarisch Fremden übergelaufen. Als Kehrseite dieses Aufstiegs fremder Speisen und Küchen kam es zu einer weitgehenden Abkehr von den eigenen Esstraditionen. Der *Spiegel*-Journalist Ullrich Fichtner hat in seiner Polemik *Tellergericht: Die Deutschen und das Essen* (2004) als einer der Ersten die Tragweite dieser Entwicklung erkannt: »Dies alles sind Feststellungen und nur in zweiter Linie Klagen. Die Deutschen haben durch die beschriebenen Entwicklungen unter dem Strich gewonnen, nicht verloren, und die vielen fremden Einflüsse bereiteten auch echter Verfeinerung den Boden. Und dennoch ist es so verblüffend wie für den Zustand der deutschen Esskultur bezeichnend, zu welch unumschränkter Dominanz die ausländischen Küchen es gebracht haben. Die heimische Küche mag schlecht gewesen sein, als Italiener, Spanier und Argentinier (mit Steakhäusern) kamen; nun aber gibt es sie kaum mehr. Sie ist aus dem öffentlichen Leben im Lauf von 30, 40 Jahren, wiederum mit der Ausnahme der süddeutschen Länder, so gut wie verschwunden.«

Wie konnten wir zu kulinarischen Überläufern werden? Warum kam es zu dieser Abwendung von unseren Esstraditionen, und warum ist es in den Ländern am Mittelmeer aber auch in Österreich oder der Schweiz anders gelaufen? Ja, warum gibt es bereits Unterschiede zwischen Berlin und Frankfurt auf der einen Seite und München auf der anderen?

Neue und fremde Lebensmittel stellen gewöhnlich eine Bereicherung dar. Unsere Begeisterung für exotische Früchte, sei es die alte für Apfelsine und Banane, sei es die nicht ganz so alte für Kiwi und Kaki, bedeutet schließlich nicht, dass wir unsere herbstlichen Äpfel und Birnen verschmähen, von den Erdbeeren und Kirschen des Frühsommers ganz zu schweigen. Und nur, weil es einen plötzlich nach Pasta gelüstet, die mit der Tinte des Tintenfischs gefärbt wurde oder nach Currys in leuchtenden Farben, muss man noch lange nicht auf Speisen wie Gänseschwarzsauer oder Kalbsnierenbraten verzichten. Genau das aber ist bei uns geschehen. Eine Mehrheit im Lande hat nicht nur die Traditionsgerichte der bürgerlichen Küche von ihrem Tisch verbannt, sondern auch aus ihrem kulinarischen Horizont getilgt. Denn wer wüsste noch zu sagen, was Schwarzsauer und Nierenbraten überhaupt sind? »Dead as a dodo« – nichts ist hierzulande so tot wie die gutbürgerliche Küche. Im Sommer 2013 befragte ich die Teilnehmer meines Seminars »Kulinarische Globalisierung« an der Frankfurter Goethe-Universität, wann sie das letzte Mal Königsberger Klopse gegessen hätten. Wundert es jemanden, dass eine Mehrzahl diese einstige Zierde gutbürgerlicher Kochkunst noch nie gekostet hatte? Womit ich freilich nicht gerechnet hätte: Einige wussten nicht einmal, was Königsberger Klopse sind. Aus der heimischen Küche ist das Gericht nämlich verschwunden; von einigen Gasthäusern in Potsdam abgesehen, wo man sich der Pflege des preußischen Erbes verschrieben hat, ist ihm nur in Kantinen gelegentlich noch ein beklagenswerter Auftritt vergönnt.

Jetzt, da sich die Küche in Deutschland im Verschwinden begriffen sieht, kann man sich natürlich fragen, ob es eine deutsche Küche überhaupt je gegeben hat? Die deutschsprachigen Lande, also die historisch gewachsenen Regionen zwischen Maas und Memel, Schleswig und Südtirol, kannten natürlich lokale Kochtraditionen, die sich aber von einer Region zur nächsten unterschieden. Wie soll denn auch ein Land, das erst 1871 zur politischen Einigung gelangte und zum National-staat wurde, über eine Nationalküche verfügen? Das war in Frankreich anders. Im Zeitalter des Absolutismus entfaltete am lebensfrohen und prunksüchtigen Hofe von Versailles eine Herrschaftsküche ihre ganze Pracht. Wie der Adel sich über den Dritten Stand erhob, so schwebte diese Haute Cuisine über den lokalen Esstraditionen. Die Revolution von 1789 hatte den Auszug dieser Hochküche aus den aristokratischen Palästen zur Folge. Ihre Nationalisierung und Verwandlung in eine Restaurantküche brachte die Grande Cuisine hervor, die nichts anderes ist als Frankreichs Nationalküche.

Europas erste Nationalküche wurde auch die erste transnationale des Kontinents. Es wäre indes eine Übertreibung zu behaupten, ihr Aufstieg sei überall und von allen enthusiastisch begrüßt worden. Besonders in den »verspäteten Nationen« traf der kulinarische Imperialismus in den Farben der Trikolore auf erhebliche Ressentiments. Karl Friedrich von Rumohr (1822) rügt die französische »Hochküche«, weil sie zur »Verdrängung der National- und Provinzialgerichte« führe. Das ist bemerkenswert. Denn anscheinend kennt der weitgereiste kulinarische Denker damals bereits neben regionalen Gerichten auch schon im Ansatz solche von nationalem Charakter. Nicht anders sah man das in Italien. Nach der Vereinigung des Landes verfasste Pellegrino Artusi ein Kochbuch mit dem nüchternen Titel *Von der Wissenschaft des Kochens und der Kunst des Genießens* (1891). Anhand der Aufwertung zweier regionaler Traditionen, der opulenten der Emilia-Romagna sowie der schlichten der Toskana (bei gelegentlichen Verweisen auf die Spezialitäten weiterer Städte und Regionen), machte er dem aufstrebenden Bürgertum eine italienische Nationalküche schmackhaft. Das Buch eilte von Auflage zu Auflage und trug Artusi den Ruf ein, der Erfinder der *cucina italiana* zu sein.

Wie Kochbücher helfen können, eine Küche zu erfinden, hat der renommierte Ethnologe Arjun Appadurai am Beispiel Indiens untersucht. Ähnlich wie andere Nationalstaaten, die im Zuge der Entkolonialisierung nach dem Zweiten Weltkrieg entstanden, kannte auch Indien keine einheitliche nationale Küche. Weltweit gilt die *Mughlai Cuisine* als Synonym für indische Küche. Die Küche der muslimischen Mogulherrscher entstand, als die von den zentralasiatischen Eroberern mitgebrachte turko-afghanische Esskultur sich mit den lokalen Küchen des nordöstlichen Indien vermischte. Sie war nur in Teilen des Subkontinents verbreitet, und neben dem gesamten Süden hatten auch die Traditionen Bengalens, Gujarats und Maharashtras an ihrer Entstehung keinen Anteil. Dagegen erfüllte die anglo-indische Küche der englischen Eroberer zwar das Kriterium, panindisch zu sein, sie fand bloß keinerlei Anklang bei den indischen Untertanen Ihrer Majestät.

Im Gefolge des Aufstiegs einer mobilen urbanen Mittelklasse im unabhängigen Indien wurden erstmals zahlreiche Kochbücher in englischer Sprache publiziert. Die regional, ethnisch und religiös geprägte gastronomische Vielfalt des Landes nahm in diesen Büchern (wie auch in Frauenmagazinen und Kochsendungen) allmählich die Gestalt einer indischen *National Cuisine* an. Dabei ging diese Entwicklung keineswegs mit einer Schwächung oder gar Verdrängung der Regionalküchen einher, wie man vielleicht denken könnte. Einige Regionen wurden sogar sichtbarer, und selbst die Vorstellung einer kulinarischen Provinz »Südindien« wurde dabei geboren, die es vormals nicht gegeben hatte. Dieser Prozess blieb nicht auf die neue Mittelklasse beschränkt: Er erfasste landesweit die Restaurantkultur, sickerte nach unten auf die Straße durch und machte auch vor der Lebensmittelindustrie nicht halt. Appadurai sah für andere Länder vergleichbare Entwicklungen voraus. Heute, ein gutes Vierteljahrhundert nach dem Erscheinen von *Cookbooks in Contemporary India: The Making of a National Cuisine* (1988), dürften sich die meisten Beobachter darüber einig sein, dass Länder wie Indonesien, Thailand, Südafrika, Mexiko oder Israel (um nur einige herauszugreifen) ebenfalls in Ansätzen aus ihren vielfältigen Esstraditionen eine eigenständige Nationalküche geschaffen haben. Reisende dagegen neigen dazu, einen Schritt weiter zu gehen: Viele wollen noch keine Nation ohne eine Nationalküche gesehen haben. Denn rund um den Globus wurde die Idee »one country, one cuisine« begierig aufgegriffen.

Aufstieg dort, Niedergang hier. Während mancherorts nationale Küchen entstanden, lösten sie sich anderswo auf. Unter den älteren Nationalstaaten, die einen Bedeutungsverlust ihrer Küchentraditionen durchlebten, befindet sich auch Deutschland. Gewöhnlich wird die Frage nach der deutschen Küche mit dem Verweis auf einige typische und bekannte Gerichte beantwortet. In der Vorweihnachtszeit 2013, während ich in Thailand an diesem Buch schrieb, strahlte die Deutsche Welle (dw) *Guten Appetit, Deutschland* aus, eine Sendung, die täglich ein solches Gericht präsentiert, darunter Labskaus, Maultaschen, Weißwurst und Handkäs mit Musik. Deutsches Essen, so lautete die Botschaft an ein weltweites Publikum, ist dieses Potpourri namentlich bekannter Lokalspezialitäten. Wen schert es da, dass man in München Vitello Tonnato weit besser kennt als Labskaus und einem Hanseaten Thai-Curry allemal vertrauter ist als Handkäse. Deutsche Küche – ist das einfach die Summe der regionalen Speisen?

Mit den Bauernmärkten hat in vielen deutschen Städten das

Lokale und Regionale, das fast schon verschwunden schien, wieder Einzug gehalten. Bauernmärkte stehen also quer zum großen Trend Ethnofood. Was verrät einem der Besuch eines Erzeugermarkts über den Zustand der deutschen Küche? Zu den angenehmen Pflichten eines Daseins als Hochschullehrer gehört es, sich um durchreisende Kollegen und Gäste aus dem Ausland zu kümmern. Bei einem Food-Ethnologen bleibt es nicht aus, dass sich darunter auch kulinarisch Interessierte befinden. Und wegen meiner regionalen Forschungsinteressen, habe ich in den letzten Jahren vor allem Besucher aus Nordamerika und Thailand über den Bauernmarkt Konstablerwache in Frankfurt geführt. Es wäre vermessen zu behaupten, ich könnte diesen Markt mittlerweile mit ihren Augen sehen. Aber es konnte nicht ausbleiben, dass ich vom Blick meiner Besucher einiges mitbekommen habe. Wie stellt sich Frankfurts Wochenmarkt für fremde Besucher dar?

Deutschlands Regionen lassen sich danach unterscheiden, ob dort Bier gebraut oder Wein gekeltert wird. Frankfurt ist eine Ausnahme, da es hier nicht nur Bier *und* Wein, sondern auch noch den lokal »Äppelwoi« genannten Apfelwein gibt. Auf dem Markt findet man alle drei Trinkkulturen versammelt, wobei allerdings die Weinstände die Atmosphäre auf der Konstablerwache weitaus am stärksten prägen. Häufig kann man sich des Eindrucks kaum erwehren, dass es sich beim Gang zum Wochenmarkt um einen Vorwand zu handeln scheint, um mit Freunden gesellig ein Glas zu trinken. Am hellen Tag, in aller Öffentlichkeit? Da staunt der fremde Besucher. Selbst auf Amerikas bekanntestem Farmers Market, am Union Square im Herzen des liberalen New York, kann man seinen Durst allenfalls mit Fruchtsaft stillen. Ob aus Chicago oder Chiang Mai, verwundert registriert der Besucher, wie sehr im berühmtesten Bierland der Welt dem Wein zugesprochen wird – und wie gut und preiswert dieser Wein ist. Die hiesigen saisonalen Spielarten des Getränks, das weltweit zunehmend ästimiert wird, namentlich die Maibowle, der Federweißer und der Glühwein, die ein Fremder noch nicht einmal vom Hörensagen kennt, machen übrigens bei allen Besuchern Eindruck. Cider dagegen kennt man, nur erwartet bei einem Deutschlandbesuch niemand Apfelwein. Und dass das hiesige »Stöffchen« so herb ist, macht dem Neuling zu schaffen; besser, man fängt mit einem Gespritzten an.

Deutschland ist Wurstland, das muss man niemandem sagen. Grillwürste, darunter die Vogelsberger Kartoffelbratwurst, gehören zu den beliebtesten Snacks des Markts. Die Stände der Metzger führen eine verwirrende Fülle an Sorten, die kein Besucher jemals zuvor gesehen hat: Rindswürste, Bauernwürste, frische oder geräucherte Blut- und Leberwürste, Presskopf, Schwartenmagen und die einheimische Salami, luftgetrocknete Ahle Worscht, eine Delikatesse aus dem Nordhessischen. Einzig die Frankfurter Würstchen machen da eine Ausnahme (auch wenn sie bisweilen, den Besucher irritierend, als Wiener angeboten werden): »Oh, Hotdog«, heißt es sofort. Eine vergleichbar große Auswahl gibt es beim Bäcker. Bei aller Vielfalt in Form und Größe, im Brotland ist der Hang zu dunklem und schwarzem Brotgebäck unübersehbar. Roggen-Vollkornbrot – für den ausländischen Besucher mag das vielleicht interessant klingen, aber der Geschmack und, mehr noch, die Konsistenz dieser Sorte Brot sind doch recht gewöhnungsbedürftig. Von einer Liebe auf den ersten Biss wüsste ich nicht zu berichten. Und Käse? Verblasst deutlich gegenüber dem Angebot an Brot und Wurst.

Ähnlich verhält es sich mit Fisch. In einem Fischland lebt man hierzulande wahrlich nicht, wie die magere Auswahl zeigt. Wer aus Südostasien kommt, fragt höchstens, warum man die wenigen Fische, darunter Forelle und Aal, lieber geräuchert als frisch verzehrt. Und weil der Taunus nicht fern ist, findet man auf dem Markt sogar lokales Lammfleisch, nebst Innereien und Würsten. Und Sauerkraut? Diese Frage darf nicht fehlen. Tja, man findet es zwar, aber so allgegenwärtig, wie man sich das im Ausland vorstellt, ist das Sauerkraut bei uns ganz und gar nicht. Mit Saisonalität darf man beim Besuch eines Bauernmarkts rechnen. Und hier wird deutlich, wie ernst man hierzulande die Jahreszeiten kulinarisch noch nimmt. Der Spargel, der die Saison einläutet, wird enthusiastisch begrüßt und voller Hingabe verzehrt. Die winterliche Schwarzwurzel kann ebenfalls auf Anhänger zählen. Die Blechkuchen, die dem Herzen der Deutschen nahe sind, werden je nach Jahreszeit mit Erdbeeren, Rhabarber oder Zwetschgen belegt und gerne mit Schlagsahne verspeist. Im Sommer und Herbst offenbart sich die alte teutonische Faszination für die Erträge des Waldes und die Tätigkeit des Jagens und Sammelns: Pfifferlinge und Steinpilze machen ihre Aufwartung, und unübersehbar ist der anhaltende Kult um Hase, Reh und Wildsau. Und kein Winter ohne Gans. Wilhelm Busch, immer nah an der Volksseele, reimte: »Ein jeder, der Verstand hat, spricht: Einen schönren Vogel gibt es nicht.« Es gibt nicht wenige, für die es ein Sakrileg wäre, das Jahr ausklingen zu lassen, ohne sich zuvor mit Familie und Freunden um eine gut gebratene Gans auf der festlich gedeckten Tafel versammelt zu haben. Es soll sogar Menschen geben, für die das Schwelgen in Gänsebraten am Martinstag geradezu eine heilige Pflicht ist.

Wenn einer meiner Besucher auf dem Bauernmarkt darauf bestünde, ausschließlich von lokalen Spezialitäten kosten zu wollen, dann wäre die Auswahl jedoch recht überschaubar. Anbieten würden sich die erwähnte Kartoffelbratwurst und vor allem natürlich der Handkäs mit Musik. Kartoffelpuffer oder Reibekuchen kennt man überall in Deutschland (bisweilen unter sonderbar anmutenden Tarnnamen wie Grüne Klitscher im südlichen Sachsen oder Reiberdatschi in Teilen Bayerns); in Frankfurt werden die Puffer mit Grüner Soße serviert, aber auch mit Apfelmus. Selbstverständlich gibt es die berühmte *Grie Soß* auch zu hartgekochten Eiern. Aber ansonsten? Kartoffelsalat, Fischbrötchen, im Herbst Zwiebelkuchen und ganzjährig Flammkuchen (der im Windschatten der Pizzawelle gewaltig zulegen konnte), Waffeln mit Kompott und süße Hefeknödel, in der kalten Jahreszeit eine Erbsensuppe, dann vielleicht noch Wildgulasch oder Wildleberkäse im Brötchen. Nicht zu vergessen die Pilzpfanne mit Kloß. Bei gemischten Pilzen in einer sämigen Sauce muss es sich um etwas speziell Deutsches handeln, denn kaum ein Besucher lässt sich diese exotische Spezialität entgehen.

»Wo gibt's hier Döner?« Zwei Jugendliche, die sich zufällig am Markttag auf die Konstablerwache verirrt haben, verstehen die Welt nicht mehr, als sie dort ihren Lieblingsimbiss nicht finden können. Mit einer Döner-freien Zone im Zentrum einer deutschen Großstadt haben sie nicht gerechnet. Was also sagt einem ein Marktbesuch über die Küche in Deutschland?

Auffallend ist die bescheidene Rolle der Region. Wirklich prägend ist das Lokale und Regionale de facto nur beim Trinken. Ansonsten muss man schon genau hinschauen, um über Handkäse und Grüne Soße hinaus die lokalen Nuancen Hessens zu erkennen: Vogelsberger Bauernbrot, geräucherte Leberwurst, Odenwälder Brennkäs, so heißen die regionalen Spezialitäten. Aber: Bauernbrote, Blut- und Leberwürste sowie Quark und Käse gibt es schließlich überall in Deutschland. Doch wenn es solche Gemeinsamkeiten gibt, warum sprechen wir dann nicht von einer deutschen Küche? Die Experten bleiben da hart: »Der Schlussfolgerung, dass es keine deutsche Nationalküche gibt, wird sicherlich niemand widersprechen«, fasst die Soziologin Eva Barlösius, die sich wahrscheinlich am besten mit dieser vertrackten Materie auskennt, die Ergebnisse ihrer Forschungen zusammen. Eine deutsche Nationalküche, die als Hochküche ihren Platz über den Regionen einnimmt, konnte es in der Tat nicht geben, denn diesen Platz hatte hier (wie fast überall in Europa) schon die französische Küche besetzt. Nicht einmal Kaiser Wilhelm II. scheute sich, noch am Vorabend des Weltkriegs Auguste Escoffier zu verpflichten, den Meisterkoch der Belle Époque. Ganz anders verhielt es sich aber mit den nationalen Speisevorlieben des deutschen Bürgertums. Altmeister Rumohr zumindest scheint die Vorstellung von einigen »Nationalgerichten« bereits 1822 nicht fremd gewesen zu sein. Angenommen, wir hätten einige Jahrzehnte nach der Reichsgründung, also für das aufkommende 20. Jahrhundert, den Reisebericht eines gut situierten Besuchers vorliegen: Von welchen Speisen, die ihm anlässlich privater Einladungen und öffentlicher Empfänge kredenzt worden waren, würde er wohl zu berichten wissen? Fraglos vom Braten, ohne den man sich in Deutschland kein festliches Essen vorstellen konnte. Gewöhnlich handelte es sich beim Sonntagsbraten um einen Schweinebraten, aber das Glanzstück bürgerlicher Kochkunst konnte auch in Gestalt von Sauer-, Kalbsnieren-, Wild-, Gänse- oder Entenbraten daherkommen, ja sogar als Kasseler Rippenspeer oder als »Falscher Hase« genannter Hackbraten. Deutsches Nationalgericht? Unbestreitbar Braten. Dann gäbe es da gewiss noch das feine Geflügelfrikassee, mit Spargel, Rheinwein und Rahm gekocht; das Wildragout; die Roulade, zu der Rotkraut nicht fehlen darf; die Kalbszunge in Madeirasauce. Und natürlich auch die Koteletts, Schnitzel und das Gulasch (womöglich vom Kalb, damit es nicht zu sehr nach Hausmannskost schmeckt). Vom Braten einmal abgesehen, sprechen Frikassee, Ragout, Roulade, Wiener Schnitzel oder Gulasch eine deutliche Sprache, woher die Deutschen ihre neuen Nationalspeisen bezogen haben. Regionale Spezialitäten finden sich nur ganz selten in der gutbürgerlichen Küche wieder. Weder der Gaisburger Marsch noch Himmel und Erde schafften es, wohl aber das Leipziger Allerlei und der Dresdner Stollen. Nach einer Hochküche hört sich das natürlich nicht an, und verglichen mit der französischen Grande Cuisine machte sich das alles sehr bescheiden aus. Aber im Lichte des aktuellen weltweiten »Making of National Cuisines« betrachtet: Warum sollte man darin nicht Schritte hin zu einer deutschen Küche sehen können?

Es gibt aber noch etwas: nämlich Vorlieben und Gemeinsamkeiten, die über alle Regionen hinweg das deutsche Essen charakterisieren. Mit gewohnt englischem Pragmatismus hat es sich Alan Davidson in seinem legendären *Oxford Companion to Food* (2006) nicht nehmen lassen, einige Merkmale deutscher Küchenkultur zusammenzutragen. Als typisch deutsch gelten ihm: die dicken Suppen, ob aus Kartoffeln, Erbsen oder Linsen, gebunden mit einer Mehlschwitze und gerne mit Wursteinlage; Heringe, ob als Rollmops, Bückling oder Bismarckhering; Würste und Schinken ohne Zahl, besonders vom Schwein; die Wertschätzung von Gans und Ente, vor allem in einer Kombination des Herzhaften mit dem Süßen (Rotkraut, Backobst o. ä.); ebendiese Süßsauer-Kombinationen, die sich von Gerichten wie dem rheinischen Himmel und Erde bis hin zum Schlesischen Himmelreich erstrecken; natürlich Sauerkraut (wobei sich hier freilich das französische Elsass besonders hervortut); der Einfallsreichtum bei der Verwendung der Kartoffel, von der Suppe über den Kloß bis hin zum Salat; die Liebe zu Klößen und Knödeln jeglicher Art, darunter auch zu süßen; Eintöpfe (für die das Land zwar kein Patent beanspruchen kann, die aber hier in den Rang einer nationalen Institution befördert wurden); und schließlich die Leidenschaft für den nachmittäglichen Kaffee mit Kuchen.

Siehe da, nach unserem Gang über den Wochenmarkt kommt einem hier einiges bekannt vor. Ob das Land nun eine Nationalküche hervorgebracht hat oder nicht, an kulinarischen Gemeinsamkeiten fehlt es ihm keineswegs. Wie aber steht es mit dem Trennenden? Wie ist es um die regionale Eigenständigkeit der Küchen bestellt?

Nach einer gängigen Vorstellung trennt der Weißwurst-Äquator Deutschland in Nord und Süd. Bei dieser Wortschöpfung geht es nicht um Münchens Lieblingswurst, sondern um die Vorstellung, dass man es südlich und nördlich des Mains mit zwei unterschiedlichen Essprovinzen zu tun hat. Sollte es ein Zufall sein, dass hier mit dem Limes einstmals tatsächlich ein befestigter Grenzwall die verfeinerte Esskultur Roms von der frugalen Speiseordnung der Germanen trennte? Als Hinterlassenschaft des Römischen Reiches ist Europa bis heute in einen kulinarischen Süden und in einen kulinarischen Norden geteilt. Spätere Verflechtungen, wie die des hanseatischen Norddeutschland mit England, Skandinavien und dem Baltikum, oder die Orientierung der südlichen Landstriche an Frankreich und dem Habsburger Reich trugen nicht dazu bei, diese Spaltung zu überwinden. Unübersehbar sind die südlichen Regionalküchen allesamt deutlich ausgeprägter als die nördlichen.

Unter allen deutschen Regionalküchen am selbstbewusstesten präsentieren sich Bayern und Franken, deren Fleisch- und Knödel-Küche weltweit als *German food* schlechthin gilt, vor allem die imposante Schweinshaxe. Bei einem Besuch in Bamberg oder Regensburg kommt man als Fremder aus dem Staunen nicht heraus, wie umstandslos sich die Einheimischen mit ihrer Küche identifizieren. Auch das pietistisch angehauchte Schwabenland kann als kulinarisches Wunderland gelten. Denn delikate Hirnsuppe und Ochsenmaulsalat, eingemachtes Kalbfleisch und selbst Kutteln in Lemberger und

»Saure Nierle« (alles natürlich mit Spätzle) wurden noch nicht vom Speisezettel gestrichen. Dass man auch im Badischen gut zu essen versteht und seine Regionalküche pflegt, versteht sich angesichts des Vorbilds, das die alemannischen Nachbarn bieten, eigentlich von selbst. Schließlich müssen auch die Pfälzer Weintrinker ihre Küche keineswegs verstecken. Und vermochte der Lokalpatriot Helmut Kohl, als er dem französischen Präsidenten Chirac seinen geliebten Saumagen kredenzen ließ, diesem obersten Hüter der Haute Cuisine nicht sogar ein knappes »Intéressant!« zu entlocken? Briten reagieren da entspannter: »Oh, German pork Haggis!«

Der Freistaat Bayern, Baden-Württemberg, Rheinland-Pfalz: so weit, so gut. Aber wer von Sachsenhausen kommend die Mainbrücke überquert und damit den Weißwurst-Äquator, sieht sich mit schwindenden Regionalküchen konfrontiert. Der Sendung »Die Lieblingsgerichte der Hessen« des regionalen Fernsehsenders habe ich die folgende Speiseliste entnommen: Beulches, Blutkuchen, Brotsuppe, Diebchen mit Duckefett, Lumpen mit Flöh, Ploatz, Röhrenklump, Salzekuchen, Speckkuchen, Spitzbuwe mit Specksauce, Weckewerk. Man lasse sich diese Namen auf der Zunge zergehen. Auch wenn man die Rezepte nicht im Einzelnen kennt, ist diese Auswahl verräterisch. Es handelt sich um eine Küche, die sich um einige wenige Zutaten dreht, darunter Kartoffeln, Zwiebeln, Speck, Schmand und als Gewürz Kümmel. Gekocht wurde unter Bedingungen bitterster Armut (»Im Lande Hessen gibt's große Schüsseln und nichts zu essen«). Keine Frage: Wer heute eine Brotsuppe löffelt oder Diebchen mit Duckefett verzehrt (das ist ein gefüllter Kartoffelkloß, der in eine Sauce aus Speck, Schmand und Zwiebeln »geduckt« wird), kann diese Speisen fraglos goutieren. Über die generelle Dürftigkeit dieser Arme-Leute-Küche können sie allerdings nicht hinwegtäuschen.

Unsere alten und einstmals wohlhabenden Handels- und Messestädte können häufig die eine oder andere lokale Spezialität vorweisen: Leipziger Allerlei, Hamburger Aalsuppe, Dresdner Stollen (aber auch Kölsch Kaviar, bei dem es sich um Blutwurst mit Zwiebelringen handelt, oder Berliner Schnitzel, wohinter sich ein panierter Kuheuter verbirgt). Aber eine Lokalküche? Nehmen wird Hannover samt Niedersachsen. Fragt man, ob es denn über Gersterbrot hinaus weitere lokaltypische Produkte und Speisen gibt, dann werden einem gewöhnlich »Pannenslag« (ein gebratener Wurstbrei, der einstmals auch Kopffleisch, Herz und Hirn enthalten konnte und fast noch ansprechender als Labskaus aussieht) und Bregenwurst mit Grünkohl genannt (wobei diese Wurst, zumindest neuerdings, nur so heißt, als ob sie Hirn enthalten würde). Niedersachsen-Kochbücher kennen außerdem Gerichte wie Buntes Huhn, einen jener für Norddeutschland typischen deftigen Eintöpfe mit Bohnen, Rindfleisch, Kartoffeln, Gemüse und Äpfeln, oder Hannover'sches Zungenragout. Das ist kein langer Speisezettel. Und er wird leider noch kürzer, weil ich mir nämlich eine Bemerkung nicht verkneifen kann: In den mehr als zehn Jahren, die ich in Hannover lebte, haben weder das besagte Zungenragout noch das Bunte Huhn jemals meinen Weg gekreuzt. Im Alltag wie auch im festlichen Rahmen haben diese Regionalspeisen ihre Bedeutung eingebüßt und treten nicht mehr in Erscheinung.

Halten wir fest: Wo Deutschland nennenswerte Regionalküchen kennt (also südlich des Weißwurst-Äquators), da braucht man sich um das Überleben dieser Küchen nicht ernsthaft zu sorgen. Von einer Abkehr kann dort bislang noch nicht die Rede sein. Wo hingegen regionale Kochtraditionen nur schwach ausgebildet waren und häufig Dürftigkeit und Armut regierten, gab es durchaus gute Gründe, sich von solchen Küchen abzuwenden.

An den Erosionsprozessen, denen die Küche in Deutschland unterliegt, sind noch weitere Kräfte beteiligt. Bevor wir uns diesen zuwenden, lohnt es sich, einen Blick auf jenes Land zu werfen, das angeblich keine eigene Küche kennt. Die Vereinigten Staaten von Amerika, so wird bisweilen argumentiert, hätten nie eine eigene Küchentradition ausbilden können, und das werde auch so bleiben. Denn dies sei der unvermeidliche Preis für die einzigartige Eigenschaft des Landes, als Einwanderungsland zur Nation geworden zu sein.

Wie der einflussreichste Vertreter dieser Auffassung, der Ethnologe Sidney Mintz, berichtet, entschlüpfte ihm einstmals bei einem Vortrag an einer amerikanischen Universität ganz beiläufig diese Bemerkung, wonach es eine *American Cuisine* wohl nicht gebe und auch nicht geben könne. Die Reaktion der Zuhörer machte ihm schlagartig klar, in was für ein Fettnäpfchen er getreten war. Sein Publikum fühlte sich nämlich peinlich berührt, und der berühmte Ethnologe sah sich in die Rolle eines nationalen Nestbeschmutzers gedrängt. Der Tenor im Saal war: Wenn man keine Küche habe, dann müsse man sich schleunigst eine zulegen. Nur einer der Zuhörer trat munter die Flucht nach vorne an: Könnte nicht, so lautete sein Vorschlag, die Möglichkeit, heute thailändisch essen zu gehen und morgen chinesisch, könnte das nicht vielleicht Amerikas Cuisine sein? Warum das alles so wichtig war, verdeutlicht eine Frage: Wenn man keine Küche habe, habe man dann auch keine Kultur?

Mit dem Aufsatz »Eating American« (1988) versuchte Mintz Jahre später, seine einstige Äußerung zu erläutern und zu rechtfertigen. Bei den Vereinigten Staaten von Amerika handelt es sich zwar um einen Ableger Europas, aber als Nationalstaat um eine Ausnahmeerscheinung: ein vergleichsweise junges Land von kontinentalen Ausmaßen und mit einer so großen Bevölkerung, die immer noch überwiegend europäischer Abstammung und protestantischen Glaubens ist. Angesichts des anhaltenden Tempos der Immigration ändert sich dies, aber in geografischer und sozialer Hinsicht stellt sich das Land viel mobiler dar als Europa. Das landschaftlich so vielgestaltige und schöne Amerika kennt zwar ausgeprägte Regionen, darunter den ariden Südwesten, die Golfküste, die Neuenglandstaaten oder die regenreiche nördliche Pazifikküste. Regionalküchen haben sich indes nur sehr begrenzt ausgebildet. Wenn von Regionalem die Rede ist, dann gewöhnlich von einigen Spezialitäten Neuenglands, dem Southern Cooking und ethnischen Nischen wie der Cajun-Küche, die auf franko-kanadische Einflüsse in Louisiana zurückgeht, oder der Küche der Pennsylvania Dutch, der Nachfahren deutscher Einwanderer. Diese bescheidene regionale Ausdifferenzierung wurde im 20. Jahrhundert im Handstreich von den Kräften der Kommerzialisierung und Standardisierung erfasst. Lebensmittelkonzerne wie Heinz machten das Regionalgericht Boston Baked Beans und Campbell's die Muschelsuppe New England Clam Chowder überall verfügbar.

Als Reisender in Amerika ist man angenehm überrascht, etwa im nördlichsten Bundesstaat Maine (dessen Motto »The way life should be« sich sehen lassen kann) an jeder Ecke frischen Hummer kaufen zu können, an der Chesapeake Bay die lokale Spezialität Bluecrabs und im Mississippidelta Flusskrebse. Als Europäer wundert man sich höchstens, warum niemand angesichts dieser Köstlichkeiten eine Tischdecke samt Porzellan und Tafelsilber auspackt und den Wein kühl stellt. Denn hier werden Schalentiere von unübertrefflicher Qualität schlicht auf Plastikteller gepackt und ohne viel Umstände mit Mayo und Ketchup, Fries oder Corn-on-the-cob verzehrt, wobei das Nationalgetränk Coca-Cola in Strömen fließt. Als Europäer staunt man darüber, wie ähnlich sich die Menschen von Alaska bis Florida ernähren. Sidney Mintz:

»Wir haben eine Liste bevorzugter Speisen, die wir andauernd essen, und diese Liste ist landesweit weitgehend repräsentativ.« Angeführt wird sie von Pizza, Pasta und Quiche, Hühnerbrust taucht weit oben auf, natürlich Hamburger und Hotdogs, die allgegenwärtigen Sandwiches, vor allem in den Varianten Ham, Cheese sowie Peanut butter-and-jelly, schließlich die Barbecues und Steaks und nicht zu vergessen Fruchtjogurt. Wer bloß, so ein zerknirschter Sidney Mintz, wird das eine Küche nennen wollen?

Möglicherweise kommt es ja noch viel schlimmer. Für Deutschland ließe sich trefflich spekulieren, ob wir uns zurzeit nicht in eine vergleichbare Richtung bewegen. Um das ganze Ausmaß der Veränderung unserer Ernährungsweise zu verstehen, begeben wir uns auf einen scheinbaren Umweg, nämlich auf eine Reise ins ländliche Afrika. Vor einem Dreivierteljahrhundert machte sich die junge Ethnologin Audrey Richards auf, das Ernährungsverhalten der Bemba zu erforschen, einer ethnischen Gruppe in der ehemaligen britischen Kolonie Rhodesien, dem heutigen Sambia. Ihr Buch *Land, Labor and Diet in Northern Rhodesia* (1939) hat seinen Modellcharakter für die ethnokulinarische Forschungsrichtung bis heute nicht eingebüßt. Die bäuerliche Lebensweise der Bemba drehte sich um eine Hirseart, den Sorghum, aus der sie einen dickflüssigen Brei kochten, den sie mit wenig Gemüse und Fleisch in winzigsten Mengen verzehrten. Essen war für die Bemba gleichbedeutend mit Hirsebrei; was die Natur sonst noch an Essbarem hervorbrachte, stellte nur einen beklagenswerten Ersatz dar. Audrey Richards weiß von einer Gruppe auf dem Feld arbeitender Frauen und Männer zu berichten, die den Tag über einen Maiskolben nach dem anderen verspeist hatten; bei Vorüberkommenden aber klagten sie, heute noch keinen Bissen bekommen zu haben und dem Verhungern nahe zu sein. Denn Maiskolben abnagen zählte nicht, das war allenfalls ein Snack; ein Essen konnte das niemals ersetzen.

Die Bemba hatten eine klare Vorstellung von einer perfekten Mahlzeit. Essen konnte sie nur dann zufriedenstellen, wenn es sich aus zwei Bestandteilen zusammensetzte: einem dicken Hirsebrei (*ubwali*) und einer Sauce (*umunani*) auf der Basis von Gemüse, Fleisch oder Fisch. Bei dem Getreidebrei *ubwali* – im Swahili-sprachigen Ostafrika, wo man sich davon ernährt, kennt man ihn unter dem Namen *ugali* – handelt es sich eigentlich um eine Art fester Polenta, die mit der Hand zu einem Ball gerollt, in die Sauce getunkt und dann unzerkaut hinuntergeschlungen wird. Wie Brot traditionell in Europa steht *ubwali* für Essen an sich; es ist das »Superfood« der Bemba-Kultur. Aber auch wenn Bemba erklären, ohne ihren Brei nicht leben zu können, scheint es ihnen undenkbar, ihn ohne Sauce zu essen. Diese Beilage sorgt nämlich nicht nur für Geschmack, sondern sie erleichtert auch das Herunterschlucken des rauen Hirsekloßes. Erst die Kombination beider Elemente macht eine Mahlzeit aus. Mit *umunani* bezeichnet man eine Sauce oder ein dünnflüssiges Schmorgericht, das aus einigen Gemüsesorten und Pilzen unter Zusatz von Fleisch oder Fisch, aber auch von Raupen, Heuschrecken oder gar Ameisen zubereitet wird. Etwa einen Liter von dieser Sauce bedarf es, um fünf Pfund Brei zu verzehren. Zu einer Bemba-Mahlzeit wird immer nur eine Sauce gereicht, von der es im Zyklus des Jahres nicht allzu viele Varianten gibt. Für die Bemba freilich ist nicht das tägliche Einerlei auf dem Teller das Problem (über Monotonie klagen die Europäer), sondern ob es ihnen gelingt, aus der vegetarischen Zwangsernährung auszubrechen, die ihnen Armut und Mangel auferlegen. Fleisch und Fisch sollten eigentlich in keiner Sauce fehlen. Doch den überwiegenden Teil des Jahres können die Bemba davon nur träumen und müssen sich mit einer Sauce begnügen, die ausschließlich aus Cassavablättern besteht. Sollte Fleisch einmal in Mengen anfallen (etwa weil die sportliche Ethnologin eine Antilope geschossen hat), dann gibt sich das ganze Dorf einer rauschhaften Feier hin.

»Auf dem Anbau und Verbrauch der Mehlfrüchte gründet sich alles gesellige und gesittete Leben«, wusste bereits Carl Friedrich von Rumohr im Jahre 1822 zu vermerken. Nach unserem heutigem Kenntnisstand begannen Menschen erstmals vor zehn- bis zwölftausend Jahren systematisch in den Reproduktionsprozess von Tieren und Pflanzen einzugreifen und sie zu domestizieren. Nach dem Schritt, Nahrungsmittel mithilfe von Feuer zu garen, stellte diese Agrarrevolution die zweite große Zäsur in der Ernährungsgeschichte der Menschheit dar. Sie fand fast gleichzeitig an mehreren Orten der Welt statt, wobei sich die meisten Kulturen im Laufe der Zeit auf eine Anbaupflanze konzentrierten: Reis in Ost- und Südostasien, Weizen im Nahen Osten, Yams bzw. Hirse in Afrika, Mais in Zentralamerika, Kartoffeln in den Anden. In allen Fällen enthalten diese zentralen Anbaufrüchte eine komplexe Kohlenhydratart, mit der etwa 70 bis 80 Prozent des täglichen Kalorienbedarfs gedeckt werden können.

Ein genialer Geistesblitz muss Amerikas führendem Food-Ethnologen, Sidney Mintz, beim Lesen von Audrey Richards Ausführungen zum perfekten Mahl eines peripheren afrikanischen Volkes gekommen sein: Ein dicker Hirsebrei, ergänzt um eine würzige Sauce – beruhte nicht die Ernährung der gesamten Menschheit auf einem solchen binären Muster? Mintz entwickelte daraufhin das Core-Fringe-Leguminosen-Modell (CFLM). In dieses Modell lassen sich die Nahrungsmittel aller Feldbau betreibenden Kulturen einfügen. Eine Mahlzeit in einer traditionellen Agrargesellschaft beruht immer auf einem stärkehaltigen Nahrungsmittel – wobei dies eine Getreideart oder Knollenfrucht sein kann –, das den Hauptbedarf an Kalorien deckt. Weil dieses komplexe Kohlenhydrat im Mittelpunkt der Ernährung steht, spricht Mintz hier vom Zentrum (»core«). Diesem steht immer eine Peripherie (»fringe«) zur Seite, die man sich als »Geschmackslieferanten« vorstellen muss. Soweit also folgt das Schema Audrey Richards und ihrem Beispiel der afrikanischen Bemba. Fasst man allerdings die agrarischen Kochkünste aller Kontinente in den Blick, dann fällt auf, dass dieses zweiteilige Modell häufig um eine dritte Komponente erweitert wird. Eine Hülsenfrucht oder Leguminose deckt nämlich häufig eine beträchtliche Kalorienmenge und besonders den Hauptanteil an Protein ab. Weltweit lässt sich die traditionelle Ernährung anhand dieses Modells abbilden. Für Thailand etwa ist das Core-Fringe-Modell grundlegend. Hier unterscheidet man *kao*, was Reis wie auch Essen überhaupt heißen kann, vom Rest einer Mahlzeit, der schlicht als *gap kao* (wörtlich: mit Reis) bezeichnet wird. In einem der früheren Kapitel hatten wir gehört, dass die wahrhaft komplexe chinesische Esskultur auf dem »*fan-ts'ai*-Prinzip« beruht, wobei dem Reis (*fan*) sämtliche anderen Speisen auf der Basis von Gemüse und Fleisch (*ts'ai*) als Beilage zugeordnet werden. Diese Core-Fringe-Unterteilung nimmt die chinesische Kultur selber vor. In China wie in ganz Ostasien kommt dazu freilich noch der Sojabohnenkomplex hinzu, eines der eindringlichsten Beispiele für die Bedeutung der dritten Strukturkomponente.

Man könnte das afrikanische Beispiel dahingehend verstehen, dass »Kloß mit Soß« das Grundmodell menschlicher Ernährung darstellt. Ganz falsch wäre das nicht. Allerdings werden überall auf der Welt die aus dem Core gewonnenen Speisen nach kulturell spezifischen Mustern mit anderen Fringe-Speisen zu Mahlzeiten zusammengeführt. Einige Beispiele mögen diese große Mannigfaltigkeit verdeutlichen. Die Kloß-mit-Soß-Anordnung der Bemba-Küche wird man unschwer in der traditionellen schottischen Nationalspeise Hafer-Porridge mit Milch, den Spaghetti aglio e olio, der simpelsten Mahlzeit thailändischer Bauern, nämlich Reis, zu dem es ein Schälchen Fischsauce mit Chili gibt, und selbst an unserem morgendlichen Müsli wiedererkennen. Bereits getarnt kommt das Modell daher, wenn auf einem gebackenen Getreidefladen ein Hauch von Tomate und Anchovis serviert wird (die Ur-Pizza) oder es einfach ein Sandwich gibt. Und man erkennt es nicht unbedingt auf den ersten Blick, wenn etwa in einer Küche Ost- oder Südostasiens aus kunterbunten Fringe-Elementen und vielleicht einer Leguminose eine Brühe gekocht wird. Fügt man freilich noch Reisnudeln hinzu, dann verwandelt sich diese Brühe in eine Nudelsuppe und damit in eine Speise, die dem Mintz'schen-Modell vollkommen entspricht.

Bei aller natürlichen und kulturellen Vielfalt: Was unterscheidet eigentlich die Core-Speisen von den Fringe-Beilagen? »Core ohne Fringe«, so Sidney Mintz, wäre »ganz und gar eintönig, Fringe ohne Core hingegen allzu schwer oder sogar ekelerregend«. »In der Not schmeckt die Wurst auch ohne Brot«, hieß es bei uns einstmals spöttisch. Auch wenn die Unterschiede immer lebendiger Teil einer Esskultur sind, stechen einige Aspekte ins Auge. Core ist immer ein komplexes Kohlenhydrat, Fringe wahrscheinlich nie (außer dort, wo Kartoffel oder Mais als Gemüse behandelt werden und beispielsweise als Pizzabelag auftauchen). Fringe kann aus fast allem Essbaren bestehen, es ist gewöhnlich farbiger und optisch ansprechender, immer aber schmackhafter als Core. Deswegen schmeckt Core besser mit Fringe, und die Beilage sorgt dafür, dass man mehr Core essen kann. Es gibt Ausnahmen von der Regel, nämlich gewisse Feiern und rituelle Anlässe, aber ansonsten gelten Fringe und Core alleine immer als weniger appetitanregend als beide zusammen. Die Leguminosen – das sind je nach Kultur Kichererbsen, Bohnen, Erbsen, Linsen, Saubohnen, Erdnüsse oder Sojabohnen – können jederzeit ein Bestandteil des Fringe sein. Die Bemba etwa lieben es, ihren Saucen Erdnüsse beizufügen, nur stehen diesen Hungerleidern davon nicht sehr viele zur Verfügung. Nach Möglichkeit jedoch kommen die Leguminosen zum Core-Fringe-Muster hinzu, was sich äußerst positiv auf die Ernährung auswirkt. Völker, die Weizen mit Linsen essen, etwa Chapati mit Dal in Indien, Mais mit Bohnen, wie Tortillas mit Frijoles in Mexiko, Reis mit schwarzen Bohnen, etwa Moros y christianos in der Karibik, oder einen Brei aus Yams oder Cassava, genannt *fufu*, mit Erdnusssauce wie in Westafrika, können damit ihren Proteinbedarf fast vollständig decken. Die eiweißreichen Hülsenfrüchte gelten überall als das »Fleisch der Armen«. Von Zufall kann also keine Rede sein, wenn Menschen in den letzten Jahrtausenden weltweit eine Leguminose als Pfeiler in ihre Ernährung aufgenommen haben.

Wer von unseren Vorfahren nach der neolithischen Revolution nicht zu jener kleinen Minderheit zählte, die ihre Existenz entweder als Jäger und Sammler in einer Wildbeuterökonomie bestritt (wie etwa die australischen Aborigines, die Inuit des Polarkreises und nicht wenige Indianervölker vor allem Nordamerikas) oder das Leben von nomadisierenden Hirtenvölkern führte (wie die Mongolen und die Turkvölker Zentralasiens, die Beduinen des Nahen Ostens, die Somali und die Massai des östlichen oder die Fulbe des westlichen Afrika), dessen Ernährung erfolgte im Einklang mit diesem Core-Fringe-Leguminosen-Modell, dem stabilen Ernährungsmuster des überwiegenden Teils der Menschheit in den vergangenen fünf- bis sechstausend Jahren.

Die heutige schnelle und globale Veränderung der Essgewohnheiten bedeutet den Zerfall dieser Ernährungsform. Den Beginn dieses Auflösungsprozesses wird man in Europa vor gut zweihundert Jahren ansetzen können. Dass dies das Zeitalter der industriellen Revolution war, ist dabei kein Zufall. Die »Mehlfrüchte« (oder das Core, wie wir jetzt sagen würden), in denen Rumohr noch zu Recht die Basis aller Zivilisation gesehen hatte, verlieren zunehmend an Bedeutung. Zwei andere Nahrungsmittel werden dagegen immer wichtiger. Als Bestandteil des Fringe spielten sie schon immer eine Rolle für unsere Ernährung, waren aber gewöhnlich viel zu kostspielig, um regelmäßig oder in Mengen verzehrt zu werden. Das erste dieser Nahrungsmittel sind die Fette, wobei es keine entscheidende Rolle spielt, ob sie tierischer oder pflanzlicher Natur sind. Das zweite ist der Zucker, egal ob es sich dabei um das altbekannte Produkt Saccharose aus Zuckerrohr oder Zuckerrüben handelt oder neuerdings um Fructose aus Maisstärke, genauer gesagt um »high fructose corn starch« oder HFCS. Wer Ketchup isst, weiß vielleicht, dass der Anteil an Zucker oder HFCS daran bis zu 40 Prozent betragen kann. Aber weiß, wer eine Cola trinkt, dass diese zu 100 Prozent aus Fruktose besteht? Und hat es sich herumgesprochen, dass dieser Maiszucker nirgends mehr fehlt, von der abgepackten Knabber-Salami bis zur Tiefkühlpizza? Sowohl Öl und Fett als auch Zucker galten einstmals als reiner Luxus. Die verstärkte Produktion und allmähliche Verbilligung, aber auch die Art und Weise, wie beide Stoffe (besonders bei industriell gefertigten Lebensmitteln) miteinander kombiniert werden, haben zu einer Veränderung der Ernährung zunehmend der gesamten Welt geführt.

Unser Sprachgebrauch spiegelt den Kontrast zwischen modernem und traditionellem Ernährungsmuster wieder. Den einstigen Kern jeder Mahlzeit, ob dies nun Brot war, Nudeln oder Kartoffeln, bezeichnen wir heute als Beilage. Und drücken damit aus, dass sich unsere Mahlzeiten wie selbstverständlich um Fleischprodukte drehen. Die altehrwürdige

Zusammensetzung einer Mahlzeit findet sich schlicht ins Gegenteil verkehrt: Tierisches Protein, einst ein bloßer Bestandteil des Fringe, hat sich zum Core gemausert und thront als Fleischberg in der Mitte unserer Teller. In Nordamerika und Europa hat der Konsum von Fetten und Zucker jenen von komplexen Kohlenhydraten überflügelt. Amerika sei von der »sugar sickness« befallen, lautete bereits vor mehr als vierzig Jahren die Diagnose von John und Karen Hess in *The Taste of America* (1972). Tatsächlich verzehren die Amerikaner seit knapp einem halben Jahrhundert mehr Zucker als Mehl. Und von dieser Transformation werden zunehmend alle Gesellschaften erfasst. Mit *Die süße Macht. Kulturgeschichte des Zuckers* (1987) hat Sidney Mintz ein viel beachtetes Buch verfasst. Über die weltrevolutionäre Rolle des süßesten Schurken der Menschheit weiß er Folgendes zu sagen: »Kurz gesagt, der Zucker ist eines der nützlichsten Genussmittel, wenn es darum geht, die Verdrängung älterer Essgewohnheiten durch nun wirklich ziemlich radikal neue Verzehrweisen zu beschleunigen und zu verstärken.«

Während ich diese Seiten schrieb, berichtete die BBC von einer neuen Untersuchung, wonach bereits einer von drei Erwachsenen auf der Welt übergewichtig ist – das sind 1,5 Milliarden Menschen. Selbst in Südostasien mit seinem schmalgliedrigen Menschenschlag hat sich ihre Zahl in den letzten drei Jahrzehnten auf 22 Prozent verdreifacht, in allen Entwicklungsländern zusammen sogar vervierfacht, wobei Länder wie Mexiko, Südafrika und Ägypten fast mit den USA gleichgezogen haben, dem Adipositas-Spitzenreiter, der immer noch den höchsten Anteil an Korpulenten unter seinen Bürgern aufweist – sieht man von einigen Mini-Inselstaaten im Pazifik einmal ab.

Der Koala hat es gut. Australiens niedliches Totemtier ist nicht nur ein strikter Vegetarier, sondern es lebt ausschließlich von den Blättern des Eukalyptus. Die Frage der richtigen Ernährung stellt sich für den kleinen Beutelbär folglich nicht. Wenn es nur genug Eukalyptus von der richtigen Sorte gibt, geht es ihm gut. Wir Menschen dagegen sind ausgesprochen omnivor; die Natur hat uns zu Allesessern gemacht. Wir können nicht nur so ziemlich alles verzehren, sondern wir tun sogar gut daran, unsere Nahrungspalette möglichst breit zu gestalten, um unseren täglichen Bedarf an Kohlenhydraten, Eiweiß und Fetten, Vitaminen und Mineralstoffen zu decken. Und deswegen plagt uns ein Problem, nämlich das »Paradox des Omnivoren«, wie es der amerikanische Forscher Paul Rozin als grundlegend für den Allesesser Mensch erkannt hat. Auf der einen Seite gibt es die Notwendigkeit, sich an neue Situationen anzupassen. Denn unbekannte Nahrungsquellen aufzutun, stellte für Menschen immer eine vitale Herausforderung dar. Schließlich konnten die Inuit am Polarkreis überleben und die Paiute in den Wüsten von Nevada und Utah. Auf der anderen Seite stellt jedes unbekannte Lebensmittel auch eine potenzielle Gefahr dar. Woher weiß ich, ob die leuchtend roten Beeren, die mich da anlachen, nicht Bauchgrimmen verursachen oder jener appetitliche Fisch mich nicht vielleicht ins Grab bringt? Neophilie, die Neugier auf Neues, und Neophobie, ein kulinarischer Konservatismus, sind demnach die zwei Seelen in der Brust von »L'homnivore« (dieses schöne Wortspiel stammt von dem führenden französischen Nahrungssoziologen Claude Fischler).

Dass dieses »Paradox des Omnivoren« uns wie ein Fluch zu begleiten scheint, kann einem jeder Supermarktbesuch verdeutlichen. Was von diesen mehreren zehntausend dort versammelten Produkten ist wirklich genießbar? Einen Apfel oder eine Möhre dürften die meisten Verbraucher noch erkennen, auch wenn der bekannte englische Fernsehkoch Jamie Oliver die Erfahrung machte, dass schon die Kartoffel nicht mehr von allen englischen Schulkindern erkannt wird. Aber wer weiß schon, womit sie behandelt wurden? Wie ist es um das blasse Hähnchenfilet bestellt, das sich unter der Folie so wabbelig anfühlt? Was steckt in der Lasagne? Weizen? Rindfleisch? Vielleicht. Vielleicht auch nicht. Die einflussreichsten Deuter unserer schönen neuen Ernährungswelt sind sich an diesem Punkt einig: Der Amerikaner Michael Pollan warnt vor den »essensähnlichen Substanzen«, auf die sich das anschwellende Angebot der Supermärkte immer mehr reduziert. Und Claude Fischler gab schon 1988 zu bedenken, dass sich das moderne Essen in den Augen des Konsumenten weitgehend in besorgniserregende »unidentifizierte essbare Objekte« verwandelt habe, was uns allen zunehmend mehr als nur Bauchschmerzen bereitet.

Was unser tägliches Essen betrifft, sind Ratlosigkeit und Konfusion wahrlich nicht zu übersehen. Glücklich all jene, die noch in einer matrifokalen Küchenkultur mit klaren Vorgaben und unerschütterlichen Vorstellungen aufwuchsen, die sie quasi mit der Muttermilch aufnahmen. Eine solche »Gastronomie« (im Wortsinne, von *nomos*, dem Gesetz, das die Angelegenheiten des Magens regelt), also verbindliche Regeln und Leitbilder, ist brüchig geworden oder hat sich komplett aufgelöst. Wo die Gastronomie gescheitert ist, so lautet die Erkenntnis von Claude Fischler, gedeiht die »Gastro-Anomie«. Diesen Zustand der gastronomischen Gesetzlosigkeit muss man sich als eine Welt vorstellen, in der niemand mehr so recht weiß, was man eigentlich essen darf und soll, und natürlich auch nicht, wie man essen sollte, wann und wie viel. Diese Situation hat sich in dem Maße verschlimmert, wie die Individualisierung unserer Lebensweise in den vergangenen Jahrzehnten die herkömmliche Mahlzeitenstruktur zum Verschwinden brachte. Neben Fastfood und Convenience-Produkten prägt vor allem ein Snacken rund um die Uhr das zeitgenössische Essverhalten. Essen, einst eine eminente soziale Angelegenheit, ist zu einer weitgehend individuellen Aktivität geworden. Allem Anschein nach wird dem Einzelnen dadurch mehr Verantwortung aufgebürdet, als er in der Regel stemmen kann.

Die Paläoanthropologie unterscheidet für unsere in der Horde lebenden Vorfahren zwei Verzehrmuster. Beim täglichen Herumschweifen durch die Savanne kam es zum »vagabundierenden Futtern«, wobei jeder sich die Bissen einverleibte, die er gerade fand: eine reife Frucht, einige Nüsse und Kerne, eine fette Larve. Abends aber traf sich die Gruppe zum Nachtlager und verzehrte gemeinsam die Tagesausbeute. Beide Muster bestehen in allen menschlichen Gemeinschaften fort: sowohl der »Kommensalismus« als auch das individuelle Snacken auf die Schnelle sind keiner Kultur fremd. Die jüngste Entwicklung bei uns steht freilich im Zeichen des Snacking, das treffend auch »grasen« genannt wird. Essen hingegen, zu dem man sich in der Familiengruppe zur gemeinsamen Mahlzeit versammelt, verliert im heutigen Alltag rapide an Bedeutung. Angeblich wenden die Deutschen für alle Mahlzeiten eines Tages nur noch 40 Minuten auf, und eine Familie findet im Schnitt gerade noch einmal die Woche Zeit für eine gemeinsame Mahlzeit. Das liegt nicht nur an der Schwierigkeit, individuelle Tagesabläufe zu koordinieren. Familienessen scheitern zunehmend schon an den momentanen Leitbildern und angesagten Orientierungen, an denen die Einzelnen gerade ihr Essverhalten ausrichten. Nehmen wir ein Beispiel, wie es so oder so ähnlich in Amerika fast schon zur Regel geworden ist, das aber auch bei uns dem einen oder anderen bekannt vorkommen dürfte. In einer vierköpfigen Familie hat nur noch der Vater nichts gegen die traditionelle Kost einzuwenden. Ginge es nach ihm, würden an keinem Tag Fleisch und Kartoffeln fehlen. Die Mutter dagegen schwört auf Low Carb, verzichtet abends ganz auf Kohlenhydrate, begnügt sich mit weißem Fleisch in kleinen Mengen und gibt Salaten den Vorzug. Die Teenager-Tochter dagegen wurde von ihrer Ratlosigkeit gerade in den Vegetarismus getrieben, während ihr kleiner Bruder zurzeit eher dem anderen Lager zuneigt und eigentlich alles meidet, was nicht wie Pizza aussieht oder nach einem Nugget schmeckt. Ein gemeinsames Abendessen? Man trifft sich vor dem Fernseher. Jeder mit seiner Wahl. Wobei das meiste aus der Mikrowelle kommt.

Eine Gliederung des Tages durch drei Mahlzeiten ist bei uns längst Geschichte. Man kann davon ausgehen, dass der alte Dreiklang von bis zu zwanzig täglichen »Essenskontakten« abgelöst wurde. Wobei dieses Snacking zunehmend rund um die Uhr stattfindet, einschließlich des Großen Mitternächtlichen Überfalls auf den Kühlschrank. Für die USA hielt Warren Belasco bereits vor 25 Jahren folgendes Szenario für wahrscheinlich, und da es heute virulenter denn je ist, habe ich es noch ein wenig ausgeschmückt und aktualisiert: Frühstück? Hier fängt der Tag mit einem Egg McMuffin (das ist ein Ei nach Art eines Hamburgers serviert) und einem Granola Bar an, einem Müsliriegel. Unterwegs stärkt man sich an einem Iced Caramel Macchiato. Später folgen ein Becher Fruchtjoghurt und Kartoffelchips. Am Nachmittag dann eine Pizza mit einem Diät-Softdrink. Auf dem Heimweg gönnt man sich einen Latte-to-go. Abends schließlich wird ein wechselndes *Lean Cuisine*-Produkt in die Mikrowelle geschoben. Vor dem TV gibt es natürlich Tortilla-Chips und Salsa aus dem Glas, getrunken wird Coke. Kurz vor oder kurz nach dem Zubettgehen schließlich erliegt man der Verführungskraft, die von einem angebrochenen Eisbecher im Kühlschrank ausgeht.

Kochen? Küche? Weit weg erscheint jener Sidney Mintz,

der sich noch schweren Herzens und nach reichlichem Abwägen gegen die Vorstellung von einer Existenz einer *American Cuisine* entschieden hatte. Hier steht alles unter dem Diktat des Zeitmangels, hat sich alles in Convenience aufgelöst. Dabei kann man nicht sagen, der große alte Mann der Anthropology of Food habe das nicht vorausgesehen. Die verbreitete Einstellung seiner Landsleute, keine Zeit zu haben und folglich ohne die Produkte der Nahrungsmittelindustrie nicht auskommen zu können, führte ihn abschließend zu einem Kommentar gänzlich ohne den landestypischen Optimismus: »Aber viele Speisen dieser Art würden sich nicht durchsetzen, wenn Amerikaner sich mehr dafür interessierten, wie und was sie essen. Dass sie das nicht tun, ist eine Tatsache von weitreichender Bedeutung; sie impliziert nicht allein, dass ihnen eine Cuisine fehlt, sondern auch, dass sie wahrscheinlich nie eine haben werden.«

Ich habe auf diesen letzten Seiten Beispiele aus den USA mit solchen aus Deutschland vermischt und vermengt. Die Entwicklungen in beiden Ländern weisen nämlich in die gleiche Richtung. Eine Familie etwa ohne den kleinsten gemeinsamen kulinarischen Nenner, das ist weder in Amerika noch bei uns eine Seltenheit. Auch bei unseren nördlichen Nachbarn in Holland, Großbritannien und den skandinavischen Ländern gibt es das zuhauf. In Mailand, Bologna oder Neapel hingegen? Schwer vorstellbar. Nicht nur in ganz Italien, sondern auch in den anderen Mittelmeerstaaten. Selbst nach Entwicklungen wie der Hinwendung zu Health Food oder Bio und vegetarischer oder gar veganer Kost muss man dort suchen. »No whole wheat pizza!« – die großen Reiseführer wie *Rough Guide* und *Lonely Planet* müssen ihren meist jüngeren Lesern erklären, dass sich ausgerechnet die Anwohner des Mittelmeers gewissen vertrauten Trends »bewusster Ernährung« hartnäckig verweigern und sich einfach von Tradition und Geschmack leiten lassen. Tradition und Geschmack! In Amerika spricht man kopfschüttelnd von »The French Paradox«. Ein Volk, das *guten Gewissens* tagtäglich Substanzen wie Fette, Zucker und Alkohol konsumiert, dabei aber deutlich weniger Fälle von Herzerkrankungen und Fettsucht kennt, gibt wahrlich Rätsel auf. In gastronomischer Hinsicht kann von einem »Westen« also keine Rede sein. Aber allem Anschein nach sind gewisse Entwicklungen und Wandlungen bei uns Teil eines globalen Musters und wir in Deutschland Teil einer viel größeren Essprovinz. Mit diesem Stichwort kommen wir nun zum nächsten Kapitel.

Literatur

Appadurai (1988), Barlösius (1988), Barlösius (2000), Belasco (1989), Davidson (2006), Fichtner (2004), Fischler (1983), Fischler (1988), Götze (1999), Hess & Hess (1972), La Cecla (2007), Mintz (1985), Mintz (1987), Mintz (1992), Mintz (1996), Mintz (2001), Peter (2008), Pollan (2006), Pollan (2007), Revel (1979), Richards (1939), Rumohr (1822), Trubek (2003)

Essprovinzen der Welt:
Wer gewinnt, wer verliert?

Das Kochen unterscheidet den Menschen vom Tier. Alle menschlichen Gesellschaften kennen die Verarbeitung von rohen Speisen, die zumeist mithilfe des Feuers erfolgt. Auch verschmähen die meisten das Würzen nicht, wie man hinzufügen sollte. Der Mensch ist fraglos das »kochende Tier«. Ob alle Kulturen deswegen auch über eine Kochkunst im Sinne einer Cuisine verfügen, ist freilich eine umstrittene Frage. Drei grundlegende Elemente einer »Küche« wird man allerdings in jeder menschlichen Gemeinschaft vorfinden. Einmal die Entscheidung, was als essbar verstanden wird und was nicht. Es gibt keine Kultur, die nicht eine *Auswahl* der für sie akzeptablen Nahrungsmittel vornimmt. Dann deren *Umwandlung*: Mittels bestimmter Kochtechniken werden die Naturprodukte in kulturell akzeptierte Speisen verwandelt, wobei gewissen Geschmackskombinationen und Aromen der Vorzug gegeben wird, andere hingegen gemieden werden. Drittens schließlich gibt es keine Gemeinschaft, die nicht klare Vorstellungen vom *Verzehr* hätte. Wann man isst, wie und mit wem. Überall unterliegt das Essen spezifischen (und häufig erstaunlich komplizierten) Regeln.

Wie aber kann man eine Küche definieren, sie tatsächlich beschreiben? Wenn ich in einer Vorlesung auf die thailändische Küche zu sprechen komme, könnte ich mit dem Naheliegendsten beginnen, nämlich dass Reis ihre Basis ist. So wichtig das fraglos ist, eine große Trennschärfe weist das nicht auf, denn auch in China und Indien isst man Reis, im Iran und in

Italien, ganz zu schweigen von allen südostasiatischen Nachbarn Thailands, deren Küchen sich ebenfalls dem Reis verschrieben haben. Demnach müsste ich als Nächstes alles aufzählen, was in Thailand auf den Tisch kommt. Irgendwann käme ich dann auf die Techniken der Zubereitung zu sprechen, womit wir schnell beim Wok wären. Der Wok wiederum bedingt, dass vorwiegend kurz angebratene Zutaten vorher stets klein geschnitten werden müssen. Was wiederum bedeutet, dass man beim Essen ohne Messer auskommt, denn eines Werkzeugs zum Schneiden bedarf es nicht. Damit wäre ich bei der regelnden Etikette angekommen. Und so weiter und so fort. Man könnte immer mehr ins Detail gehen und weitere Merkmale sammeln, doch wohin würde das führen? Mich erinnert das an eine Kurzgeschichte von Jorge Luis Borges, die ich vor langer Zeit gelesen habe. Ein Mann bekommt den Auftrag, ein Land kartografisch zu erfassen, ich glaube, es handelt sich um China. Dieser Lebensaufgabe widmet er sich mit Herzblut. Am Ende übertrifft sein Werk alle Erwartungen. Einen Nachteil freilich hat es – die Karte ist nämlich so groß wie das Land selbst ausgefallen.

Der reinen Beschreibung einer Küche drohte möglicherweise eine ähnliche Gefahr. Der weltweit führende Erforscher des Geschmacks, der Amerikaner Paul Rozin, der im letzten Kapitel einen kurzen Gastauftritt hatte, und seine Frau Elizabeth Rozin, eine Essenthusiastin, sind deshalb auf eine Idee verfallen. So wie manche Köche zeichnen sich auch viele Küchen durch eine unverwechselbare Handschrift aus. Könnte man nicht, so lautet ihre Überlegung, eine Kochtradition am trefflichsten anhand ihrer Gewürze charakterisieren? Tatsächlich kennen viele Küchen typische Kombinationen von Gewürzen, die die Rozins ihre *flavor principles* nennen. Anhand solcher glauben sie eine Küche, wie beispielsweise die italienische oder die chinesische, trennscharf bestimmen zu können. Nehmen wir einmal Olivenöl, Knoblauch, Petersilie, Basilikum und Tomaten. Das schmeckt ohne Frage nach dem Mittelmeerraum, und sogar deutlich nach Italien, ja sogar nach dem Süden Italiens. Mit Olivenöl, Zitrone und Oregano sind wir zwar immer noch am Mittelmeer, aber jetzt hat man den Geschmack von Griechenland auf der Zunge. Würzt man wiederum etwas mit Sojasauce, dann schmeckt es nach Ostasien. Sojasauce drückt jeder Speise den Stempel »asiatisch« auf; sie kann unmöglich als russisch, türkisch oder algerisch gelten. Die Verbindung von Sojasauce mit Ostasien lässt sich weiter untergliedern: Die Kombination mit Ingwer, Frühlingszwiebeln, Knoblauch und schwarzen Bohnen schmeckt nicht nur nach chinesischer, sondern speziell nach kantonesischer Küche. Sojasauce mit Chili, Knoblauch und Sesam dagegen schmeckt nach Korea. Während Sojasauce mit Sake und Zucker (das ergibt die als Teriyaki bekannte Marinade) die japanische Küche markiert.

Natürlich bedarf das Prinzip noch gewisser Verfeinerungen, doch sowohl für die Charakterisierung von Regional- wie Nationalküchen als auch ganzer Essprovinzen scheint es durchaus vielversprechend zu sein, worauf Eugene Anderson hingewiesen hat. Gut anwendbar ist es dort, wo Kulturen ausgiebig würzen, also in den warmen und tropischen Landstrichen weit mehr als im Norden. Mexiko, Marokko oder Indien kennen ausgeprägte und leicht zu beschreibende Gewürzkombinationen, was man von der Mongolei, England oder Deutschland wohl nicht sagen würde. Küchen lassen sich danach einteilen, ob sie eher »high spice« sind wie in Süd- und Südostasien oder »low spice« wie in Europa und in Teilen Afrikas. Was aber macht man mit ausgesprochenen »No spice«-Küchen, wie jener der Inuit oder vieler indianischer Völker, die selbst Salz für verzichtbar halten, den wahrscheinlich ältesten und am weitesten verbreiteten Geschmacksverstärker der Menschheit? Man tut also gut daran, die typischen *flavor principles* um weitere Faktoren, wie bevorzugte Nahrungsmittel und wichtigste Zubereitungsarten, zu ergänzen. Die Welt lässt sich sodann in acht große Essprovinzen oder Areale sowie eine Reihe regionaler Ausnahmen einteilen.

Fangen wir mit Europa an. Bei der populären und weltweit gehegten Vorstellung, es gäbe »Western Food« und damit eine Essprovinz, die quasi aus Europa und Nordamerika besteht, handelt es sich natürlich um Quatsch mit Sauce. Ein gastronomisches Areal kennt Europa in der Tat – den Mittelmeerraum. Die Wurzeln der *mediterranen Essprovinz* kann man im kolonialen Drang der antiken Griechen lokalisieren, zur Realität wurde sie durch das Römische Reich. Das Kernland dieses Areals ist zunächst Italien, und dann gehören natürlich Spanien und Portugal dazu (letzteres kurioserweise, ohne überhaupt ein Anrainerstaat zu sein). Griechenland grenzt fraglos an das Mittelmeer. Kulinarisch aber ist das Land ein Grenzfall, wegen der ausgeprägten Einflüsse des Osmanischen Reiches. Der Problemfall aber heißt Frankreich. Denn zur eigentlichen Mittelmeerküche zählt nur der Süden des Landes. Und der Norden? Statt mit Olivenöl wird dort mit Butter gekocht, bei Knoblauch rümpft man die Nase; alles dreht sich um aufwendige Saucen, und statt des klassischen Mittelmeergetränks Wein gibt es Bier oder gar Cidre. Mediterran ist das sicher nicht und die klassische Haute Cuisine natürlich schon gar nicht, auch wenn sich diese der Tendenz zur leichten und gesunden Mittelmeerküche mittlerweile geöffnet hat. Gleichwohl sollte man das Land der *Essprovinz Mittelmeer* zuschlagen, denn seine Esskultur wurzelt nicht weniger im Römischen Reich als jene Italiens.

Und jenes Europa, das nicht oder nicht allzu sehr im Römischen Reich wurzelt? Diesen Rest kann man durchaus zu einer Essprovinz zusammenfassen, wobei die Herausforderung zunächst darin besteht, so unterschiedliche Küchen wie jene Englands, Deutschlands und Russlands (geografisch bis Wladiwostok) in dieses Areal hinein zu denken. Dabei kommt es noch schlimmer, weil der europäische Kolonialismus diese Essprovinz nicht nur bis an den Pazifik, sondern auch nach ganz Nordamerika exportierte. Man wird wohl besser von einer *Essprovinz Nordatlantik* als von einer *Essprovinz Nordeuropa* sprechen (dabei aber stillschweigend darüber hinwegsehen, dass auch andere ehemalige Siedlerkolonien dazu gerechnet werden müssen, namentlich Australien und Neuseeland).

Dann kann man von einer *Essprovinz Naher Osten* sprechen, die mit vielen Unterteilungen die muslimische Welt von Marokko bis zum Hindukusch umfasst. Die drei eigenständigen Küchen des Maghreb wären dabei eine solche Unterteilung, verbunden durch Couscous und Harissa. Die gewürzarme bäuerliche Küche Ägyptens wiederum unterscheidet sich von den Küchen Arabiens und der urbanen Levante sowie Mesopotamiens. Und diese wiederum von der türkischen Küche und der uralten Küchentradition Persiens, deren Ausstrahlung bis weit nach Zentralasien reicht. Die beiden geografischen Pole dieses Areals, Marokko im Westen und der Iran im Osten, treffen sich in der Kunst, mit der sie Fleischgerichte mit Trockenfrüchten zu verbinden und damit bemerkenswerte Geschmacksnuancen zu erzeugen verstehen. Das übrige Asien zerfällt in drei weitere, sich deutlich voneinander unterscheidende Areale: zunächst die *Essprovinz Südasien*, zu der neben Indien noch die Nachbarstaaten Pakistan und Bangladesch, Nepal und Sri Lanka zählen. Dann die *Essprovinz Ostasien*, die ganz alleine von China ausgefüllt wird, wobei man noch Korea dazuzählen kann. Schließlich die *Essprovinz Südostasien*, ein Areal, das eine Vielzahl eigenständiger Küchen kennt, die aber alle auf dem Gebrauch von fermentierten Fischsaucen und Krabbenpasten beruhen, die hier an die Stelle der Sojasauce treten. Weite Teile Südostasiens waren traditionell so wohlversorgt mit tierischem Protein, dass Leguminosen als Säule der Ernährung hier ausnahmsweise überflüssig waren.

Auch *Ozeanien*, der Kontinent mit der kleinsten Landmasse, stellt eine eigenständige Essprovinz dar. Die Gemeinsamkeiten wird man dabei weniger in irgendwelchen *flavor principles* suchen, denn Gewürze spielen hier kaum eine Rolle. Geschmacklich dreht sich bei den Kulturen dieses Areals alles um die Kokosnuss, wobei die Küche außer auf Fisch auf einigen stärkehaltigen Anbaufrüchten wie Taro, Süßkartoffel und Brotfrucht beruht, die hier einzig und allein als »echtes Essen« gelten, als »kakana dina«, wie es auf Fidschi heißt. Zum Sinnbild der *Essprovinz Ozeanien* wurde der Erdofen, obwohl es diese urtümliche Garungstechnik, bei der eine Grube die Rolle des Ofens übernimmt, weltweit gibt. Ob man in *Afrika* eine der Essprovinzen dieser Welt sehen kann, ist nicht ganz so eindeutig. Denn das Instrument *flavor principles* versagt hier komplett. Auf diesem kulturell und sprachlich so vielfältigen Kontinent gibt es neben gewürzintensiven und der Chilischärfe zugetanen Küchen nämlich auch Kulturen, die einer ausgesprochen faden Kost anhängen. Vom Senegal bis Südafrika pflegt man allerdings ein gemeinsames Ideal, das wir im letzten Kapitel am Beispiel der Bemba und als das Mintz'sche-Modell kennengelernt haben: Demnach besteht ein »richtiges Essen« ausschließlich aus einem Getreide- oder Knollenbrei, während die vornehmste Aufgabe der flüssigen Beilage darin gesehen wird, diesen Brei kurz und schmerzlos an den Ort seiner Bestimmung zu verfrachten. Ob das genug ist, um von einer *Essprovinz Afrika* sprechen zu können, ist jedoch fraglich.

Wie unschwer zu erkennen ist, gibt es auf dieser gastronomischen Weltkarte noch reichlich weiße Flecken. Der größte
heißt Südamerika. Wie Nordamerika wurde auch Südamerika von europäischen Mächten erobert und kolonialisiert,
allen voran von Spanien und Portugal. Gehört Südamerika
demnach zur *mediterranen Essprovinz*? Für die beiden großen
Weinländer Chile und Argentinien trifft dies sicher zu, auch
wenn wohl niemand Argentiniens fleischlastige Kost mit
einer »Mediterranean Diet« verwechseln würde. Bei Mexiko
und Peru hingegen handelt es sich um eigenständige Essprovinzen, deren Fusionsküchen auf den Traditionen der Azteken bzw. der Inka basieren. Schaut man sich die *Essprovinz
Mexiko* genauer an, dann könnte man sogar Yucatán für ein
eigenständiges Areal erachten, das auf den kulinarischen Traditionen der Maya gründet (und im letzten Jahrhundert erstaunliche Symbiosen mit der Küche libanesischer Einwanderer einging). Auch Brasilien und Teile der Karibik bilden
Ausnahmen, da sie stark von afrikanischen Einflüssen geprägt
sind. Besonders die Küche von Bahia in Brasiliens Nordosten
pflegt mit Palmöl (»azeite de dendê«) und geräucherten Garnelen westafrikanische *flavor principles*, verwendet Okra und
Kochbananen, und das *Akara* der Yoruba, Westafrikas Version der Falafel, taucht dort unter dem Namen *Acarajé* als
Streetfood auf. Auf dem afrikanischen Kontinent kann Äthiopien (einschließlich Eritrea) Anspruch erheben, eine eigenständige Essprovinz zu sein. Unverkennbar zeugen die hier
präferierten *flavor principles* von der geografischen und kulturellen Nähe zum Nahen Osten.

In Asien lassen sich China und Japan kulinarisch nur
schwer unter einen Hut bringen. Obwohl Japan von China
mit dem Reis und der Sojasauce (als wichtigstem Element seiner *flavor principles*) auch die Essstäbchen übernommen hat
und in späterer Zeit noch die Nudeln (*ramen*) und die Teigta-

schen (*gyōza*) hinzukamen, pflegt man hier einen klaren und unverwechselbaren Stil. Dabei ist erstaunlich, wie konsequent sich die Küchen Ostasiens voneinander abgrenzen. Japan in kulinarischer Hinsicht – das ist frischer Fisch und vor allem auch roher Fisch. China hingegen, wo Speisetabus bekanntlich fast völlig fehlen und so ziemlich alles auf den Tisch kommt, lehnt Rohes kategorisch ab, insbesondere rohen Fisch. Mehr noch: Der Thunfisch, Japans Superfisch, wird in China traditionell als ungenießbar erachtet; chinesische Fischer pflegten ihn als Hunde- und Katzenfutter zu entsorgen. Auf ähnliche Weise verschmähte man in China alle Milchprodukte und grenzte sich so von den »barbarischen« Nomadenvölkern an der Westgrenze ab. Während China und Korea den Knoblauch lieben, zeigt ihm Japan die kalte Schulter. Das Gleiche lässt sich übrigens vom Verzehr von Hundefleisch sagen. Ein letzter schöner Zufall schließlich: Während die Küchen Nordchinas und Japans die Schärfe meiden, hat sich Korea dem Chili verschrieben und rotes Kimchi zu seinem Symbol erkoren. Damit hat man mit Korea das einzige Land einer gemäßigten Klimazone vor sich, dessen Küche sich durch Schärfe auszeichnet. Denn gewöhnlich findet man Chilikulturen nur in den südlichen Breiten. Also: Die kulinarische Ausnahme Japan sollte man unbedingt als eigenständige Essprovinz ansehen. Und möglicherweise gilt dies ebenso für Korea.

Weiße Flecken sind jetzt auf unserer Weltkarte kaum noch zu finden, und dennoch bleibt das Bild unvollständig. Was noch fehlt, sind die Kochtraditionen der Stammesvölker, also jener Kulturen, mit denen sich traditionell die Ethnologie beschäftigte. Aber leider muss man sagen, dass es nach mehr als einem Jahrhundert der Forschung immer noch kaum eine Handvoll wirklich detaillierter Gastroethnografien gibt. Neben dem erwähnten Werk von Audrey Richards (1939) über die Bemba des südlichen Afrika fällt vor allem das Werk *Zuñi Breadstuff* (1920) von Frank Hamilton Cushing aus dem Rahmen, in dem der amerikanische Ethnologe, der von 1879 bis 1884 unter den Zuñi New Mexicos lebte, eine indigene Esskultur in epischer Breite schildert. Auch in *The Anthropologists' Cookbook* (1977) von Jessica Kuper kann man ein Pionierwerk sehen, weil es den Leser auf eine kulinarische Weltreise abseits der großen Küchenprovinzen mitnimmt. Bei der Entstehung dieses Buchs taten sich im Vorfeld allerdings Probleme auf, da einige der von der Herausgeberin kontaktierten Forscher dem Thema nichts abzugewinnen vermochten. Eine Amerikanerin etwa gab ablehnend zu bedenken, dass nicht alle Menschen der Welt Feinschmecker seien. Bei den von ihr erforschten Buschleuten der Kalahari etwa würde ein sandiges und zähes Grillfleisch bereits als wahres Festessen durchgehen, sofern es dazu noch einige *Mongongo-*Nüsse gebe.

Kochkunst und kulinarische Raffinesse lassen vor allem die Wildbeuter vermissen. Könnte es sein, dass der Mensch ohne die Annehmlichkeiten der Sesshaftigkeit und die Erträge der Landwirtschaft ein rechter Grobschmecker war? Die Beschreibung der im Urwald Boliviens lebenden Sirionó, wie sie Alan Holmberg zu diesem ungewöhnlichen »Kochbuch« beigesteuert hat, könnte einen durchaus in diesem Verdacht bestätigen. Auf die Zubereitung ihrer Jagdbeute jedenfalls verwenden die Sirionó nicht gerade viel Sorgfalt: Affen und Nabelschweine werden kurz über dem Feuer abgesengt, dann abgekratzt und ausgeweidet, Vögel nur hastig gerupft und Gürteltiere sowie Schildkröten in der Schale geröstet, wohingegen man Fische weder auszunehmen pflegt noch sie ihrer Schuppen entledigt. Auch auf die Zubereitung der Speisen wird wenig Wert gelegt. Gewöhnlich werden sie einfach in der Glut geröstet oder im Lehmtopf gekocht. Man kennt weder Salz noch andere Gewürzzutaten. Gegessen wird, wenn es etwas zu essen gibt, wobei man sich jede Förmlichkeit erspart. Am liebsten isst man alleine. Sind jedoch weitere Esser anwesend, schlingt ein jeder seinen Teil so schnell wie möglich herunter und blickt vom Essen erst wieder auf, wenn er es beendet hat. Besondere Speisevorlieben scheinen die Sirionó nicht zu kennen, außer dass sie fettem Fleisch eindeutig den Vorzug vor magerem geben. Rezepte freilich, die doch eigentlich »die elementare Form des kulinarischen Lebens« (Arjun Appadurai) darstellen, tauchen im Sirionó-Kochbuch nicht auf.

Wie verhält es sich mit den Kochtraditionen bekannter Stammesvölker, etwa der australischen Aborigines oder der arktischen Eskimo (denn bei den Sirionó handelt es sich schließlich nur um eine in den Weiten des südamerikanischen Urwalds versprengte kleine Gruppe)? Den britischen Besiedlern Australiens war das »Buschessen« gelinde gesagt suspekt. Sie gruselten sich vor Ameisen oder den »witchetty grubs« genannten Riesenmaden, wahren Proteinbomben, die von den Einheimischen gemäß der Devise »don't cook, don't kill, just eat« mit großem Appetit bei lebendigem Leib verspeist wurden. In gegartem Zustand attestieren Kenner dieser Buschdelikatesse, wie gebratenes Ei mit leichtem Nussaroma zu schmecken, wobei die Haut an den Geschmack von gebratenem Hähnchen erinnern soll. Isobel White, eine australische Ethnologin, hat bei den Aborigines eine außergewöhnliche Esslust beobachtet. Sie gibt aber zu bedenken, dass deren Freude am Essen aus den Speisen selbst erwächst und nicht auf die Zubereitungsart zurückzuführen ist, da sie nämlich alles ohne Töpfe oder Pfannen auf dem Feuer garen. Für ein Känguru etwa wird eine Grube ausgehoben, mit Brennholz gefüllt und dieses dann zu Holzkohle abgebrannt. Zum Garen kommt das ganze Tier in die Grube und wird mit Kohlen bedeckt, wobei sich die Garzeit nach dem knurrenden Magen der Wartenden bemisst, gewöhnlich also recht kurz ausfällt. Nicht anders aber als unter Steakliebhabern, die sich von »blutig« bis »durch« entscheiden können, finden sich auch hier Esser, die ihr Stück noch einmal kräftig durchbraten.

Ein großes Schildkrötenessen bei den Aborigines sieht so aus, dass das ausgenommene Reptil auf dem Rücken in die besagte Feuergrube gelegt wird. Somit dient sein Panzer als Kochtopf, auf dessen Boden sich eine wohlschmeckende »Schildkrötensuppe« ansammelt. Eine Delikatesse der besonderen Art stellt »das pfeifende Steak« dar. »Ich erinnere mich«, heißt es bei Isobel White, »an ein zehn Pfund schweres Rumpsteak, das so lange hing, bis es anschwoll und ganz grün wurde. Ja, es pfiff, wenn man daran vorüber ging. Ich rief einem der Leute zu, es wegzuwerfen. Er sagte: ›Nein, wir werden es ins Lager tragen und essen. Das ist ein gutes Stück.‹« Darauf weichte man das Gammelfleisch zwei Tage lang in fließendem Wasser ein. Die Ureinwohner hatten nämlich herausgefunden, dass alles, was verdorben und bereits »hinüber« war, seine Giftstoffe verlor, wenn man es lange genug in Wasser einweichte. In Blätter gewickelt garte man es anschließend im Erdofen. Sein Geschmack war angeblich vorzüglich – man musste nur den Gedanken verscheuchen, dass es bereits einmal grün angeschimmelt gewesen war.

In den letzten Jahrzehnten machte sich in der australischen Gesellschaft ein tiefgreifender Wandel bemerkbar, die traditionell verfemten Nahrungsmittel der Aborigines werden neu entdeckt. Heute bereichern Känguru und Emu den Speisezettel, und die rund 2500 einheimischen essbaren Pflanzen, die man in der Vergangenheit ignorierte, stoßen auf großes Interesse. Seither dienen Zitronenmyrte und Baumrinden als Gewürz, werden Buschtomaten zu Chutneys verarbeitet, Margeritas oder auch Austern mit Wildlimonen aromatisiert und

Spaghettisaucen mit Buschteeblättern gekocht. Nicht nur auf dem fünften Kontinent, sondern in vielen experimentierfreudigen Restaurants der gehobenen Globalgastronomie.

Und die Inuit? So weit wie jene der australischen Aborigines haben es ihre angestammten Lebensmittel bislang nicht gebracht. Die einstigen »Rohfischfresser« verstanden ihr Essen sehr wohl zu kochen. Aber aus gutem Grund verzehrten sie Fisch und Fleisch roh, weil sich auf keine andere Weise der Vitaminbedarf in der an Vegetabilien armen Arktis decken ließ. Die »Inuit-Diät« müsste heute eigentlich gut dastehen, weil die Sushi-Begeisterung die einstmals verachteten Essgewohnheiten in einem neuen Licht erscheinen lässt. Ihre traditionelle Ernährungsweise nennen die Eskimos Kanadas, die sich selbst als Inuit bezeichnen, »Country Food«, während die Eskimos Alaskas, die den alten Namen vorziehen, einfach von »Eskimo Food« sprechen. Eine Präferenz für Rohes lassen sie immer noch erkennen, auch wenn *Qallunaat food*, das Essen des weißen Mannes, zunehmend ihren Speiseplan bestimmt. Doch einiges überdauert: Bis heute erfreuen sich einige Inuit-Kinder an den Augen frisch erbeuteter Karibus, die ihnen als Leckerbissen gelten, und es gibt noch Jäger, die frisches Seehundblut trinken. Maktaaq-Scheiben von roher gefrorener Walhaut mit Blubber oder Igunaq, fermentiertes Walrossfleisch, das nach mehrmonatiger Lagerung im Boden zu einer zähen, öligen Masse wird, gelten nach wie vor als Delikatessen, nicht anders als Akutaq, genannt »Eskimo-Eiscreme«, das aus dem geschlagenen Fett von Karibu, Walross oder Robbe besteht, gemischt mit arktischen Beerensorten. Heute wird Maktaaq auch paniert und frittiert mit Soyasauce verspeist, während Eskimo-Eiscreme bisweilen aus dem Bratfett der Marke Crisco hergestellt und natürlich gezuckert wird.

Zeigen sich eigentlich alle menschlichen Gesellschaften darüber erfreut, wenn ihre Spezialitäten von anderen Kulturen aufgegriffen und in das eigene Repertoire übernommen werden? Mit Bestimmtheit lässt sich diese Frage nicht beantworten, wir wissen es nämlich nicht. Für die Speisen und Küchen der Stammesvölker und darunter besonders jene der Wildbeuter dürfte dies aber kein Thema sein. Denn es lassen sich nur wenige Beispiele dafür nennen, dass ihre kulinarischen Errungenschaften über kulturelle Grenzen hinweg Anklang finden. In der Vergangenheit gehörte dazu sicher Pemmikan, eine Speise aus luftgetrocknetem Bisonfleisch, das zerstampft und mit Knochenmark und Beeren angemacht wird. Heute (neben Hundefleisch) zu den Sakralspeisen der Lakota oder Sioux gezählt, stieß diese Dauerkonserve aller Indianervölker der nördlichen Plains und Prärien einstmals auch unter weißen Pelzhändlern und Siedlern auf breiten Zuspruch.

Nach dieser Einteilung der Welt in acht große und eine Reihe kleinerer Essprovinzen stellt sich natürlich die Frage, welche Auswirkungen von ihnen auf die übrige Welt ausgehen, auf andere Küchen und andere Areale? Welche Tendenzen und Wanderungen lassen sich beobachten? Welche Erzeugnisse, Speisen und Küchentraditionen haben sich bislang erfolgreich zu globalisieren vermocht? Und welchen ist kein Erfolg in der globalen Arena beschieden? Eines darf als sicher gelten: Einen globalen Einheitsgeschmack muss man angesichts der Vielzahl von Akteuren, Strömungen und Einflüssen nicht fürchten. Das gilt auch für die weltweit agierenden Fastfood-Ketten. Um erfolgreich zu sein, passen sie ihr Angebot dem lokalen Geschmack an. In Thailand begegnen einem die *flavor principles* der heimischen Küche etwa bei KFC (Kentucky Fried Chicken), das dort seine Drumsticks im Geschmack »Thai-Curry« paniert, oder bei McDonald's, wo es neben einem Chicken Burger McSpicy auch Hähnchenteile in einer

Tom-Yam-Panade gibt. KFC in China wiederum bietet »Duftenden Pilzreis« an, und bei McDonald's in Japan kann man einen Burger im Teriyaki-Geschmack bekommen. Außerdem finden die Ketten Nachahmer. MOS-Burger, eine japanische Kette, hat einen Rice Burger kreiert, der bereits auch in Bangkok ein Hit ist. Und die philippinische Kette Jollibee hat die amerikanische Konkurrenz (und zwar die großen Drei: McDonald's, KFC und Pizza Hut) nicht nur im eigenen Land auf die Plätze verwiesen. Mit der Eröffnung erster Filialen jenseits des Pazifiks bläst Jollibee bereits zu einer gastronomischen Eroberung Amerikas.

Den größten Globalisierungserfolg der *nordatlantischen Essprovinz* wird man weniger in gewissen Speisen sehen als vielmehr in einigen Getränken. Frank Zappa bewies hier einen guten Riecher: »You can't be a real country unless you have a beer and an airline – it helps if you have some kind of a football team, or some nuclear weapons, but at the very least you need a beer.« Selbst wenn der Altmeister des kalifornischen Underground das nicht ganz ernst gemeint haben sollte, recht hat er damit allemal behalten. Dem Biergenuss gibt sich tatsächlich die ganze Welt hin. Abgesehen von jenen Kulturen, in denen religiöse Bedenken dem Konsum einen Riegel vorschieben (dazu gehört neben der islamischen Welt auch in einem erstaunlichen Maße Indien, das sich hier recht puritanisch geriert), weiß ich von keiner Gesellschaft, wo Bier nicht enthusiastisch getrunken würde. Weltweit ist Bier das beliebteste alkoholische Getränk. Wer würde Laos unter die Biernationen zählen? Und doch wirft die verschlafene Volksrepublik am Mekong mit *Beerlao* ein Getränk auf den Markt, das nicht nur der Stolz des Landes ist, sondern vielen als das beste Bier Südostasiens gilt, besonders das *Dark Lager*. Oder den Libanon? Die internationale Vorwahl der Zedernrepublik – 961 – gab einem *Pale Ale* seinen Namen. Mit lokalen Kräutern wie

Sumach, Anis und Salbei angereichert, wird das Gebräu auch jenseits der Landesgrenze nachgefragt.

Einen womöglich noch erstaunlicheren Siegeszug haben Coke und Konsorten hingelegt. Softdrinks haben sich bis in den letzten Winkel eines jeden noch so abgelegenen Landes verbreitet. Weltweit scheint keine Kultur Coca-Cola abzulehnen – das machen nur Regierungen, die, wie früher in Libyen, Jugoslawien oder Indien, den Konzern nicht ins Land ließen. Wenn man es sich leisten kann, wird Cola sogar gerne zu den Mahlzeiten getrunken. Und bei festlichen Anlässen im ländlichen Kenia oder Guatemala bekommt man als Gast eine Cola oder Pepsi mit einer Geste angeboten, als würde es sich um Champagner handeln. Mit erstaunlichen Folgen, denn diese Vorliebe bleibt nicht auf den Menschen beschränkt. In Thailand leben Menschen und Geister eng zusammen. Überall sieht man Geisterhäuschen, die viel zum exotischen Flair thailändischer Städte beitragen. Wie sich an den dort dargereichten Gaben ablesen lässt, scheinen deren Bewohner nach einer knallroten Fanta geradezu süchtig zu sein.

Von allen Nahrungsmitteln der beiden europäischen Essprovinzen hat Brot die größte Verbreitung erfahren. Das ist leicht zu erklären, denn zum einen handelt es sich bei Brot um eine der bedeutendsten kulinarischen Entdeckungen der Menschheit. Und zum anderen stellt Brot natürlich ein klassisches Convenience-Food dar. Das französische Baguette verbreitete sich entlang kolonialer Einflüsse und wird heute im frankophonen Westafrika genauso gerne gegessen wie in Vietnam, Laos und Kambodscha. Das anglophone Afrika dagegen kennt ein anderes Produkt: Wie das amerikanische »Wonder Bread« ist es kastenförmig, weich, süßlich und wird in Scheiben geschnitten, abgepackt und verkauft. Nach Afrika kam es ursprünglich nicht mit den Kolonialherren, sondern die Nachkommen ehemaliger Sklaven brachten als Rückkehrer das Wissen um seine Herstellung von Jamaika nach Gambia, Sierra Leone und Nigeria mit. In der ostafrikanischen Verkehrssprache Swahili *Tosti* geheißen, hat es auch ungetoastet einen festen Platz unter den Speisen des Kontinents gefunden. Aber auch in Ländern ohne koloniale Vergangenheit, wie Thailand oder Japan, mögen immer mehr Menschen ihr Frühstücksbrot nicht mehr missen. Eher widerwillig dagegen ist das indianische Nordamerika aufs Brot gekommen. Die militärisch besiegten Stämme in den Reservationen mussten nämlich von der Regierung in Washington mit Lebensmittelrationen versorgt werden, unter denen sich auch Mehl befand, also etwas, womit die einstigen Großwildjäger zunächst nichts anzufangen wussten. Der Hunger lehrte sie, daraus ein flaches, in Fett ausgebackenes Brot herzustellen. Heute gibt es kein Powwow, wie die farbenfrohen sommerlichen Feste heißen, ohne dieses *frybread*, es ist zum kulinarischen Symbol aller Indianer geworden.

Ein verblüffender Überraschungserfolg war und ist immer noch dem britischen Corned Beef und dem amerikanischen Spam in einigen Südseekulturen beschieden, auf die ich später noch zu sprechen kommen werde. Auch einige andere Erzeugnisse unserer Nahrungsmittelindustrie können mit bemerkenswerten internationalen Karrieren aufwarten. Alle Welt etwa stürzt sich auf Cornflakes, als ob es die Warnung von Vincent Klink nie gegeben hätte: »Esst nicht die Cornflakes, esst die Verpackung, sie ist gesünder.« Aber ist etwa die ultradicke, gezuckerte Kondensmilch gesund? Und dennoch könnte man spielend ein Buch mit Beispielen füllen, was, außer ihren Tee und Kaffee bis zur Unkenntlichkeit zu verpanschen, Menschen aller Länder noch damit anstellen: etwa eine Suppe oder ein Curry damit verfeinern oder einen Roti-Fladen in eine Süßspeise verwandeln, wie in Thailand üblich, daraus Puddings und Ersatzmarmeladen fertigen, wie fast überall auf der Welt, oder auch Irlands einzigartiges Guinness in einen Punch verwandeln, wie in der Karibik.

Und Deutschland? Damit, dass die Schweinshaxe einmal Thailand erobern würde, war nicht unbedingt zu rechnen. Heute ziert »Deutsche Schweinshaxe« die Speisekarte großer Restaurants in Bangkok und wird gewöhnlich mit scharfen Dips serviert. Und neben Weißbier schätzt man auch deutsche Würste, wobei, nicht anders als bei der Haxe, bei den thailändischen Gästen bereits die ausladenden Portionen Begeisterung auslösen. Dass deutsches Essen im Ausland überhaupt Anklang findet, ist vielen Deutschen geradezu peinlich. Dabei genießt das Münchner Oktoberfests weltweit ein unglaubliches Renommee, und einige bajuwarische Culinaria sichern der deutschen Küche eine globale, wenngleich eher bescheidene folkloristische Nischenpräsenz. Doch hierzulande ist es immer noch eine Schlagzeile wert, wenn eine deutsche Wurstbude unter dem Namen »Herman ze German« (Motto: »our wurst is ze best«) in England reüssiert.

Die gastronomischen Erfolge Amerikas sind bekannt, doch wie steht es um jene Russlands? Denn schließlich stellt der größte Flächenstaat der Welt einen nicht unerheblichen Teil der *nordatlantischen Essprovinz* dar. Soljanka? Wie die Wurstprodukte von »Herman ze German« dem englischen Geschmack entgegenkommen, kommt auch die Soljanka dem deutschen Geschmack entgegen. Erinnert sich noch jemand an Schaschlik? Als Imbiss ist er von unseren Straßen praktisch verschwunden. Nur beim Grillfest einer Kleingartenkolonie mit besonders betagten Mitgliedern könnte man vielleicht fündig werden, aber ansonsten scheint Schaschlik out zu sein. Unter den sommerlichen Grillspezialitäten unserer Discounter findet man zwar Fleischspieße, die dem guten alten Schaschlik zum Verwechseln ähnlich sehen (auch wenn die Leberstücke gerne weggelassen werden), nur kommen sie nicht mehr unter dem Namen »Schaschlik« in den Handel. Auch international sieht es mit Russlands grundsolider Küche nur wenig besser aus. Eine Ausnahme stellt hier Chicken Kiev dar, ein Gericht, das in den russischen Kochbüchern der Zarenzeit zwar fehlt, nicht hingegen in jenen der Sowjetzeit – und das erstaunlicherweise während des Kalten Kriegs Amerika eroberte. Ein veritabler Welterfolg der russischen Küche läge fraglos dann vor, wenn Chicken Kiev wirklich der Vorläufer der erfolgreichsten Speise unserer Zeit wäre, nämlich des Chicken Nugget.

Auch bei der *mediterranen Essprovinz* drängt sich ein Getränk nach vorne. Man kann sich heute kaum vorstellen, dass Wein noch zu Anfang des 20. Jahrhunderts fast ausschließlich in diesem Areal erzeugt und verbraucht wurde. Seither wird er auf fünf Kontinenten angebaut und von immer mehr Menschen geschätzt und regelmäßig getrunken. »What a luxury!«, schallte es noch vor Kurzem jedem missbilligend entgegen, der in England unter der Woche zum Essen eine Flasche entkorkte. Seither haben sich die Länder der *nordatlantischen Essprovinz*, darunter vor allem die USA, aber auch Deutschland, fast flächendeckend in Weintrinkerländer verwandelt. Und dahinter mag die restliche Welt nicht zurückstehen: Zu Beginn des 21. Jahrhunderts ist der Wein auf dem besten Weg, zu einem wahrhaft universalen Getränk zu werden, und, wie ein Blick nach China, Russland oder Thailand zeigen kann, auch zum Statussymbol der neuen Mittelklasse und zu einem Ausweis des sozialen Aufstiegs.

Italy buchstabiert sich zunehmend als *Eat-aly*. Das *mediterrane Areal* und allen voran die italienische Küche finden weltweit den größten Anklang. Das gilt sowohl für die triviale Version, nämlich als Fastfood, als auch für die gediegene Kochkunst, die ebenfalls überall ihre Bewunderer hat. Was für die Weine Italiens gilt, trifft auch für seine großen Köche zu: Die Welt sieht sie auf Augenhöhe mit jenen Frankreichs. Der Glaubenskrieg, ob man den globalen Erfolg der Pizza eher Italien oder den USA gutschreiben sollte, lässt sich leider nicht mithilfe der *flavor principles* lösen. Denn hier gilt *Anything goes*, es gibt schlechterdings nichts, womit sich ein Pizzateig nicht belegen ließe. Beißt man aber in einen eher dicken und leicht süßlichen Teig, schmeckt viel, aber geschmacksarmen Käse und ist Opulenz das bestimmende Merkmal des Belags, dann sollte die Entscheidung nicht schwerfallen. Auffallend ist die unterschiedliche Rolle, die Pizza und Pasta spielen: Während Pizza zum globalsten Fastfood aufgestiegen ist, wurde Pasta zum Alltagsessen einer zunehmenden Anzahl von Menschen auf fast allen Kontinenten. »Why can't we eat Spaghetti, too?«, fauchte eine mexikanische Gastgeberin zurück, als ihre ausländischen Gäste sie dafür tadelten, dass sie auch Pasta aufgetischt hatte. Und die Moderatorin einer Kochsendung des kenianischen Fernsehens erklärte: »That is Italian; we are Kenyan – so what? It all tastes good. And that is what food is all about.« In vielen Foodcourts Bangkoks gelten Spaghetti mit grünem Curry neuerdings als Standardgericht, und in Japan liebt man Pastakreationen wie Mentaiko Supagetti, Spaghetti mit rosarotem Seelachsrogen.

Während also Italien und die Mittelmeerküche als Sieger da stehen, haben sich die Mienen bei den Freunden und Förderern der französischen Küche verdunkelt. Seit dem 17. Jahrhundert war die Haute Cuisine das Maß aller kulinarischen Dinge in Europa, wozu im 19. Jahrhundert noch das Zarenreich sowie Nord- und Südamerika hinzukamen. Warum hat sie diese einzigartige Stellung eingebüßt? An Frankreichs Köchen liegt es wahrlich nicht. Wohl aber daran, dass im 21. Jahrhundert der Westen nur noch einer unter vielen globalen Akteuren ist. Angesichts der anhaltenden Präsenz französischer Spitzenrestaurants in allen Global Citys wird man die

Haute Cuisine nicht als Globalisierungsverlierer abtun wollen. Aber die französische Küche wird künftig nur noch eine unter mehreren herausragenden Kochtraditionen sein. Dass nach dem Britischen Weltreich und den Vereinigten Staaten von Amerika, die ihren Küchen wenig Bedeutung beimaßen und die Suprematie der französischen anerkannten, gerade mit China ein Land zur Weltmacht aufsteigt, das sich dem guten Essen verschrieben hat und sich der Bedeutung seiner Küche nur allzu bewusst ist, macht die Sache für Frankreich nicht besser.

Die *Essprovinz Naher Osten* ist bislang hinter ihren Möglichkeiten zurückgeblieben. Natürlich kann man überall in Deutschland zum »Türken« gehen, in Paris zum »Marokkaner« und in New York sogar zum »Jemeniten« und zum »Afghanen«. Und auch in Bangkok gibt es ein Viertel, in dem man gegrilltes Lamm, Hummus, Tahini und Fladenbrot frisch aus dem Ofen bekommt, wobei der Wirt aus dem Irak, Libanon oder Ägypten stammen kann. Auf dem Sprung zu einer wirklich globalen Speise aber scheinen bislang nur die Falafel und der Döner zu sein. Als Imbiss musste der Döner zwar nicht von Berlin zurück nach Istanbul exportiert werden, wie gelegentlich kolportiert wird, denn am Bosporus war er bereits zu Hause. Seinem globalen Siegeszug hingegen scheint sein Image als deutsch-türkisches Gemeinschaftsprodukt eher förderlich zu sein, so in Vietnam und China, wo das Marketing die deutsche Seite seiner Genealogie gebührend herausstreicht. Die bescheidene Kichererbse hingegen, in der Gestalt von Falafel und Hummus, hat im friedlosen Nahen Osten neue Gräben aufgerissen und eine weitere Front eröffnet: Im sogenannten Falafel-Krieg, bei dem es darum geht, wem diese beiden Kichererbsenprodukte eigentlich gehören, stehen sich Israelis und Araber so unversöhnlich gegenüber wie eh und je.

Von einer globalen Präsenz der *Essprovinz Afrika* ist sogar noch weniger zu spüren. Wer irgendwo auf der Welt afrikanisch essen gehen will, landet, wenn überhaupt, zumeist in einem äthiopischen oder eritreischen Lokal. Einzig die *Essprovinz Äthiopien* ist im kulinarischen Weltatlas deutlich sichtbar verzeichnet. Auf andere afrikanische Küchen stößt man dagegen nur dort, wo es eine nennenswerte Anzahl von Migranten gibt. In London kann man problemlos nigerianisch essen, in Paris oder im New Yorker Stadtteil Harlem dagegen eher senegalesisch. Der Cambridge-Ethnologe Jack Goody sieht sich hier bestätigt. Seine These zum Zusammenhang von kulinarischer und sozialer Differenzierung wurde weit über die Fachgrenzen hinaus bekannt. Sie besagt im Kern, dass im Gegensatz zum vorkolonialen Afrika, wo Könige und Adel Tag für Tag das gleiche einfache Mahl wie ihre Untertanen zu sich nahmen, für die Kulturen Europas und Asiens eine Aufspaltung in eine Volksküche und eine Hochküche typisch war. Letztere zeichnete sich neben der Verwendung erlesener – etwa exotischer oder kostspieliger – Zutaten vor allem durch die aufwendigere Zubereitung und raffiniertere Präsentation der Speisen aus. Diese Herrschaftsküche war überall ein willkommenes Mittel sozialer Distinktion. Äthiopien ging diesen Weg, aber das restliche Afrika nicht. Von daher zeigt Goody sich von Afrikas mangelnder gastronomischer Globalisierung wenig überrascht, da es gewöhnlich Elemente der Hochküche seien, die den Weg in eine globalisierte Restaurant-Küche finden. Wirklich überzeugend ist das nicht, und natürlich weiß das Goody auch, denn es gibt einfach zu viele Gegenbeispiele, angefangen bei Hamburger und Pizza.

Der große Afrikanist Goody hat Afrika kulinarisch als eher unbedeutend erachtet. In den vergangenen Jahren scheinen von der Küche Senegals die meisten Impulse ausgegangen zu sein. Manche Leute sehen im lokalen Jollof-Reis bereits das erste panafrikanische Gericht. Und dank der lebendigen afrikanischen Diaspora hat es sich sogar über Afrika hinaus verbreitet. Andere senegalesische Spezialitäten könnten folgen, darunter das mit Limette geschmorte Poulet Yassa und natürlich Mafé, Afrikas Gulasch auf der Basis von Erdnusssauce. Unterschiedliche »Groundnut Stews« gehören wohl zu den verbreitetsten afrikanischen Gerichten. Varianten davon gibt es in zahlreichen afrikanischen Regionalküchen. Auch die schärferen Küchen Südnigerias hätten Freunden von Realfood einiges zu bieten, vom schwer identifizierbaren »Bushmeat« (wie alles heißt, was zuvor erbeutet wurde) bis hin zur eindeutig bestimmbaren afrikanischen Riesenschnecke. Nach meiner Erfahrung tun sich Fremde (vor allem jene vom Stamm der Experten, wobei es keinen Unterschied macht, ob sie aus Europa, Amerika oder neuerdings China kommen) schwer mit der afrikanischen Kost, egal welchen Landes. Nicht nur, wenn es sich um den edelsten Körperteil des gefragtesten Fleischlieferanten der Region handelt, den »Goat Head« (dieses Gericht von erdiger Wucht gilt als Nationalspeise des Ibo-Volks), machen Fremde um die lokale Küche einen großen Bogen. Ganz ohne Unkenrufe: Ein gutes Licht auf mögliche Globalisierungschancen wirft das nicht.

Auch um das kleinste unter allen Arealen, die *Essprovinz Ozeanien*, ist es nicht wirklich gut bestellt. Dabei fing alles so gut an. Denn kaum hatten in der zweiten Hälfte des 18. Jahrhunderts die Entdecker Bougainville und Captain Cook die Inselwelt des Pazifik erkundet, wurde der Region ein rares Kompliment zuteil: Hier schmecke etwas besser als zu Hause. Weil ein solches Kompliment aus europäischem Munde wahrlich Seltenheitswert besitzt, sei es mit den Worten des Weltreisenden Georg Forster ausführlich wiedergegeben, der hier von seiner Erfahrung auf der Insel Tahiti spricht: »Das Schweinefleisch schmeckte nach hiesiger Zubereitung uns allen ungleich besser als nach irgend einer europäischen Methode. Es war saftiger als unser gekochtes und auf alle Weise zärter als unser gebratenes. Vermittelst der gleichförmigen Hitze, worin es unter der Erde gehalten wird, bleibt Saft und Kraft durchaus beysammen. Das Fett hatte im geringsten keinen geilen oder widrigen Geschmack, und die Haut, die an unseren Schweine-Braten gemeiniglich steinhart zu seyn pflegt, war hier so zart als alles übrige Fleisch.«

Dieses erstaunliche Lob bescherte dem polynesischen Erdofen einen Triumph, von dem sämtliche Küchen Asiens damals nur hätten träumen können. Kein geringerer als Carl Friedrich von Rumohr erkannte die Chance, die sich hier bot: den heißgeliebten Sonntagsbraten mittels Südseetechnik in höchster Vollendung auf den deutschen Tisch zu bringen. Der Gastrosoph experimentierte. Und durch Nachahmung »der Bewohner der Südseeinseln«, vermerkte er anschließend überschwänglich, sei es ihm gelungen, regelmäßig einen besonders »saftigen und reinschmeckenden otaheitischen Braten« zu erzeugen. Der Erdofen lebt – auch wenn das zeitraubende Verfahren bisweilen nur dank des Tourismus eine Überlebenschance hat. Als ich auf der Cookinsel Aitutaki bei der freitäglichen Inselparty meinen ersten polynesischen Schweinsbraten verzehrte, konnte ich Georg Forster nur zustimmen. Schweinefleisch von Tieren, die sich von Kokosnüssen ernährt haben, schmeckt aus dem Erdofen wirklich umwerfend gut, nicht zuletzt die delikate Haut – allerdings hinderte das die meisten Gäste aus Australien und Neuseeland nicht daran, dem vergleichsweise langweilig schmeckenden Huhn den Vorzug zu geben. Im Übrigen wusste der große James Cook auch für die andere polynesische Spezialität, Hundebraten aus dem Erdofen, löbliche Worte zu finden.

Statt selbst Vorbild zu bleiben, nahmen sich viele Südsee-Kulturen den Westen zum Vorbild. Genauer gesagt einige seiner kulinarischen Entgleisungen. Die Begeisterung, mit der sie sich auf gewisse Erzeugnisse der Nahrungsmittelindustrie gestürzt haben, sucht ihresgleichen. *Spam* etwa ist ein Produkt der amerikanischen Kriegswirtschaft. Während des Zweiten Weltkriegs sollte es in Amerika teures Fleisch ersetzen. Der Name leitet sich von *Spiced Ham* ab, in Deutschland kennt man Spam unter der Bezeichnung »Frühstücksfleisch«. Computermüll als Spam zu bezeichnen, ist natürlich davon abgeleitet. In der Inselwelt Ozeaniens ließen sich die Menschen von Spam und Corned Beef imponieren und regelrecht verführen. Beide Dosenprodukte, die in allen anderen Esskulturen ein eher bescheidenes Dasein fristen, stiegen zu Delikatessen der *Essprovinz Ozeanien* auf. Der ganze Stolz Hawaiis ist die lokale Kreation Spam-Sushi. Aber selbst auf dem Höhepunkt der weltweiten Sushi-Manie gelang dieser Abart nie der Sprung auf das amerikanische Festland. Das ernährungsbewusste Kalifornien wusste mit Spam-Sushi nichts anzufangen.

Mit Ozeanien haben wir die einzige Essprovinz vor uns, die durch die globalen Entwicklungen ernsthaft unter Druck geraten und in ihrer Identität bedroht ist. Bei Weitem am schlimmsten hat es Nauru erwischt. Wie das Bikini-Atoll den atomaren, erlebte Nauru den kulinarischen GAU. Die kleine Insel genießt den zweifelhaften Ruf, weltweit die meisten Fettsüchtigen zu haben – geschätzte 70 bis 90 Prozent der Bevölkerung. Und dazu kam es folgendermaßen: Genau besehen handelt es sich bei der Insel Nauru um ein riesiges Phosphatlager in den Weiten des Pazifiks. Also ließ die Inselregierung, die ihr Glück kaum fassen konnte, Phosphat abbauen, und die Insulaner wurden im Handumdrehen zum reichsten Völkchen der Welt. Selten freilich hatte die Redewendung vom Absägen des Asts, auf dem man sitzt, mehr Berechtigung. Auf Nauru musste niemand mehr arbeiten, denn alle schwammen im Geld. Man brauchte alles nur noch zu importieren. Als Erstes gab man den mühseligen Anbau der Knollenfrüchte auf; innerhalb von nur einer Generation war er so komplett vergessen, als ob es hier niemals Gärten gegeben hätte. Auch das Kochen schien verzichtbar, denn wozu gab es die Chinesen? Den ortsansässigen chinesischen Familien war es freilich fremd, den Einheimischen ihre kulinarischen Vorstellungen aufdrängen zu wollen. Der Gast ist bekanntlich König, er wird nach Wunsch bekocht. Folglich fehlte es nie an Spam und Corned Beef, möglichst aus der Fritteuse, und dazu gab es viel Reis oder Pommes, aber keinesfalls frisches Gemüse. Eine solche Ernährung hinterlässt natürlich bleibende Spuren. In der Zwischenzeit ist auf der kleinen Insel die große Party schon lange vorbei. Bloß der Kater will und will kein Ende nehmen.

Deutlich erfreulicher gestaltet sich die Entwicklung in den beiden eigenständigen kleinen Essprovinzen am Rande des Pazifiks, in Mexiko und Peru. Noch vor nicht allzu langer Zeit war die Neugierde auf Mexikos Küche nicht sonderlich ausgeprägt, groß dagegen die Angst vor Montezumas Rache. In den letzten Jahrzehnten haben mexikanische Arbeitsmigranten ihre Küche über ganz Nordamerika verbreitet, auch wenn in den USA nur die amerikanische Eigenkreation Tex-Mex wirklich populär ist, die durch vertraute Exotik besticht. Immerhin wurden dank Tex-Mex Menschen außerhalb Mexikos erstmals mit den mexikanischen *flavor principles* bekannt gemacht. Couch-Potatoes, die heute vor dem Fernseher Tortilla-Chips mit einem Guacamole-Dip verdrücken, sind dem Geschmack der alten Azteken gar nicht so fern. Die Globalisierung der *Essprovinz Mexiko* steht jedoch erst noch am Anfang. Die erfolgreiche weltweite Vermarktung von Tequila und Bier, das üblicherweise mit Salz und Limette getrunken wird, könnte sich hier als Schrittmacher erweisen. Was die *flavor principles* anbelangt, hat der Kolumbische Austausch Mexiko und Südostasien einander näher rücken lassen: Genauso enthusiastisch wie Südostasien den Chili, übernahm Mexiko Limetten und Koriander. Bei einem Fisch- oder Meeresfrüchtegericht, wie zum Beispiel dem beliebten Muschelcocktail oder einem Ceviche, hat man mit Chili, Limettensaft und Koriander sofort Mexiko auf der Zunge. Aber es schmeckt auch nach Thailand, wären da nicht der Oregano und die Avocado. Modischer roher Fisch kombiniert mit diesen Aromen – Mexiko dürfte auf der gastronomischen Weltbühne künftig noch mit einigen Überraschungen aufwarten.

Die *Essprovinz Peru* hingegen ist immer noch recht unbekannt. Man muss schon nach Peru reisen, will man sie auch nur in Ansätzen kennenlernen. In gastronomischer Hinsicht ist das Land geteilt: Das karge Hochland wartet mit einer ausgesprochen großen Vielfalt an Kartoffelsorten auf. Prominentester Fleischlieferant der Anden ist nach wie vor ein Nagetier – die Lokalspezialität gegrilltes Meerschweinchen am Spieß ist in der restlichen Welt allerdings chancenlos, denn es geht dabei um das Streicheltier unserer Kindheit. An der Küste dagegen ging aus kolonialspanischer Pracht und dem Erbe der Inka eine einzigartige Küche hervor. Die nachts auf den Straßen Limas angebotenen Anticuchos lassen die meisten Besucher kalt, weil es sich bei diesen Fleischspießchen um mariniertes Rinderherz handelt. Man isst sie mit überaus delikaten Dips aus Perus einzigartigen Chilis, *ají* genannt. Das unvergleichlich frische Seafood dagegen, allnächtlich von heimischen Fischern aus dem kalten Humboldtstrom gefischt, und hier besonders das elegante peruanische Ceviche, trifft den kulinarischen Nerv unserer Zeit. Schon vor 1492 wurde roher Fisch mit dem Saft einer Passionsfruchtart behandelt, später dann mit Limette. Durch die Säure gerinnt das Eiweiß und verleiht dem Fisch Biss; er »gart« also und wird fest und opak. Gegessen wird er gewöhnlich mit gekochten gelben Kartoffeln sowie peruanischem Mais, der Körner von erstaunlicher Größe aufweist. In Peru lebt eine japanische Minderheit. Unter der Hand japanischer Köche ging hieraus eine naheliegende Fusion hervor: die Nikkei-Küche. Bei Ceviche Nikkei wird der Fisch nur noch Sekunden statt Stunden mariniert, mitunter mit asiatischer Tamarinde, und auch die japanischen Favoriten Thunfisch und Oktopus finden sich in dem Gericht wieder. Dass diese Küche bis heute kaum über die Landesgrenzen hinausgelangt ist, muss als eines der kulinarischen Rätsel unserer Zeit gelten. Doch erste Köche zwischen New York, Madrid und Berlin, immer auf der Suche nach dem neuesten Trend, raunen bereits vom »kulinarischen Koks« Südamerikas – mal abwarten, wann das erste »Peruanische Ceviche« im Eisfach von Aldi auftaucht.

Auch die *Essprovinz Brasilien* gibt Rätsel auf. Zugegeben: Ein gewaltiger Bohneneintopf als Nationalspeise, die Feijoada, stellt vielleicht schlichtweg eine Überforderung für weite Teile der Menschheit dar. Aber Brasilien, das halb Südamerika einnimmt, vielfältige kulinarische Traditionen besitzt und über eine kaum zu überbietende Ausstrahlungskraft verfügt, ein solches Land also müsste eigentlich gastronomisch präsenter sein.

Ausgesprochen erfolgreich verlief die kulinarische Globalisierung sämtlicher *Essprovinzen Asiens*. Von den Siegeszügen der Küchen Ost- und Südostasiens, besonders Chinas, Japans und Thailands, aber auch Südasiens handelte ein nicht unwesentlicher Teil dieses Buchs. In Teilen des *nordatlantischen Areals* sind deren Erfolge geradezu für eine kulinarische Entwestlichung verantwortlich, die nirgendwo weiter fortgeschritten ist als in Australien mit seinen englischen Wurzeln. Australische Küche – das waren ursprünglich Fleisch und Mehl, Tee und Zucker, wobei diese Präferenz nicht nur das britische Erbe sowie den Umstand spiegelt, dass Fleisch schlicht billig war, sondern auch das alte System der Nahrungsrationen aus der Gründungsperiode als Sträflingskolonie. Obwohl Fleisch dreimal täglich auf den Tisch kam, fühlte niemand sich bemüßigt, Abwechslung in seine Zubereitung zu bringen. In ein Stew kamen Fleisch, Wasser, Salz und Pfeffer sowie etwas Mehl, und das wenige Gemüse pflegte man ausgiebig in Wasser zu zerkochen. Ein Besuch Australiens, so entfuhr es Jack Goody, zwinge einen dazu, sich mit der Art von »De-Evolution« auseinanderzusetzen, »that occurs in frontier situations«. Nach dem letzten Krieg änderte sich alles. Einwanderer aus dem Mittelmeerraum brachten ihre Küchen mit, und bei steigendem Wohlstand fand man auch in Down Under Geschmack am Weintrinken. Die Einwanderungswelle aus Asien schließlich führte in den vergangenen Jahrzehnten zur Entstehung einer neuen multikulturellen *Australian Cuisine*. Neben Grill und Pfanne ist in den Küchen des Landes gleichberechtigt der Wok getreten, und mit Ingwer, Knoblauch und Sojasauce wird so selbstverständlich hantiert wie mit Ketchup. Inwiefern sich die kulinarische Grammatik der »notorisch schlechten Küche Englands« (Waverley Root) dabei wirklich gewandelt hat, muss sich noch erweisen.

Der Erfolg der Küchen Asiens hat nicht einmal vor den einzelnen Ländern der Region halt gemacht. In Japan sind thailändische Restaurants so populär wie im Westen, was nicht weiter verwunderlich scheint. Und die Thais lieben die japanische Küche oder zumindest das, was sie dafür halten. Allein in Bangkok schossen in nur wenigen Jahren Hunderte japanischer Restaurants aus dem Boden. Gegründet wurden sie meist von einheimischen Köchen, deren Karriere als Küchenhilfe in großen japanischen Restaurants begonnen hatte. Sie kochen durchaus japanisch, aber Thai-style. Zu ihren berühmtesten Kreationen gehört die Thai-Version von Sukiyaki.

Und Sushi wird gewöhnlich in einer etwas süßlicheren Ausprägung angeboten und nicht selten mit Mayonnaise garniert.
Als Streefood schließlich wird Sushi schlechterdings mit
allem belegt, was es gibt, vom gekochten Wachtelei über eine
Tempura-Garnele bis hin zu einem Stück Wurst der Sorte *ba-
loney* (der amerikanischen Version der Mortadella). Nur roher
Fisch ist eher rar. Thailand und Japan haben eben ein ent-
spanntes Verhältnis zueinander. Anders als Korea und Japan:
Nirgendwo auf der Welt stößt Japan auf mehr Ablehnung als
in Korea, für die Küche des ungeliebten Nachbarn gilt dies jedoch nicht: Sushi, Sashimi und Udon-Nudeln wurden mit of-
fenen Armen empfangen, ihre japanischen Wurzeln werden
einfach ignoriert. Da mag auch das neue urbane China nicht
zurückstehen. Es hat seine überkommene Abneigung gegen
rohen Fisch hinter sich gelassen und gibt sich nun ebenfalls
dem Genuss des globalen Sushi-Trends hin, und sei es sogar
Thunfisch-Sushi. Das Gleiche gilt auch für Milch. Seit Milchprodukte in China nicht mehr mit den Barbarenvölkern der
westlichen Grenze identifiziert werden, sondern mit dem
Westen und dessen wirtschaftlichem Erfolg, scheinen alle Bedenken bezüglich des Konsums von Joghurt, Milkshakes oder
Käse auf der Pizza vergessen zu sein. Als vor einigen Jahren
bei uns die Milchpreise über Nacht anstiegen, erfuhr eine er-
staunte Öffentlichkeit, China habe die notorischen Milchseen
der EU trockengelegt und den Butterberg zum Abschmelzen
gebracht.

Angesichts dieser Siegeszüge kann man sich allerdings auch
fragen, weshalb nicht allen Küchen Asiens der gleiche Erfolg
beschieden ist. Das Fehlen der burmesischen Küche im Ausland lässt sich unschwer mit dem Fehlen von Burmesen im
Ausland erklären. Und für Tibets kärgliche Kost (geschrotete
Gerste mit Ziegeltee und ranziger Yak-Butter etwa) scheinen
sich nicht einmal hartgesottene Verehrer des Dalai Lama er-

wärmen zu können. Warum aber will niemand etwas von der Küche der Philippinen wissen, weder in den Nachbarländern noch in den USA oder in Deutschland (wo nicht weniger Filipinos als Thais leben, nämlich rund 100 000)? Der Inselküche eilt der Ruf voraus, die schlechteste Südostasiens zu sein. Das ist ein hartes Urteil, und mir scheint es nicht wirklich gerechtfertigt zu sein. Aber es lässt sich nicht abstreiten, dass philippinische Köchinnen lange Garzeiten vorziehen und erstaunlich wenig Verwendung für jene Gewürze und Kräuter haben, die Südostasien als kulinarisches Areal charakterisieren und seinen Reiz ausmachen. Aus den *flavor principles* der Region Südostasien schert der Inselstaat aus. Der Nationalsnack der Filipinos schließlich, die Balut genannten angebrüteten Enteneier, sowie ihre Begeisterung für »Adidas«, wie hier gegrillte Hühnerfüße heißen, sind wenig geeignet, das gastronomische Image des Landes aufzupolieren.

Delikatessen dieser Art schätzt man auch anderswo in der Region, etwa in Thailand und Laos. Aber wie gerade das Beispiel Thailands zu zeigen vermag, prägen sie keineswegs die gastronomische Wahrnehmung des Landes. Bekanntlich mangelt es gerade den Ländern Asiens nicht an Spezialitäten, deren Globalisierungspotenzial wohl niemand als positiv erachten würde. Dem guten Ruf asiatischer Küchen aber vermochten sie nichts anzuhaben. Greifen wir also abschließend zwei dieser Speisen heraus, nämlich Hundefleisch und Insekten.

Vietnam und Korea sind die beiden Hochburgen des Hundeverzehrs. Besonders Korea ist seit Jahrzehnten ins Visier westlichen Protests geraten. Viel bewirkt hat diese Aufregung allerdings nicht. Nur der Name des anstößigen Gerichts wurde in den geschätzten mehr als 6000 darauf spezialisierten Restaurants in *Poshint'ang* (»den Körper stärkende Suppe«) umgewandelt. Und nachdem Brigitte Bardot sich zur Sprecherin dieser Kampagne gemacht hatte, tauchte im Land

prompt noch ein weiterer Name auf, »Bardot-Suppe«. Als
Reaktion auf diese koreanische Verstocktheit wurde auf der
anderen Seite des Pazifiks, im fernen Kalifornien, gar das
Verspeisen von Schoßtieren gemäß dem California Penal
Code, Artikel 598b, unter Strafe gestellt. Wobei darunter zwar
Hunde fallen, seltsamerweise aber nicht Kaninchen. In Korea
nährt dies alles den kulinarischen Nationalismus: Immer
mehr Frauen finden Gefallen an dem traditionellen Männer-
essen, neue Zubereitungsarten für Hund kommen in Mode,
wie etwa das aus Japan stammende Teppanyaki, die Systemgastronomie nimmt sich des Themas an und wird prompt als
»McDog« verspottet, und in eleganten Restaurants kredenzt
man zur Bardot-Suppe stilvoll französischen Rotwein. Keine
Frage, die »kulturimperialistische Einmischung« des Westens,
so die lokale Sichtweise, hat hier einem kulinarischen Brauch-
tum zu neuer Popularität und Bedeutung verholfen. Vielen
Koreanern geht es beim Verzehr um ihre Identität. Doch auch
die Tierschützer könnten fast ein wenig beruhigt sein, denn
mit Nachahmung in anderen Ländern ist nicht zu rechnen.

Der Verzehr von Insekten dagegen ist weltweit auf dem
Vormarsch, allerdings gilt hier »The West against the Rest«.
Noch im antiken Rom standen einige Insekten in Europa auf
dem Speisezettel. Seit dem Untergang des Römischen Reiches werden sie jedoch als prinzipiell ungenießbar erachtet. In
vielen Ländern Asiens hingegen, aber auch in den meisten anderen Esskulturen der Welt werden bestimmte Insekten als
essbar klassifiziert. Nach einem im Westen weit verbreiteten
Vorurteil greifen Menschen auf Insekten zurück, wenn die
schiere Not sie dazu treibt. Wie Maikäferrezepte in altfränki-
schen Kochbüchern zeigen, mag das in Europa so gewesen
sein. Aber wenn diese Auffassung, der Marvin Harris in
Wohlgeschmack und Widerwille (1988) die höheren Weihen
der Wissenschaft verliehen hat, wirklich zutreffend wäre,

dann dürften heute in Thailand niemandem mehr Insekten schmecken. Das Gegenteil aber ist der Fall. Nicht nur die vermeintlich rückständige ländliche Bevölkerung schätzt sie. Gerade in der Glitzermetropole Bangkok sind die eher teuren Insektensnacks zunehmend voll im Trend. Als im Sommer 2009 der exquisite Paragon Foodcourt am Siam Square, im Zentrum Bangkoks, eine Insektenwoche veranstaltete, war der Verzehr von Insekten unübersehbar in der Mitte Thailands angekommen. Die Vereinten Nationen machen sich seit Jahren für den Verzehr von Insekten stark. In den meisten Ländern rennen sie damit offene Türen ein. Ob der gastronomische Globalisierungsgewinner Thailand mit seiner Leidenschaft für Heuschrecken, Wasserwanzen, Bambuslarven und Mistkäfer auch Menschen in den beiden westlichen Essprovinzen anzustecken vermag, erscheint bislang allerdings fraglich. Denn das käme einem Umsturz etablierter Geschmacksbarrieren und einer Überwindung tief verwurzelter Ekelschwellen gleich. Aber die Kreativen, die zurzeit weltweit in ihren Büros über dieser Marketing-Herausforderung schwitzen, haben bereits eine Idee: Wenn frittierte Insekten kaum anders als Chips schmecken, dann bräuchte man vielleicht nur die entsprechende Form dafür zu finden.

Es lässt sich nicht bestreiten: Wir haben in den letzten Jahrzehnten fraglos gewaltige Revolutionen erlebt. Bei dem Siegeszug des Chilis, der von den drei *Essprovinzen Südasien, Südostasien* und *Mexiko* seinen Ausgang nahm, handelt es sich um eine solche Revolution. Und die Überwindung des globalen Abscheus vor rohem Fisch ist eine weitere. Vielleicht geht das immer so weiter. Vielleicht leben wir ja im Zeitalter der permanenten kulinarischen Weltrevolutionen.

Literatur

Anderson (2005), Ayora-Diaz (2012), Forster (1983), Goody (1982), Goody (1998), Harris (1988), Holmberg (1983), Jolles (2003), Kantor (2002), Kuper (1977/1983), Laudan (1996), Leitner (2006), Powers & Powers (1984), Rozin & Rozin (2005), Rumohr (1822), Walraven (2001), White (1983), Wiley (2007)

Essen heute:
Alles – bloß kein Tier im Fleisch

»Sie haben Schwein!« Der Werbeprospekt von Deutschlands bekanntestem Discounter, den ich aus meinem Briefkasten ziehe, gratuliert mir und klopft auch sich selbst auf die Schulter, denn: »Vielfalt ist angesagt!«, heißt es weiter. Worum es geht? Schlicht darum, dass Aldi in dieser Woche für sein besonders vielfältiges Sonderangebot an Schweinefleisch wirbt: neben Koteletts auch Schweinenacken, Schnitzel, Filet, Cordon bleu, Bratwurst und Hackfleisch. So sieht heute Vielfalt aus. Unsere Supermärkte bieten gewöhnlich Fleisch von drei bis vier Schlachttieren an, neben Schwein noch Rind, Huhn und Pute. Vom Geflügel gibt es überwiegend nur Brust oder Keule, vom Rind Gulasch, Gehacktes, Roulade, Suppenfleisch und Steak, und vom Schwein neben Kotelett, Schnitzel und Bauchfleisch noch das obligatorische Hack. Auffallend daran ist, dass es sich durch die Bank ausschließlich um Muskelfleisch handelt. Dabei unterscheiden Fleischer allein beim Rind mehr als 30 essbare Teile. Was aber ist mit dem Rest? Was sagen solche Angebote über unsere Essgewohnheiten aus?

Um eine Ahnung davon zu bekommen, dass es auch anders geht, muss man nicht einmal verreisen. Bisweilen genügt es, einfach nach einem Roman zu greifen. Denn beim Streifzug durch die Weltliteratur erschließen sich faszinierende Esswelten, auch wenn sie selten so verführerisch und opulent wie in den *Buddenbrooks* oder in *Il Gattopardo* ausfallen. Eine der bekanntesten kulinarischen Passagen der europäischen

Literatur dürfte der Anfang des vierten Kapitels des *Ulysses* sein. Dort stellt uns Joyce den Dubliner Odysseus mit folgenden Worten vor: »Leopold Boom aß sehr gerne die inneren Organe von Tieren und Geflügel. Er liebte dicke Gänsekleinsuppe, leckere Muskelmägen, farciertes, geröstetes Herz, mit Brotkrumen gebratene Leberschnitten, gebratene Dorscheier. Am liebsten aber aß er geröstete Hammelnieren, die seinen Gaumen schwachen Uringeschmack empfinden ließen.« Undenkbar, dass Leopold Bloom heute solchen Gelüsten im Anschluss an einen Einkauf in einer Supermarktkette frönen könnte. Doch wo auf der Welt ist der Leser zu Hause, der bei dieser Passage noch einen Gaumenkitzel empfindet? Bei einer Mehrzahl dürfte sie schlicht Ablehnung, wenn nicht gar Ekel hervorrufen. Warum ist das so? Was ist in den mehr als einhundert Jahren seit dem *Bloomsday*, jenem 16. Juni 1904, an dem Joyce seine Geschichte angesiedelt hat, passiert, dass wir so reagieren? Eine verschworene Gemeinde von Joyce-Fans begeht alljährlich diesen Tag, indem sie gegrillte Lammnieren verspeist. Dies kommt fast einem öffentlich zelebrierten Tabubruch gleich, und die Aufmerksamkeit der Medien ist ihnen auf jeden Fall sicher.

Anhand des Angebots hiesiger Supermärkte, aber auch jenes der Fleischereien im Lande ist es illusorisch, ein Tier auch nur halbwegs komplett zusammensetzen zu können. In unsere Kühlregale verirren sich gelegentlich sogar Känguru, Strauß, Bison oder Alligator, allerdings ausschließlich in Gestalt von Filet und Steak. Wer einmal versucht, in der Frischfleischabteilung mit den dort erhältlichen Teilen vom Schwein oder Rind das besagte Tier im Geiste wieder auferstehen zu lassen, kann eine frappierende Erfahrung machen: Die klaffenden Lücken verweisen auf die neuen Nahrungstabus unserer Gesellschaft.

Nahrungstabus? Das gilt doch nur für Muslime und Juden,

die kein Schwein anrühren, weil dessen Fleisch als unrein gilt, oder für Hindus, die auf den Genuss von Rindfleisch verzichten, weil ihnen die Kuh heilig ist. Aber bei uns im abendländischen Westen doch nicht! Im ersten Jahrgang des renommierten *American Anthropologist* (1888), einem bis heute führenden Periodikum der damals aufkommenden Wissenschaft Ethnologie, kam ein gewisser Garrick Mallery auf Speisetabus zu sprechen, die dem fortschrittsgläubigen Europa und Amerika als primitive Relikte der Vergangenheit galten: »Bei allen Mahlzeiten unzivilisierter Völker fällt auf, dass gewisse Nahrungsmittel oder einige ihrer Teile von bestimmten Individuen abgelehnt oder von allen Essern gemieden werden.« Dagegen müsse man in der amerikanischen Zivilisation entweder einen »strikten Israeliten« finden oder jemanden, der sich aus religiösen Motiven zeitweilig Enthaltsamkeit von bestimmten Speisen auferlegt, um auf solche Tabus aus den Anfängen der Menschheit zu stoßen.

Man darf getrost davon ausgehen, dass der Amerikaner mit dieser Sichtweise dem Selbstverständnis seiner Zeitgenossen auf beiden Seiten des Atlantiks Ausdruck verlieh. Mit geradezu obsessivem Vergnügen berichteten die Reisenden des Kolonialzeitalters von der bizarren Speiseordnung des farbigen Teils der Menschheit, von den haarsträubenden Speisen vieler Stämme, bei denen sich einem zivilisierten Menschen der Magen umdrehen musste, ebenso wie von ihren hanebüchenen Meidungen und abstrusen Verboten, die vor nichts halt zu machen schienen, nicht einmal vor einem harmlosen Frühstücksei oder dem geliebten Roastbeef. Die eigene Ernährungsweise hingegen war selbstredend durch und durch rational. Gewisse Faktoren spielten zweifellos eine Rolle, und auch ein Garrick Mallery hätte nicht in Abrede gestellt, dass die Auswahl der Speisen nicht unabhängig von ihrer Verfügbarkeit, ihrem Preis, ihrem Geschmack oder auch dem

Nährwert und den gesundheitlichen Überlegungen war. Für abergläubische Vorstellungen und willkürliche Reglementierungen hingegen war auf dem Speisezettel des zivilisierten Teils der Menschheit kein Platz.

Warum nur ignorierten seine Landsleute hartnäckig die Pilze des Waldes und überließen das Sammeln den Einwanderern aus Osteuropa? Warum kamen in Amerika zwar Austern und Venusmuscheln auf den Tisch, aber keine Miesmuscheln? Warum galten den Fischern Neuenglands Oktopus und Tintenfisch als Beifang, den man gleich an Ort und Stelle entsorgte? Wieso zierten keine Kuttelgerichte die amerikanische Tafel? Wieso tauchen einige Innereien zwar im afroamerikanischen Soul Food auf, während sie in der übrigen Südstaatenküche fehlen? Und wieso sind gewisse Speisen auch über andere Subkulturen der amerikanischen Gesellschaft nie hinausgekommen? Die Rocky-Mountain-Oysters (Stierhoden) aus der Welt der Cowboys etwa oder das legendäre Wildwest-Gericht Sonofabitch Stew, ein Eintopf aus Kalbsinnereien? Warum ist schließlich der Skunk zwar eine Delikatesse der indianischen, nicht aber der amerikanischen Küche? Der große Gastro-Journalist Waverley Root lässt dazu einen Mashpee-Indianer aus Massachusetts zu Wort kommen: »Die Weißen meinen, Moosbeeren passten am besten zu Truthahn, aber glauben sie mir, Moosbeeren wurden dazu geschaffen, mit gebratenem Stinktier gegessen zu werden.« Und hätte man nicht, statt sich wie damals üblich dreimal am Tag an gepökeltem Schweinefleisch gütlich zu tun, mit Pferd, Hund, Katze, Fuchs oder Ochsenfrosch für etwas Abwechslung sorgen können? Oder gelegentlich sogar an einigen Insekten knabbern, die als Snack bei manchen Indianervölkern an Beliebtheit dem Popcorn nicht nachstanden?

Wenn wir alles, was bei uns so kreucht und fleucht, einer der beiden Schubladen »genießbar« oder »ungenießbar« zuordnen, wird deutlich, wie überschaubar die Gruppe der als essbar eingestuften Lebewesen in Wahrheit ist. Gerade in der *nordatlantischen Essprovinz* wird der überwiegende Teil potenzieller Fleischlieferanten ignoriert und findet sich vom Speisezettel verbannt. Vom hohen Ross des gastronomischen Ethnozentrismus der viktorianischen Ära herab fiel es anscheinend nicht schwer, sich darüber hinwegzutäuschen, dass die eigene Weigerung, Pferd, Hund oder Insekten zu essen, nicht unbedingt vernünftiger oder sittlich höherstehender war als diejenige gläubiger Hindus oder mancher Afrikaner, Kühe oder Geflügel und Eier zu verspeisen.

In allen Kulturen bestimmen Konventionen und Traditionen, Vorurteile und mehr oder minder explizite Vorschriften die getroffene Auswahl. Erst wenn ein potenziell als genießbar klassifiziertes Tier diese kulturelle Hürde genommen hat, kommen die erwähnten Faktoren ins Spiel, von den Kostengesichtspunkten über Fragen des Geschmacks bis hin zu gesundheitlichen Überlegungen. Katze etwa gilt bei uns als prinzipiell nicht essbar, während Kaninchen grundsätzlich als essbar angesehen wird. Was den Geschmack anbelangt, sollen sich Stallhase und »Dachhase« (die alte scherzhafte Bezeichnung für Katze) angeblich kaum unterscheiden. Neben Spanien ist Italien das Land der wahren kulinarischen Kaninchenverehrer. Das muss den Starkoch des italienischen Fernsehsenders Rai Uno, Beppe Bigazzi, irgendwie angestachelt haben. »Vergesst Kaninchen«, scheint der Mann sich gesagt zu haben, als im Februar 2010 vor laufender Kamera die Gäule mit ihm durchgingen und er unvermittelt seinem schockierten Publikum von den Genüssen des Katzenfleisches vorzuschwärmen begann. Darauf verlor prompt die schöne Moderatorin der Sendung ihre Contenance, der Skandal schlug landesweit mächtige Wellen, und der populäre Koch wurde kurzerhand gefeuert. Denn schließlich wäre das so gewesen, gaben deutsche Medien zu bedenken, als ob bei *Lafer! Lichter! Lecker!* dafür geworben würde, doch endlich die kulinarische Qualität von Hunden zu entdecken.

Heftige Reaktionen sind gewöhnlich ein sicheres Zeichen, dass es sich um einen echten Tabubruch gehandelt hat. Denn die Speisetabus und Meidungen der Kulturen werden gewöhnlich von den Beteiligten verinnerlicht und durch Gefühle des Abscheus und Ekels verstärkt. Frederick J. Simoons, dessen Studie *Eat Not This Flesh* (1994) seit seiner Erstausgabe 1961 der Klassiker auf diesem Gebiet ist, hat hierfür eine Reihe eindringlicher Beispiele gesammelt. Ein frisch verlobtes amerikanisches Paar, beide Biologen, unternahm eine Exkursion ins Grüne, als plötzlich eine Raupe auf die Bluse der jungen Frau herunterfiel und sie erschreckte. Kurz entschlossen entfernte sie ihr Verlobter, und um zu verdeutlichen, wie harmlos die Raupe eigentlich war, schluckte er sie lachend hinunter. Seine Verlobte freilich war daraufhin nicht nur nicht beruhigt, die Schockierte löste sogar die Verlobung auf. In einem südamerikanischen Land bekam eine französische Dame bei einer Dinner-Party ein Gericht serviert, das ihr ganz vorzüglich mundete. Als sie indes realisierte, dass es sich bei diesem Leguan, den sie gerade verspeist hatte, um eine große Eidechse handelte, wurde ihr speiübel. Nicht anders erging es dem mongolischen Führer des russischen Entdeckungsreisenden Nikolai Michailowitsch Prschewalski, als er einmal mit ansehen musste, wie sich Teilnehmer der Expedition mit Appetit über eine gekochte Ente hermachten. Dem Mongolen nämlich galt Ente als ein unreines Tier. Im Sepoy-Aufstand von 1857, der die englische Herrschaft in Indien schwer erschütterte, wird man das bekannteste Beispiel dafür sehen können, wie emotional aufgeladen die »Verunreinigung« durch tabuisierte oder die bloße Berührung von verbotener Nahrung erfahren werden kann. Der Aufstand brach aus, als bei der

Truppe bekannt wurde, dass die Patronen ihrer neuen En-
field-Gewehre mit einer Mischung aus Schweineschmalz und
Rindertalg eingefettet waren. Die Sepoys genannten Soldaten
aber, bei denen es sich um Hindus und Muslime handelte,
mussten die Kappen dieser Patronen vor dem Gebrauch mit
bloßen Zähnen aufbeißen und demnach das von ihnen verpönte Schwein beziehungsweise das verehrte Rind in den
Mund nehmen.

Bei Nahrungstabus denken wir gewöhnlich an Schwein
und Rind und vielleicht noch an Hund, Pferd, Fische oder
Insekten. Dabei gibt es wahrscheinlich kaum ein Tier, dessen Verzehr nicht irgendwo auf der Welt mit einem Tabu belegt wäre. Die Trobriander, ein lebensfrohes Inselvölkchen,
das durch die legendäre Feldforschung von Bronislaw Malinowski, dem Altmeister der Zunft, weit über die Ethnologie
hinaus bekannt geworden ist, schätzen wie alle Kulturen Ozeaniens das Hausschwein. Aber sie verschmähen das Buschschwein, und jene Gruppen ihrer Gesellschaft, die es dennoch essen, werden nicht weniger verachtet und stigmatisiert
als die Esser des unreinen Rochens, die auf der untersten
Stufe der sozialen Leiter angesiedelt sind. Hausschwein ja,
Buschschwein nein, Fische aller Art gerne, aber bitte keinen
Rochen – die Antwort auf die Frage nach dem Warum muss
dabei zumeist auf der Strecke bleiben. Sowohl für die lokal als
auch für die global verbreiteten Meidungen verlieren sich die
Ursachen in einer fernen Vergangenheit.

Selbst die augenscheinlichsten Erklärungen haben ihre Tücken. Wer einmal Schweine in der Kloake indischer Slums hat
wühlen sehen, mag von ihrer »Unreinheit« zutiefst überzeugt
sein. Wer freilich im dreckverzehrenden Allesfresser den
Grund für seine Tabuisierung sieht, der sollte einmal frei lau-
fende Hühner beobachten, die, angefangen bei Aas, nun wirklich an allem herumpicken und vor nichts zurückschrecken.

Aber wo hätte man je gehört, dass der allesfressende Mistkratzer wegen seiner »Unreinheit« gemieden würde? Zu regelrechter Popularität brachten es die Erklärungen von Marvin Harris, dem Anwalt universeller praktischer Vernunft, der sämtliche Tabus auf Nutzen und Nachteile für den Menschen zurückführt. Schon als gegen Ende des 19. Jahrhunderts die Wissenschaft die Trichinose erforscht hatte, war bei einigen Zeitgenossen das Frohlocken groß. Denn endlich wusste man, wovor Jahwe sein auserwähltes Volk und Allah die Gläubigen über all die Jahrhunderte hinweg beschützt hatte. In der von Harris ausgelösten hitzigen Debatte machte selbst Mary Douglas' kühler Einwurf, Moses sei schließlich Prophet gewesen und nicht der Gesundheitsbeauftragte Jahwes, wenig Eindruck. Denn wovor schützt das alttestamentarische Speiseverbot von Hase, Pferd, Kamel oder Klippschliefer? Außerdem ist im dritten Buch Mose noch die Rede von den Fischen mit Schuppen, die erlaubt, und jenen Wassertieren ohne Schuppen, die deshalb natürlich verboten sind. Wir dürfen gespannt sein auf die zukünftige wissenschaftliche Erklärung, warum zwar ein geschuppter Karpfen dem Gläubigen frommt, nicht jedoch Wels, Hummer oder Austern!

Was Speiseverbote anbelangt, ist der menschliche Erfindungsreichtum schlicht zu groß, damit jene von einer einzigen Theorie abgedeckt werden könnten. Aber anscheinend lässt es sich nur schwer akzeptieren, dass all diese Verbote und Meidungen, die doch Abermillionen von Menschen das Leben nicht gerade erleichtern, letztlich recht willkürlicher Natur sind. Arbiträr mögen sie vielleicht sein, aber ihren Zweck erfüllen sie gleichwohl. Nahrungstabus fördern nämlich sowohl die Zugehörigkeit zu einer Gruppe als auch die Abgrenzung von anderen. Und sollte das vielleicht kein vernünftiger Grund sein, die eine oder andere Speise auszugrenzen und auf den Index zu setzen? Die aufwendigsten und weltweit bekanntesten Nahrungstabus sind jene der alten Hebräer. Es darf als unwahrscheinlich gelten, dass das jüdische Volk ohne diese Gebote und Verbote des Kaschrut als eigenständige Gruppe überlebt hätte.

Lässt man die weite Palette an Meidungen und Tabus der Kulturen Revue passieren, dann ist eines unübersehbar: Vielen liegen magische Vorstellungen zugrunde. Frauen bei den Delaware-Indianern, die einstmals die Küste zwischen New York und Pennsylvania bewohnten, mieden in der Schwangerschaft Huhn aus Sorge, die Ungeborenen könnten im Bauch wie das Federvieh zu kratzen anfangen. Generell verschmähten die Frauen die Mägen von Geflügel, denn sie fürchteten, davon vorzeitig zu altern und alsbald ähnlich runzlig und zerknittert wie ein Hühnermagen auszusehen. Die Männer dagegen verzehrten Hundefleisch, bevor sie sich auf den Kriegspfad begaben. Denn ihre Hunde, die mutig einen Bären stellten, galten ihnen als Vorbild an Tapferkeit. Sie hofften, der rituelle Verzehr des mutigen Tieres werde ihren Kampfgeist anstacheln. Der Truthahn dagegen glänzt nicht durch Tapferkeit. Nähert sich ihm ein Feind, sucht er sein Heil in der Flucht. Für die Texas-Comanche war das Grund genug, Truthahn vom Speisezettel zu streichen. Denn nichts fürchteten die tollkühnen Reiterkrieger mehr, als dass die Feigheit des Vogels auf sie übergehen könnte. Aus ähnlichen Motiven meiden Menschen anderer Kulturen das Fleisch von Hase oder Hirsch und enthalten sich des Verzehrs der Schildkröte, um sich nicht deren Langsamkeit anzueignen. Andere dagegen sind ganz erpicht auf das Herz von Leopard oder Löwe (und bisweilen auch auf jenes eines besonders tapferen Feindes). Alles dreht sich hier um die magische Vorstellung, dass aus Gleichem Gleiches folgt. Und deswegen favorisiert auch die traditionelle *Chanko*-Küche der Sumo-Ringer Japans das Huhn, weil das Federvieh nämlich wie ein guter Ringer auf

zwei Beinen steht, und meidet vierbeinige Kreaturen, denn
ein Sumo-Ringer auf allen Vieren hat den Kampf verloren.
Der Mensch ist bekanntlich, was er isst.

Alle Gesellschaften kennen alimentäre Meidungen, Speisetabus sind eine anthropologische Konstante. Dennoch lassen
sich Kulturen danach unterscheiden, ob sie ein eher ent-
spanntes oder ein eher strengeres Verhältnis zum Verzehr gewisser Speisen haben, wobei hier fast immer der Verzehr von
Tieren und weitaus seltener der von Pflanzen im Vordergrund
steht. Die drei monotheistischen Weltreligionen greifen auf
umfassende Weise in die Nahrungspraktiken ihrer Anhänger
ein und laden sie mit religiöser Bedeutung auf. Zum Schwei-
nefleischtabu kommen in Judentum und Islam noch die strik-
te Meidung, Blut zu konsumieren, und die privilegierte Rolle
des Lamms hinzu. In allen drei Religionen besitzt das Fasten
einen hohen Stellenwert. Hierzu gehört auch die christliche
Reglementierung des Freitags, auch wenn die Verdienste, die
sich die katholische Kirche um die Verbreitung des vegetarischen Gedankens erworben hat, selten gewürdigt werden.
Wer aus dieser vom Monotheismus geprägten Welt nach Ost-
und Südostasien gelangt, kommt aus dem Staunen nicht heraus. Zwar wird auch hier nicht alles gegessen, und viele Menschen meiden im Alltag durchaus bestimmte Nahrungsmittel.
Aber regelrechte Verbote fehlen komplett. Mehr noch: Die lei-
denschaftlichen Emotionen und tiefen Gefühle des Abscheus,
die verpönte Speisen anderswo hervorrufen, scheint man hier
nicht zu kennen. Schwer vorstellbar, dass es einen chinesischen oder kambodschanischen Sepoy-Aufstand gegeben haben könnte.

Dass es auch im Westen Nahrungstabus gibt, war lange
Zeit kein Thema. Als zu Jahresanfang 2013 nicht deklariertes
Pferdefleisch in Tiefkühl-Lasagne auftauchte, war die Verun-
sicherung in der Öffentlichkeit groß. Viele Menschen nah-

men angesichts dieses Fleischskandals erstmals zur Kenntnis, dass auch das christlich geprägte Abendland ein veritables Speisetabu kennt: Pferdefleisch, dessen Verzehr die Kirche einstmals mit einem Bann belegte, um den alten Germanen den heidnischen Kult um dieses Tier madig zu machen. Bemerkenswerter als diese alten sind freilich die um sich greifenden neuen Speisetabus. Natürlich steht nirgendwo geschrieben, dass man auf den Genuss von Beuschel, Kalbskopf oder Kuttelfleck verzichten sollte. Aber eine Mehrheit im Lande ekelt sich vor solchen Speisen. Obwohl es sich um kein Verbot handelt, läuft die praktizierte kollektive Speisemeidung auf ein Tabu hinaus.

Kila nyama nyama tu – Fleisch ist Fleisch, besagt ein Swahili-Sprichwort, das bei uns kaum Zuspruch finden dürfte. In den vergangenen Jahren befragte ich im Rahmen von Seminaren und Vorlesungen zur Kulinarischen Ethnologie gut 250 Studenten mithilfe eines kleinen Fragebogens zu ihren Essgewohnheiten. Man darf davon ausgehen, dass die Befragten am Thema Essen interessierter waren als der Durchschnitt der Bevölkerung. Die Frage »Haben Sie im vergangenen Jahr Innereien gegessen? Und wenn ja, welche?« beantworteten gut 75 Prozent mit Nein. Einige taten dies sogar mit offensichtlichen Zeichen des Abscheus (»NEIN!!!«). Wie aus den anschließenden Diskussionen ersichtlich wurde, hatten viele indes nur eine vage Vorstellung davon, was es überhaupt für Innereien gab. Für die meisten beschränkten sie sich auf Leber, Niere und vielleicht noch Kutteln. Von einigen Innereien, darunter Bries und Milz, hatten viele schlicht noch nie gehört. Der eine oder andere wusste noch, dass einstmals sogar Ochsenzunge, Kalbshirn oder Markknochen auf den Tisch kamen. Aber ich fürchte, den Kuheuter nahmen mir viele schon nicht mehr ab. Und hätte ich Kalbsaugen erwähnt, hätten sie das wahrscheinlich für einen Halloween-Scherz gehalten. Die restlichen 25 Prozent der Befragten, die angaben, im vergangenen Jahr Innereien gegessen zu haben, erwähnten fast ausschließlich Leber. Auffallend ähnlich fielen die Antworten auf folgende Frage aus: »Was machen sie mit dem Fettrand eines Steaks?« Wiederum gaben fast drei Viertel aller Befragten an, ihn unter keinen Umständen zu verzehren. Bei diesem Ergebnis dürfte es sich um keinen Zufall handeln: Fett und Innereien ist gemeinsam, dass sie ausgeprägte Geschmacksträger sind.

Auf die Gründe für ihre Ablehnung angesprochen, war häufig vom üblen Geschmack und unangenehmen Geruch der Innereien die Rede. Wie in der Diskussion ersichtlich wurde, waren viele fest davon überzeugt, dass es einen Innereiengeschmack gäbe, und vor diesem ekelten sie sich. Da half auch meine verblüffte Frage »Wie schmeckt eigentlich Obst, gibt es auch einen Obstgeschmack?« wenig. Zugegebenermaßen haben die meisten Innereien einen gewissen Eigengeschmack, anders als etwa die Putenfiletstreifen auf dem Salat. Doch bekanntlich kann jener recht dezent ausfallen, wie bei Bries, Hirn und Herz, oder deutlich ausgeprägt wie bei Niere, Leber, Darm und Magen. Den Innereien nützt leider auch das Argument nichts, mit dem bei uns gewöhnlich Geflügelbrust der Vorzug vor jedem anderen Fleisch gegeben wird, nämlich ihr geringer Fett- und hoher Proteinanteil. Welcher T-Bone-Steak-Esser würde sich für Kutteln entscheiden, nur weil diese einen höheren Anteil an Eiweiß und dabei nur ein Zwanzigstel des Fettanteils des Steaks haben? Eigentlich wären ja Innereien die Traumspeise aller heutigen Dauerdiättreibenden. Aber wer behauptet überhaupt, dass der Fettrand eines Steaks wegen seines Geschmacks gemieden würde? Ist es nicht vielmehr so, dass in unserer Gesellschaft viel zu fett gegessen wird und es folglich gute Gründe gibt, überflüssige Fette zu vermeiden und sichtbare Fettränder abzuschneiden? Eine solche Argumentation wäre überzeugender, wenn man nicht wüsste, dass die Leute zwar den wohlschmeckenden Fettrand ihres Steaks entsorgen, nur um sich vor dem Fernseher mit Chips ein Mehrfaches dieser Fettkalorien wieder zuzuführen.

Obwohl kein Statistiker meine Mini-Befragung ernst nehmen würde, bildet sie unsere Gesellschaft allemal ab: Wir haben uns zur einzigen Esskultur in der Geschichte der Menschheit gemausert, die Innereien in Bausch und Bogen ausgrenzt.

Noch vor Kurzem ließen sich rund 5000 Kulturen auf der Welt unterscheiden. Was ihnen als essbar galt und was man dort so alles zu verspeisen pflegte, lässt sich häufig leider nicht mehr mit Sicherheit sagen. Über viele Gesellschaften hat nie ein Reisender berichtet, und Archäologen und Ethnologen haben sie entweder überhaupt nicht oder nur flüchtig erforscht. Soweit unser gesammeltes Wissen jedoch reicht, gab es unter all diesen Kulturen wohl keine, die Innereien pauschal abgelehnt hätte. Im Gegenteil: Weltweit schätzen Menschen sie als Delikatessen. Außerdem geben Menschen aller Kulturen gewöhnlich fetten Speisen den Vorzug vor mageren und zwar aus Gründen des Geschmacks, wie ich vermute. Nehmen wir die Araweté, eine tupí-guaranísprachige Gruppe am brasilianischen Rio Xingu. Ihnen geht ein fetter Braten über alles. Kommt ein Jäger mit einem erbeuteten Pekarischwein ins Dorf, rufen alle erregt: *Cane, cewe heti!* – »Schau nur, wie fett es ist!«. Lieber mögen sie nur noch gewisse Innereien, besonders die Leber der Flussschildkröte. Dieses amphibische Amazonasreptil scheint nämlich von Natur aus eine Art Fettleber zu haben, die für die Araweté den Gipfel der Genüsse verkörpert. Man darf hier getrost an die berühmte Gänsestopfleber der französischen Hochgastronomie denken. Innereien sind einerseits immer rar, im Vergleich zum übrigen Muskelfleisch kann es sie nur in kleinen Mengen geben.

Andererseits sorgen sie für Abwechslung, weil viele wahre Geschmackswunder sind oder sich unter der Hand einer guten Köchin in solche verwandeln. Das könnte der Grund dafür sein, dass Innereien einen prominenten Platz in den anspruchsvollsten Esskulturen einnehmen – egal ob in Frankreich, Italien, China, Indien, Thailand, Mexiko oder in anderen Ländern. Weil sich in Japan erst im Verlaufe des letzten Jahrhunderts eine Fleischküche entwickeln konnte, stellt das Land hier möglicherweise eine Ausnahme dar.

Was ist bei uns los, dass nicht nur Innereien, sondern immer weitere Teile von Tieren als ungenießbar erachtet werden? Woher kommt dieser kulinarische Sonderweg, nicht allein bei uns, sondern in weiten Teilen der *nordatlantischen Essprovinz*? Wie in Nordamerika lehnen auch in Nordeuropa zunehmend mehr Menschen jeglichen Fleischgenuss ab. Als Vegetarier dehnen sie die Speisetabus auf die gesamte Tierwelt aus. Bei der Mehrheit aber, die sich Fleisch nach wie vor schmecken lässt, ist vor allem solches gefragt, das weder wie Fleisch schmeckt noch so aussieht, geschweige denn an ein Tier erinnert. Man muss hier von einer extremen Variante der Invisibilisierung sprechen. Dieses Unsichtbarmachen ist von ausschlaggebender Bedeutung, der Verbraucher besteht darauf. Einige Beispiele: Ganze Tiere sind aus den Fleischereien verschwunden, gelangt Geflügel am Stück in den Handel, dann ohne Kopf und Füße. Ein Schweinekopf in der Vitrine wäre geschäftsschädigend, und ein Kalbskopf könnte möglicherweise für einen Eklat sorgen. Akzeptabel hingegen ist Gehacktes, und kleine, abgepackte Teile von Filet, Schnitzel oder Kotelett sind die Regel. Eine Mehrheit im Lande zieht ein Fischfilet allemal einem ganzen Fisch vor; und in den USA, die hier immer eine Nasenlänge voraus sind, wird Fisch im Restaurant schon seit Längerem grundsätzlich ohne Kopf serviert. Angesichts solcher Befindlich- und Empfindlichkeiten verbieten sich Innereien von selbst – denn ihren Geschmack kann man schwer zum Verschwinden bringen. Ebenso wirken ihr Aussehen und ihre Beschaffenheit heutzutage befremdlich auf viele Menschen. Anders verhält es sich mit Muskelfleisch. Es ist folglich kein Wunder, dass in Deutschland vom Hähnchen vorwiegend die Brust konsumiert wird, während der Rest des Tieres nahezu unverkäuflich ist. Einem Bericht des *Spiegel* aus dem Jahre 2007 zufolge landen die Füße in Thailand, die Innereien in den Ländern der früheren Sowjetunion, die Flügel gehen nach China, die Schenkel vor allem nach Afrika, dort mit fatalen Folgen für die einheimische Produktion.

Bei 80 Prozent des hierzulande verzehrten Hühnerfleisches handelt es sich also um Brustfleisch. Dieses Filet von Tieren aus Massenhaltung verfügt praktisch über keinen Eigengeschmack, und in Stücke und Streifen geschnitten oder gar paniert erinnert es kaum noch an seine animalische Herkunft. Da erscheint es mir folgerichtig, in Chicken McNuggets den logischen Kulminationspunkt dieser Entwicklung zu sehen. Ein McNugget aus dem Hause McDonald's besteht aus 38 Zutaten, eine davon ist ebendieses Brustfleisch. Deshalb durfte es von einem New Yorker Richter auch als eine Art »McFrankenstein« apostrophiert werden. Die McNuggets werden zwar als ein Geflügelgericht vermarktet, enthalten aber Zutaten, die bislang noch an keinem heimischen Herd gesichtet wurden, darunter so exotische Stoffe wie Tertiär-Butylhydroquinone, ein aus Rohöl gewonnenes Antioxidans. Weder schmecken Nuggets nach Geflügel noch erinnern sie in irgendeiner Weise an einen Hühnervogel. An einem Nugget erinnert nichts an Natur, in seiner knochenlosen Abstraktion stellt er sich als reines Kulturprodukt dar, bar jeglicher natürlichen Herkunft: »Wo kommt es her? Es stammt von McDonald's«, heißt es dazu lakonisch bei dem amerikanischen Ess- und Kulturkritiker Michael Pollan. Vor der Erfindung des McNugget vor dreißig Jahren waren die USA eine Hochburg der Rindfleischesser. »In Amerika verhält sich Steak zu Fleisch wie ein Cadillac zu einem gewöhnlichen Auto«, lautete die nicht ohne Stolz verkündete Einsicht von Marvin Harris, der sich selbst als Kulturmaterialist versteht. Die Devise »Beef is King« hat seither freilich Schaden genommen. Denn wegen der McNuggets sind Amerikas heilige Kühe nicht mehr das meistverzehrte Tier, Huhn hat Rind überflügelt. Dabei wird Rind in den USA bereits überwiegend in einer invisibilisierten Form verzehrt, nämlich als Hamburger. Doch anscheinend lässt sich zwischen einem Hamburger und seiner Herkunft noch ein dunkler Zusammenhang erahnen, anders als bei einem in Panade verpackten McNugget.

Wie Calvin Schwabe in *Unmentionable Cuisine* (1979) berichtet – dieses eigenwillige Buch lässt sich vergnüglich als Enzyklopädie der kulinarischen No-Gos Amerikas lesen –, gaben bereits im Jahre 1939 rund 40 Prozent der Collegestudenten an, Innereien abstoßend zu finden. Um seine Landsleute vom Gegenteil zu überzeugen, wusste sich Schwabe eigene Strategien der Invisibilisierung zunutze zu machen. Bei Empfängen und Einladungen scheint es dem weltläufigen und weitgereisten Mann ein diebisches Vergnügen bereitet zu haben, die gastronomischen Vorurteile seiner Landsleute ins Visier zu nehmen. Einmal servierte er bei einem Buffet zwei Zungengerichte nebeneinander: einerseits Ochsenzunge am Stück, die natürlich keiner anrührte, dann ein Stew aus Ochsenzunge, dem eifrig zugesprochen wurde. Einst rühmten sich amerikanische Schlachthöfe, von einem Schwein schlechthin alles zu verwerten, außer das Grunzen. Sonderlich viel ist von dieser Mannigfaltigkeit nicht geblieben. Elizabeth David, der großen alten Lady der Esskultur und Kochbuchliteratur des Vereinigten Königreichs, drängte sich angesichts dieser

Tendenz zur freiwilligen Selbstverarmung der amerikanischen Küche folgender Vergleich auf: »In der chinesischen Küche wird alles gegessen, was man essen kann, und in Amerika schmeißt man alles weg, was man wegschmeißen kann.«

Lassen sich in Fischstäbchen und Chicken McNuggets unsere heimlichen Leitbilder sehen? Bewegt sich unsere Ernährungsweise insgesamt auf solche Abstraktionen zu? Der Megatrend Invisibilisierung verweist auf ein grundsätzlich verändertes Verhältnis von Mensch zu Tier. Weltweit war es Menschen über Jahrtausende hinweg geläufig, respektvoll mit Tieren umzugehen und sie gleichzeitig als Nahrung zu verwerten. »Tiere achten, nicht schlachten!«, dieser Parole militanter Tierschützer hätten sie »Tiere achten und sie schlachten« entgegengesetzt. Das gilt sowohl für die sesshaften bäuerlichen Gesellschaften als auch für die reinen Viehzüchter. Unter Stammesvölkern wird man vergeblich nach vegetarischen Kulturen suchen. Eine der raren Ausnahmen stellen die Todas dar, die als Büffelzüchter auf den Höhen der südindischen Nilgiri-Berge leben. In ihrer vegetarischen Lebensweise lässt sich eine Anpassung an die Mehrheitsgesellschaft sehen. Durch eine fleischlose Ernährung gewinnt die kleine Gruppe an Prestige und entgeht der Verachtung, die fleischverzehrenden Tribals in Indien gewöhnlich entgegenschlägt und sie quasi als Outcasts abstempelt.

Mehr Erstaunen könnte vielleicht hervorrufen, dass dieser respektvolle Umgang mit der Tierwelt auch für die Kulturen der Wildbeuter typisch ist. Die Jäger und Sammler verehren ihr Jagdwild, die Jagd ist quasi ihre Religion, wie dies der Ethnograf Frank Speck für die Naskapi in Labrador gezeigt hat. Hier wirft man die Knochen verspeister Tiere nicht achtlos weg, sondern entsorgt sie pietätvoll in einem Gewässer, damit sich das Tier wieder in Ruhe regenerieren kann. Und wie vielen anderen Stämmen ist den Naskapi die Vorstellung geläufig, wonach jede Tiergattung über einen obersten Gebieter verfügt. Diese »Hüter der Tiere« stellt man sich als riesige Albinowesen vor, wie etwa den Großen Weißen Biber, der Respektlosigkeiten ahndet, indem er dem Jäger weiteres Jagdwild vorenthält. Besonderen Respekt genießt der Bär – seine Wertschätzung nimmt in vielen zirkumpolaren Kulturen eine kuriose kulinarische Form an, die französische Waldläufer des 17. Jahrhunderts *festins à tout manger* nannten und die Engländer *Eat-All-Feasts*. Dabei handelte es sich um ausgesprochene Fressfeste, bei denen die Geladenen ihren Respekt vor dem erlegten Tier bezeugen mussten, indem sie es in allen seinen Teilen restlos vertilgten – anderenfalls war es ihnen verwehrt, ihren Platz zu verlassen. Bei einem ausgewachsenen Schwarzbären und einer überschaubaren Zahl geladener Gäste konnte dies leicht zu einer schweren individuellen Prüfung werden. Vor allem das Trinken des flüssigen Bärenfetts ging selten ohne Erbrechen vonstatten. Wahrer Respekt vor der Kreatur hat nun einmal seinen Preis.

Und bei uns? Der Megatrend Invisibilisierung besagt nicht nur, dass das Tier auf dem Teller zu verschwinden hat. Auch alles andere hat gefälligst unsichtbar zu bleiben. Die Nahrungsmittelindustrie kann kein Interesse daran haben, die Orte und Umstände ihrer Produktion in Scheinwerferlicht getaucht zu sehen. Und der durchschnittliche Verbraucher möchte gerne vermeiden, dass ihm der Bissen im Halse stecken bleibt. Wie das hergestellt wird, was man sich da Tag für Tag einverleibt – so genau möchte das keiner wissen. Folglich geraten Dokumentationen der Massentierhaltung geradezu zwangsläufig zum Skandal. Denn was kann es Respektloseres geben, als junge Puten unter ihrem Zuchtgewicht kollabieren zu lassen oder einem Hühnerküken in nur einem Monat sein Schlachtgewicht anzumästen mit Brüsten, die bei einem Sumo-Ringer Erstaunen hervorrufen würden. Tiere achten und sie schlachten – diese jahrtausendealte Selbstverständlichkeit ist unserer Gesellschaft verloren gegangen. Von daher bedarf es anscheinend einer Verdrängungsleistung beachtlichen Ausmaßes, um überhaupt noch ein Tier zu verspeisen. Ihre bildhafteste Entsprechung findet diese Anstrengung im Chicken McNugget.

Von Bedeutung ist diese Entwicklung ausschließlich in den westlichen Regionen der *nordatlantischen Essprovinz*, also bei uns in Deutschland und bei einigen unserer Nachbarn, mit den Vereinigten Staaten in der Rolle des Vorreiters. Aber angesichts global wirksamer Trends wäre es erstaunlich, wenn solche Tendenzen und Einstellungen nicht um sich greifen würden. Ich denke da etwa an einen Freundeskreis thailändischer Yuppies, die mich bei einem gemeinsamen Essen mit dem Eingeständnis überraschten, sich allesamt nichts aus Innereien zu machen, und die folglich eine ganze Reihe von Traditionsgerichten auf Bangkoks Straßen meiden; an Deutsch-Türken, denen der Appetit ihrer Elterngeneration auf eine Kuttel- oder Lammkopfsuppe (*kelle paça*) ähnlich fremd und unheimlich wie den Deutschen ist, mit und unter denen sie aufgewachsen sind; oder an eine Pariser Doktorandin, Absolventin amerikanischer Bildungsinstitutionen, die in geschliffenem Englisch keinen Hehl aus ihrer Ablehnung heimischer Bistro-Spezialitäten wie der Andouillette oder einem Tête de veau vinaigrette machte. Das alles sind freilich Einzelerscheinungen. Keine andere Essprovinz ist davon ernsthaft betroffen. Auch an der hierzulande so bewunderten mediterranen Küche prallt dieser Trend ab.

Woran liegt es, dass sich »der kulinarische Westen« wiederum als Fiktion erweist? Die Fehlentwicklung der Invisibilisierung zeigt: Immer zahlreicher werden Tiere unter Umständen aufgezogen und geschlachtet, von denen wir nichts wissen und nichts wissen wollen, damit wir tagtäglich zwar immer mehr Fleisch, aber von immer weniger Körperteilen dieser Tiere verzehren können, und das auf eine Art und Weise, die in Geschmack und Aussehen vergessen lässt, dass es tatsächlich Tiere waren, die wir da auf dem Teller haben. Wenn dies Ausdruck eines historisch bislang einzigartigen Entfremdungsprozesses zwischen Mensch und Tier ist, warum sollte dann die mediterrane Essprovinz davon nicht gleichermaßen betroffen sein? Denn es muss als unwahrscheinlich gelten, dass man in Barcelona oder Bologna einen weniger entfremdeten Umgang mit Nutztieren als etwa in Berlin, Birmingham oder Boston pflegt. Eine Antwort drängt sich auf: Dies könnte an der Verankerung in regionalen und nationalen Esstraditionen liegen, die den Alltag noch selbstverständlich bestimmen, in die man als Kind hineinwächst und mit denen man sich als Erwachsener mit unerschütterlichem Vertrauen identifiziert. Liegt es also an der Vitalität gelebter Esstraditionen, wie sie in weiten Teilen der nordatlantischen Essprovinz perdu sind?

Gottlob gibt es auch gegenläufige Strömungen und Bewegungen. Kuttelgerichte etwa sind aus unserem Alltag verschwunden, zumindest wenn wir nördlich des Weißwurst-Äquators leben. Ob wir es erleben werden, dass sie eines Tages wieder Einzug auf den Speisekarten deutscher Lokale halten oder auf dem heimischen Esstisch auftauchen? Selbst eine Legende wie Wolfram Siebeck, der mit *Das Kochbuch der verpönten Küche* (2008) der grassierenden Innereienphobie die gewagteste Publikation seiner Karriere entgegensetzte, steht hier auf verlorenem Posten. Aber als Trippa alla fiorentina oder Tripes à la mode de Caen sind sie für teures Geld in der gehobenen Gastronomie bereits wieder präsent. Und als Işkembe çorbasi oder als Flaki sind sie schon längst wieder Alltag: Für wenig Geld kann man sie als Tellergericht im türkischen Schnellrestaurant genießen oder fertig zubereitet aus einem polnischen Spezialitätengeschäft mit nach Hause nehmen. Zu ihrem Schaden ahnt eine überwältigende Mehrheit im Lande freilich noch nicht, was für Genüsse zum bloßen Preis einer Portion Chicken McNuggets sie sich entgehen lässt.

Regionales erfuhr in den letzten Jahrzehnten in unserer globalisierten Gesellschaft eine bemerkenswerte Renaissance. Ähnlich wie die Farmers Markets in den Vereinigten Staaten, die im Gefolge der *Counterculture* der Sechziger- und Siebzigerjahre Einzug in vielen amerikanischen Städten hielten, haben auch hierzulande Bauernmärkte einen festen Platz in vielen unserer Städte gefunden. Verglichen mit dem fabelhaften Markt am Union Square in New York fällt das Durchschnittsalter der Kundschaft bei uns allerdings eher hoch aus. Anders als in Manhattan geben hier nicht die Young Urban Professionals den Ton an, und allzu viele meiner Studenten sind mir in den letzten Jahren auf dem Frankfurter Bauernmarkt auch nicht über den Weg gelaufen. Deren Biotope wird man nach wie vor eher in den am Rande des Marktes gelegenen Filialen von McDonald's und Starbucks sehen können. Auch Ausländer verirren sich in Frankfurt, der deutschen Großstadt mit dem höchsten Ausländeranteil, eigentlich nur als Touristen auf diesen Markt. Ganz anders ist es in der Kleinen Markthalle der Stadt Frankfurt, in der sich, wie in deutschen Markthallen heute allgemein üblich, die Welt spiegelt. In unseren Markthallen ist Ethnofood Trumpf. Wer jedoch auf Märkten einkauft, kocht noch selber. Das Selberkochen wird, zumindest von einer Minderheit, nicht mehr ausschließlich als Bürde erachtet. Köche, Kochbücher und Kochshows stehen so hoch im Kurs wie noch nie. Ob freilich die Fernsehköche viel Einfluss haben, scheint fraglich. Denn ihre Auftritte gemahnen an eine Ersatzhandlung: Der Zuschauer lässt sich von dem quirligen Tim Mälzer bespaßen und schwindlig kochen und schiebt gleichzeitig ungerührt eine Tiefkühlpizza in den Ofen.

Unübersehbar bläst weltweit eine Regenbogenkoalition von »Foodies« aller Art, von Köchinnen und prominenten Küchenchefs, von Journalisten, Esskritikern und Kulinaristikern und natürlich von individuellen Essenthusiasten und Genießern unterschiedlichster Couleur zur Gegenattacke. Slow statt Fast ist zumindest als Leitbild wieder mehr gefragt. Kampf dem *Malbouffe*, wo mit der Schere statt mit dem Messer und dem Löffel gekocht wird und sich das Essen um die Mikrowelle dreht. Alles – bloß keinen Industriefraß mehr! Letztlich geht es um nichts weniger als um eine Kulturrevolution: Weg vom Food-on-the-run und Snack-around-the-clock und zurück zu einer Esskultur ohne Outsourcing des Kochens, wo das Essen wieder am gemeinsamen Esstisch stattfindet. Der in Kalifornien lebende Michael Pollan ist eines der Gesichter dieses Protests. Er hat für uns alle einen erstaunlich einfachen Ratschlag parat, bei dessen Befolgung ein Großteil der Fehlentwicklungen sich von selbst korrigieren würde: »Essen Sie Essen. Nicht zu viel. Vor allem Pflanzen.«

Und das soll die Welt verändern?

Im vorletzten Kapitel war die Rede von Pollans Warnung vor den »essensähnlichen Substanzen«, die im Angebot der Supermärkte bedrohlich zunehmen. Mit »Eat food« (Essen Sie Essen) meint er nun, genau solche Produkte zu meiden und von allem die Finger zu lassen, was die eigene Urgroßmutter nicht als Essen erkannt hätte, etwa Müsliriegel zum Frühstück, Kaffeesahne, die nicht von der Kuh, sondern aus dem Chemielabor stammt, oder eben Chicken McNuggets. Wahrscheinlich ist sich Pollan dessen bewusst, dass seine Empfehlung auf ein Zurück zur jahrtausendealten Weisheit menschlicher Ernährung hinausläuft – quer über alle Kulturen hinweg. Seine scheinbar so einfache Zauberformel läuft näm-

lich auf die Wiedereinführung des Core-Fringe-Legumino-
sen-Modells der menschlichen Ernährung hinaus. Dem sollte
man eine Chance geben. Denn immerhin hat dieses Ernährungsmuster einen Großteil der Menschheit gesund und
munter durch die vergangenen zehn Jahrtausende gebracht.

Selber kochen, mit anderen essen – also die Kulturtechnik
des Kochens hegen und pflegen und wieder zu den Selbst-
verständlichkeiten unserer Lebensform zurückfinden – ist
das A und O des weltumspannenden Food-Aktivismus. Als
Plädoyer für gastronomische Autarkie und gegen das Aus-
wärtsessen ist das allerdings nicht gemeint. Der Küchenchef
Anthony Bourdain hat sich sein Berufsleben lang durch New
York gekocht und weitgehend ein Leben ohne Auslands-
erfahrung geführt. Als er mit *Kitchen Confidential* (2000),
einem Blick hinter diverse Restaurantkulissen, überraschend
einen internationalen Bestseller landete, schlug für ihn die
Stunde des Reisens. Er entschied sich für eine Weltreise vor
laufender Kamera, *A Cook's Tour*. In der Buchausgabe dieser
Reise kann man lesen, wie bereits der allererste morgendliche
Bummel durch Saigon den Globetrotter-Novizen in »ein
Wunderland des Essens« versetzt. Voll echtem Enthusiasmus
macht Bourdain den Leser zum Zeugen einer Konversion. So
hört sich der Beginn einer wundervollen Freundschaft an:
»Die *pho* ist fantastisch – würzig, heiß, vielschichtig, raffiniert
und doch unglaublich einfach. Die erstaunliche Frische der
Zutaten, der grelle Kontrast von Konsistenz und Farben, die
ausgesprochen hübsche Präsentation – das ganze Erlebnis ist
überwältigend. […] Alles, was ich sehe, möchte ich in den
Mund stecken. Jeder einzelne Suppen- oder Nudeltopf, der
über ein paar Holzstöcken schmort, ist frischer und sieht besser aus als alles, was ein Markt in New York zu bieten hat.«
Das ist wahrlich kein geringes Kompliment aus dem Mund
eines prominenten New Yorker Küchenchefs. Mir war diese

Begeisterung auf Anhieb nachvollziehbar und ausgesprochen sympathisch, weil es mir im benachbarten Laos und Thailand nicht anders ergangen war.

In weiten Teilen Südostasiens stößt man auf Schritt und Tritt auf mobile Garküchen, ambulante Essensstände und Mini-Restaurants der schlichtesten Art, die häufig gerade mal über einen einzigen Gaskocher und einen Wok oder zwei, drei verbeulte Aluminiumtöpfe verfügen. Hier schlägt das Herz großer kulinarischer Kulturen – für den aus dem Westen herbeigeeilten professionellen Koch auf der neuerdings obligatorischen Grand Tour durch das gastronomische Märchenreich Asien kann dies Offenbarung und Schock zugleich sein. In der Megametropole Bangkok, bewohnt von rund 15 Millionen Menschen, weitet sich das Angebot an Streetfood immer stärker aus. Egal, wo man sich gerade befindet, selten sind es mehr als hundert Schritte bis zum nächsten Foodstall. Wissenschaftler führen diese Entwicklung nüchtern auf eine Reihe von Faktoren zurück, etwa dass rund ein Drittel aller Wohnungen keine Küche haben, dass Frauen zunehmend berufstätig sind, dass die Zahl der Single-Haushalte steigt und dass man in Thailands Hauptstadt eine Kultur des Essengehens pflegt. Wahr ist, dass in der ganzen Stadt frisch zubereitete Speisen in schier unübersehbarer Auswahl zu erschwinglichen Preisen rund um die Uhr feilgeboten werden – und folglich jedermann gerne zugreift. Auch in Bangkok wird immer weniger zu Hause gekocht, ohne dass die Menschen deswegen schlechter essen würden. Die Thais haben einen ausgeprägten Sinn für gutes Essen und identifizieren sich ohne Wenn und Aber mit ihrer Küche. Viele Straßen- und Marktküchen, die sich häufig auf einige wenige Spezialitäten beschränken, kochen auf hohem Niveau. Und viele Thais schwören, dass es in zahlreichen Straßenküchen besser als in den besten Restaurants des Landes schmeckt.

Streetfood. Liegt darin vielleicht unsere Zukunft?

In Berlin hat diese Zukunft längst begonnen. Hier haben Vietnamesen einige Markthallen im Stadtteil Lichtenberg in ein Klein-Hanoi verwandelt. Es heißt offiziell Dong Xuan Center, man kann dort nach Herzenslust einkaufen und zwischendurch natürlich auch seinen Appetit stillen. Allerdings nicht mit den üblichen pseudoasiatischen Speisen unserer Innenstädte, wo fade Hühnerbrust regiert, sondern mit richtigem Essen »mit Haut und Knorpel«, wie die Journalistin Stefanie Flamm zu Recht hervorhebt. Gekocht wird hier vietnamesisch, aber dem Stammkunden der von Vietnamesen betriebenen Asia-Imbisse erschließt sich ein bislang unbekannter kulinarischer Kosmos. Dazu gehört natürlich auch *pho*, das nationale Nudelgericht, angesichts dessen Anthony Bourdain schon frühmorgens in Saigon in Verzückung geraten war. Auch Thai-Food der weniger bekannten Art blüht in der Hauptstadt. In den Jahren nach dem Mauerfall begannen Thailänderinnen, sich in ihrer Freizeit unweit der U-Bahn-Station Fehrbelliner Platz zu treffen, wobei viele die Spielleidenschaft in den angrenzenden kleinen Preußenpark trieb. Reden und Spielen ohne Ende aber macht hungrig und durstig. Die Thais wären nicht Thais, wenn von den Frauen nicht schon bald die eine oder andere Kleinigkeit mitgebracht und zum Verkauf angeboten worden wäre. Heute ist das Spektakel unter dem Namen »Thai-Park« bekannt, und an einem warmen Samstag oder Sonntag kommen hier Hunderte zusammen, neben Thais auch andere Berliner. Wie man es als Tourist aus *Amazing Thailand* kennt, wird an allen Ecken gebrutzelt und gegrillt und Gekochtes und Gegartes verkauft und verzehrt. Die Auswahl an Speisen kann sich sehen lassen. Wer einen Vorgeschmack auf Streetfood bekommen möchte, ohne gleich nach Bangkok fliegen zu müssen – in Berlins Thai-Park ist man an der richtigen Adresse.

Berlins *Little Vietnam* und *Little Thailand* bieten kulinarische Genüsse, nach denen man beim gewöhnlichen »Thai« oder »Vietnamesen« lange suchen kann. Gekocht wird hier für die eigenen Landsleute. Eine Rücksichtnahme auf den Gaumen der Mehrheit erübrigt sich. Darin sind sie den *China Towns* und *Little Italys* der amerikanischen Geschichte durchaus vergleichbar. Aber hat eigentlich echtes Streetfood in Deutschland außerhalb ethnischer Enklaven eine Chance?

Food-Trucks heißt hier neuerdings das Zauberwort, also müssen wir aufs Neue erst einmal nach Westen schauen. Bei Food-Trucks handelt es sich um Essen auf Rädern, was zunächst wenig aufregend klingt. Denn fahrbare Imbissbuden sind schließlich weder neu noch kulinarisch sonderlich interessant. Der aktuelle Food-Truck-Boom aber, der seit einigen Jahren amerikanische Städte buchstäblich überrollt, verspricht mit Namen wie *Damn Good Tacos*, *Big Ass Sandwiches*, *Slap Yo Mama* oder *mmmpanadas* nichts weniger als eine Revolution. Die USA kennen eine lange Geschichte mobiler Imbisse von dubiosem Ruf, liebevoll *roach coaches* genannt, also Kakerlaken-Kutschen. Die aktuellen Vorläufer und Vorbilder aber spülte die dritte Welle der Gastro-Globalisierung aus Mexiko ins Land. Seitdem blüht die Wüste. Denn die Tacos- und Tamales-Trucks der Einwanderer bereichern die kulinarische Landschaft Südkaliforniens und Arizonas, ähnlich wie es die Dönerbuden in Deutschland tun. Junge Unternehmer im ganzen Land griffen das Konzept von rollendem Ethnofood auf und schmückten es aus. Dadurch schufen sie etwas Neues – und plötzlich waren Food-Trucks hip. Den Anfang machten eher weltoffene und wohlhabende Campus-Städte wie Portland (Oregon), Austin (Texas) oder Madison (Wisconsin); erst dann verwandelten sich Los Angeles, New York, Miami und Washington in Zentren des neuen Trends. Heute gelten die Food-Trucks bereits als kulturelle Attraktion einiger Städte. In Austin ist täglich eine Flotte von mehr als 1000 Trucks unterwegs oder in speziellen Trailer-Parks zu finden, und in Portland fördert die Stadt gezielt eine Food-Truck-Kultur, indem sie etwa Anreize schafft, damit sich an bestimmten Punkten in der Innenstadt die Fahrzeuge gruppieren.

Wenn von den Gründen für das Revival mobilen Essens die Rede ist, tauchen regelmäßig die Schlagworte Nostalgie und Wirtschaftsrezession auf; vermutet wird auch ein Wertewandel hin zu einem guten und einfachen Leben. Wegen der Finanzkrise und wirtschaftlichen Talfahrt der letzten Jahre sitzt den Amerikanern der Dollar nicht mehr so locker, gleichzeitig erscheint Selbständigkeit als attraktive Alternative zur Arbeitslosigkeit. Sicher ist, dass ein Food-Truck keine hohe finanzielle Barriere auf dem Weg in eine Existenz als selbständiger Gastronom darstellt. Bereits mit einem Startkapital von einigen zehntausend Dollar kann eine Idee Fahrt aufnehmen. Doch ohne den Siegeszug der sozialen Netzwerke wären auch die Food-Trucks nicht so schnell auf der Überholspur angekommen, denn mithilfe von Facebook, Twitter und Apps kommuniziert die Kundschaft mit den Trucks – wo sie sich gerade befinden, wie das aktuelle Angebot ausschaut, was im Augenblick noch erhältlich ist etc.

Das Besondere an den Food-Trucks sind nicht die bezahlbaren Preise. Es ist die Qualität des Essens, die sie von herkömmlichen Hotdog-Ständen unterscheidet. Dabei reicht das Angebot von wohlbekannt bis ungeahnt. Auch am Food-Truck muss man nicht auf Hotdogs verzichten, wobei sie klassisch ausfallen können (was hier immer mit Sauerkraut und Röstzwiebeln bedeutet) oder eher *ethnic*, etwa mexikanisch mit Jalapeño-Chili und Frischkäse. Hier zeigt sich bereits ein weiterer Trend: Die Trucks sind eine Spielwiese für Amerikas neue große Liebe zur Fusion von allem mit jedem: eine Portion Kimchi Quesadilla oder Jellyfish Teriyaki Croquette gefällig? Aber es fehlt auch nicht an Sandwiches der ausgefallenen Art, die mit ausgewählt frischen Zutaten zubereitet werden, an Sushi-Variationen ohne Zahl, an veganem Chili sin carne oder Indian Tacos, und sogar der edle Lobster aus Maine ist präsent. So viel Aufmerksamkeit und Zuspruch für die Food-Trucks bringt natürlich auch die Arrivierten auf den Plan. Was es bei *Coq au Van* gibt, kann man sich denken. *Spencer On The Go* dagegen verblüfft mit Schneckenspießchen, die gerade einmal einen Dollar kosten. Denn der Chef des piekfeinen französischen Restaurants *Chez Spencer* zeigt mit einem mobilen Bistro Flagge auf den Straßen von San Francisco.

Diesseits des Atlantiks verblüffte Paris mit dem ersten Food-Truck. Bei uns rollen sie seit 2011 langsam an und werden in der Öffentlichkeit als Ausdruck eines neuen urbanen Lebensstils begrüßt, wobei dies in den Medien ziemlich enthusiastisch ausfällt. Was wird geboten? Eine Straßenküche, die eher frisch und gesund und gelegentlich auch Bio ist, und natürlich häufig exotisch. Es liegt am amerikanischen Lebensgefühl der Food-Trucks, dass auffallend viele es mit Tacos, Burritos sowie Bio- und Gourmet-Burgern versuchen. Und wie in Amerika Sandwich und Hotdog, springen auch hierzulande die Oldies Currywurst und Kartoffelpuffer auf den rollenden Truck auf. Auch die cruisende Luxusvariante mit Champagner und Hummer wurde schon zwischen Sylt, Baden-Baden und der Berliner Fashion Week gesichtet. Weitaus interessanter aber ist, dass auch Regionales ins Rollen kommt: Wer hätte geahnt, dass der Schwabe sich ausgerechnet nach einer mobilen Maultasche namens *Erna & Co* verzehrt oder sich danach gesehnt hätte, von den *Spießgesellen Pforzheim* mit Spätzle oder Kartoffelsalat zum gegrillten Fleischspieß verwöhnt zu werden? Aber so ist es, die neue Esskultur auf Rädern nimmt sich in Deutschlands Süden erstmals des Ureigenen an. Einmal in Fahrt, macht das Regionale an seinen angestammten Grenzen nicht halt und nimmt die kulinarische Kolonialisierung ins Visier, wie die aus dem Allgäu stammenden Kässpatzen von *Heißer Hobel* in Berlin beweisen.

Hier zeichnet sich eine erste Sensation ab: Eigentlich ist Amerikas Food-Truck-Bewegung Ausdruck der Attraktivität und Vitalität des Ethnofood. Bei uns könnte sie dazu beitragen, dass man sich in ganz Deutschland wieder an Spezialitäten des eigenen Landes erinnert. Und das käme einer echten Kehrtwende gleich.

Allerdings steht die Food-Truck-Bewegung hier erst am Anfang. Sie hat nicht mit fehlender Kundschaft, sondern der vorhandenen Bürokratie zu kämpfen, die durch die Verweigerung von Lizenzen und Stellplätzen ihren Kampf gegen den Wildwuchs auf unseren Straßen führt. Hätten Sie gedacht, dass sich der Berliner Stadtteil Kreuzberg jedem Antragsteller gleich mit vier Ämtern entgegenstellt? Da lob ich mir Singapur. In dem als autoritär verschrienen Inselstaat wurde von einer kontrollversessenen Verwaltung dem unhygienischen Vagabundieren auf den Straßen ein Ende bereitet. Aber Menschen in Südostasien kann man nicht einfach das gewohnte gute und preiswerte Streetfood ersatzlos streichen. Also wurden die Straßenküchen zu »Hawker Centres« gebündelt, die heute eine der Attraktionen des Inselstaates sind. In Amerika ist bereits von der Food-Truck-Revolution die Rede. Davon könnte man auch hierzulande in einigen Jahren sprechen, sofern sich das geschmackvolle Streetfood durchsetzt – nur das käme im Lande der Currywurst und des »Ke-papps« einer Revolution gleich.

Von *Bazi's Schlemmerkuchel* würde ich mich gerne überrollen lassen – da sorgen seit dem Frühjahr 2013 doch wahrhaftig zwei Jungunternehmer in München, der eine gebürtig aus der Türkei, der andere aus dem Iran, mit einem *Schweinsbraten-*

to-go für Furore. Ihr winziger Laden unweit des Sendlinger Tors versorgt nicht nur Nachtschwärmer mit Weißwurst, Obazda im Eisbecher und Leberkäsesemmel von ausgesuchter Qualität, sondern begeistert mit der »Bazi Box« (Schweinsbraten auf Rotkraut mit Miniknödeln und Sauce) und dem »Bayrito« (das Gleiche im Tortilla-Wrap). Die Grenzen zwischen einheimisch und Ethno verschwimmen. *Anything goes*: Ein Perser und ein Türke in Lederhosen in einem Münchner Fastfood-Laden ganz in Weißblau, wo es Schweinsbraten in einer asiatischen Nudelbox oder als bajuwarischen Burrito gibt. Also wenn das Schule macht, haben wir in Deutschland ja vielleicht doch Schwein.

Literatur

Bourdain (2004), Buse (2007), Douglas (1997), Flamm (2013), Joyce (1966), Jungbauer (2012), Malinowski (1979), Mallery (1888), Pollan (2006), Rehfeld (2013), Root (1995), Schwabe (1979), Siebeck (2008), Simoons (1961/1994), Speck (1935), Time-Life (1981), Viveiros de Castro (1992)

Danksagung

Mein Dank gilt:

Hanna Leitgeb von der Rauchzeichen-Agentur, ohne deren Weitsicht und Engagement dieses Buch nicht geschrieben worden wäre. Dem Journalisten Rainer Schäfer, weil er mir als Erster einige Fragen stellte, die das Buch ins Rollen brachten. Meiner Schwester Georgine Bartl, die meine Leidenschaft für das Thema teilt und sich der Mühe unterzog, geduldig das im Entstehen begriffene Manuskript zu lesen und zu kommentieren.

Mit Anregungen, Ratschlägen und Auskünften der unterschiedlichsten Art haben mir schließlich noch geholfen: Wolfgang Aubaret (Guangzhou), Rainer Bartl (Oberboihingen), Astrid Becker (Hannover), Busarin Lertchavalitsakul (Amsterdam und Chiang Mai), Mark Colbert (Phoenix), Torsten Diesel (Nunavut), Daniel Gianoli (Pattaya), Volker Gottowik (Frankfurt), Jörg Hager (Jakarta und Chiang Mai), Ruth Henle (Frankfurt), Markus Lindner (Frankfurt), Alexandra Frances Magnus (Frankfurt), Özkan Özer (Bergheim), Orapim (»Oiy«) Bernart Tantrakul (Karlsruhe), Andrea Petersen (Heidelberg), Ralph Quinke (Hamburg), Richard Rottenburg (Halle und Berlin), Sebastian Schellhaas (Frankfurt), Sirijit Sunanta (Bangkok), Sabrina Steinfurth (Frankfurt), Brett Thomas (Fort Worth).

Von den Arbeiten einer Reihe höchst unterschiedlicher Autoren und Forscher habe ich mehr gelernt und natürlich auch für dieses Buch übernommen, als sich durch Einzelhinweise kenntlich machen lässt.

Auf Sidney Mintz und Jack Goody geht der eigentliche *culinary turn* in der Ethnologie zurück. Meine Art, Kulinarische Ethnologie zu betreiben, wäre ohne die Anregung durch ihre Forschungen schlechterdings nicht denkbar. Aber auch der alte Strukturalismus eines Claude Lévi-Strauss oder einer Mary Douglas hat für mich seinen Reiz nie eingebüßt. Und die Lektüre von Eugene Andersons *Everyone Eats* (2005), einer Bilanz seines Lebens als Sinologe, Ethnologe und Reisender, erwies sich als Fundgrube an Inspirationen. Günter Wiegelmanns zahlreiche Veröffentlichungen sowie Raymond Sokolovs populäre Abhandlung *Why we eat what we eat* (1991) haben meinen Blick für die Bedeutung des *Columbian Exchange* geschärft.

Waverley Roots *Mundbuch* (1995) und Alan Davidsons *Oxford Companion to Food* (2006) sind wundervoll zu lesende und von prallem Wissen und geistreichen Anekdoten nur so strotzende Kompendien. Trotz aller ausgedehnten Reisen auf fünf Kontinenten – ohne diese beiden Bücher wäre meine kulinarische Allgemeinbildung deutlich bescheidener ausgefallen. Und was speziell die Wunderwelt der Gewürze anbelangt, habe ich am meisten von der Homepage des österreichischen Chili-Gurus und »Masala-Wallas« Gernot Katzer gelernt. Der Klassiker *The Taste of America* (1972) von John und Karen Hess hat mir bereits in frühen Jahren geholfen, den *American Way of Eating* – und meine eigenen Erfahrungen im Land des schnellen Essens – besser zu verstehen. Die Kolumnen von Wolfram Siebeck, für mich ein lebenslanger Lesegenuss, braucht man nicht anzupreisen; jeder hierzulande kennt seine Schriften und hat von ihnen profitiert.

Dank Claude Fischlers *L'Homnivore* (1983) und Michael Pollans *The Omnivore's Dilemma* (2006) fällt es nicht nur mir leichter, die aktuellen Essstörungen der Welt zu verstehen, ähnlich wie Ullrich Fichtners *Tellergericht* (2004) eine

unentbehrliche gastronomische Diagnose Deutschlands darstellt.

Generationen von Reisenden und die Leser ihrer Werke
haben sich in den vergangenen Jahrhunderten unbeschwert
daran ergötzt, welche Scheußlichkeiten man anderswo verspeist und welche Geschmacksverirrungen andere Kulturen
auszeichnen. Eine solche Sicht der Dinge stößt in der modernen Ethnologie nicht mehr auf ungeteilte Zustimmung, auch
und gerade, weil unsere Massenmedien davon partout nicht
lassen können. Aber Werke wie *Extreme Cuisine* von Jerry
Hopkins (2004), *Unmentionable Cuisine* von Calvin Schwabe
(1979) und *Die Küche der Armen* von Huguette Couffignal
(1977) sollte man damit nicht verwechseln, sie wurden aus
einer anderen Intention heraus verfasst. Mir waren sie unverzichtbar, um eine Vorstellung davon zu bekommen, an was
sich die Menschheit so alles zu delektieren vermag.

Literatur

Ai Weiwei: Wok in Progress. *Süddeutsche Zeitung Magazin* 48/2009.

Almendral, Aurora: Maggi. The Local Seasoning from Everywhere. http://www.theworld.org/2012/06/immigrants-maggi-seasoning (8.6.2012).

Amenda, Lars: Food and Otherness. Chinese Restaurants in West European Cities in the 20th Century. *Food & History* 7–2/2009: S.157–180.

The American Heritage Cookbook, by the Editors of American Heritage. New York 1980.

Anderson, Eugene N.: The Food of China. New Haven 1988.

Anderson, Eugene N.: Everyone Eats. Understanding Food and Culture. New York 2005.

Anderson, Eugene N.: Mayaland Cuisine. The Food of Maya Mexico. www.krazykioti.com/articles (22.12.2007).

Andrews, Jean: The Peripatetic Chili Pepper. Diffusion of the Domesticated Capsicum Since Columbus, S. 81–93, in: Chillies to Chocolate. Food the Americas Gave the World, hrsg. von Nelson Foster & Linda S. Cordell. Tucson 1992.

Appadurai, Arjun: On Culinary Authenticity. *Anthropology Today* 4/1986: S.25.

Appadurai, Arjun: How to Make a National Cuisine. Cookbooks in Contemporary India. *Comparative Studies in Society and History* 30/1988: S.3–24.

Assombri, Aurore: Maggi Cube. A suppository and enema for a »bubble butt«? http://www.afrik-news.com/article15418.html (14.3.2009).

284

Ayora-Diaz, Steffan Igor: Foodscapes, Foodfields and Identities in Yucatan. New York 2012.

Barlösius, Eva: Soziale und historische Aspekte der deutschen Küche. Appendix in: Stephen Mennell: Die Kultivierung des Appetits. Die Geschichte des Essens vom Mittelalter bis heute. Frankfurt am Main 1988.

Barlösius, Eva: France, S. 1210–1216, in: Kenneth F. Kiple & Kriemhild Conèe Ornelas (Hrsg.), The Cambridge World History of Food. 2 Bände, Cambridge 2000.

Barthes, Roland: Für eine Psycho-Soziologie der zeitgenössischen Ernährung. *Freiburger Universitätsblätter* 75/1982: S. 65–73.

Belasco, Warren J.: Appetite for Change. How the Counterculture took on the Food Industry, 1966–1988. New York 1989.

Bestor, Theodore C.: How Sushi Went Global, S. 13–29, in: J. L. Watson & M. L. Caldwell (Hrsg.), The Cultural Politics of Food and Eating. A Reader. Malden 2005.

Bourdain, Anthony: Ein Küchenchef reist um die Welt. Auf der Jagd nach dem vollkommenen Genuss. München 2004.

Bourdieu, Pierre: Die feinen Unterschiede. Kritik der gesellschaftlichen Urteilskraft. Frankfurt am Main 1982.

Bourke, John G.: The Folk-Foods of the Rio Grande Valley and of Northern Mexico. *The Journal of American Folklore* 28/1895: S. 41–71.

Brandes, Stanley: Maize as a culinary mystery. *Ethnology* 31/1992: S. 331–336.

Braudel, Fernand: Sozialgeschichte des 15.–18. Jahrhunderts. München 1985.

Brillat-Savarin, Jean Anthèlme: Physiologie des Geschmacks. Berlin 1913.

Buettner, Elizabeth: »Going for an Indian«: South Asian Restaurants and the Limits of Multiculturalism in Britain. *The Journal of Modern History* 80/2008: S. 865–901.

Buettner, Elizabeth: Chicken Tikka Masala, Flock Wallpaper, and »Real« Home Cooking. Assessing Britain's »Indian« Restaurant Traditions. *Food & History* 7–2/2009: S. 203–230.

Burton, David: The Raj at Table. A Culinary History of the British in India. London 1993.

Buse, Uwe: Welthandel: Streit im globalen Hühnerhof. *Der Spiegel* 38/2007: S. 85–91.

Çağlar, Ayşe: McDöner und der Kampf der Deutsch-Türken um soziale Stellung. *Sociologus* 48/1998: S. 17–41.

Chang, K. C. (ed.): Food in Chinese Culture. Anthropological and Historical Perspectives. New Haven 1977.

Chase, Holly: The *Meyhane* or McDonald's? Changes in Eating Habits and the Evolution of Fast Food in Istanbul, S. 73–85, in: Sami Zubaida & Richard Tappe (Hrsg.), Culinary Cultures of the Middle East. London 1994.

Clark, Taylor: Starbucked. A Double Tall Tale of Caffeine, Commerce, and Culture. New York 2007.

Coe, Andrew: Chop Suey. A Cultural History of Chinese Food in the United States. Oxford 2009.

Coe, Sophie D.: America's First Cuisines. Austin 1994.

Collingham, Lizzie: Curry. A Tale of Cooks and Conquerors. Oxford 2006.

Cohen, Gay: Erdnußeintopf aus Sierra Leone, S. 134–135, in: Gebratener Papageitaucher *oder* Die Blätter des Mak hki hout, hrsg. von Jessica Kuper. Frankfurt am Main 1983.

Couffignal, Huguette: Die Küche der Armen. Berlin 1977.

Crosby, Alfred W.: The Columbian Exchange. Biological and Cultural Consequences of 1492. Westport 1972.

Cushing, Frank Hamilton: Zuñi Breadstuff. New York 1920.

Cwiertka, Katarzyna: Domesticating Western Food in Japan, a Comparative View, S. 64–74, in: Harlan Walker (Hrsg.), Food on the Move. Proceedings of the Oxford Symposium on Food and Cookery 1996. Totnes (Devon) 1997.

Cwiertka, Katarzyna J.: From Ethnic to Hip: Circuits of Japanese Cuisine in Europe. *Food & Foodways* 13/2005: S. 241–272.

Cwiertka, Katarzyna J.: Modern Japanese Cuisine. Food, Power and National Identity. London 2006.

Davidson, Alan: Europeans' Wary Encounter with Tomatoes, Potatoes, and Other New World Foods, S. 1–14, in: Chillies to Chocolate. Food the Americas Gave the World, hrsg. von Nelson Foster & Linda S. Cordell. Tucson 1992.

Davidson, Alan: Oxford Companion to Food. Second edition edited by Tom Jaine. Oxford 2006.

Delfs, Stephanie: Fremde Küchen – eine Geschmackssache? Asiatische Restaurants in Wiesbaden. Unveröffentl. Magisterhausarbeit. Johannes Gutenberg-Universität Mainz 2008.

Diner, Hasia: Hungering for America: Italian, Irish, and Jewish Foodways in the Age of Migration. Cambridge 2001.

Dollase, Jürgen: Geschmackssache: Wut, daß es McDonald's gibt. *Frankfurter Allgemeine Zeitung* Nr. 140, 19.6.2004, S. 34.

Dollase, Jürgen: Gammelfleisch: Die Döner-Dröhnung, *Frankfurter Allgemeine Zeitung* Nr. 267, 16.11.2006, S. 33.

Douglas, Mary: Deciphering a Meal, S. 36–54, in: Food and Culture. A Reader, hrsg. von Carole Counihan & Penny Van Esterik. New York 1997.

Du Pont De Brie, Natacha: Ant Egg Soup. The Adventures of a Food Tourist in Laos. London 2004.

Engelbrecht, Beate & Ulrike Keyser: Mexikanisch Kochen. Gerichte und ihre Geschichte. St. Gallen 1986.

Exquemelin, Alexandre Olivier: Das Piratenbuch von 1678. Tübingen 1968.

Fichtner, Ullrich: Tellergericht. Die Deutschen und das Essen. München 2004.

Fischer, Peter: Schlaraffenland, nimms in die Hand. Kochbuch für Gesellschaften, Kooperativen, Wohngemeinschaften, Kollektive und andere Menschenhaufen SOWIE isolierte Fresser. Berlin 1975.

Fischler, Claude: L'Homnivore. Le goût, la cuisine et le corps. Paris 1983.

Fischler, Claude: Food, self and identity. *Social Science Information* 27/1988: S. 275–292.

Flamm, Stefanie: Mit Haut und Knorpel. In sechs Lichtenberger Markthallen haben sich Berliner Vietnamesen ein Klein-Hanoi erbaut. *Zeit Reisen* 11/2013: S. 16–20.

Forster, Georg: Reise um die Welt. Herausgegeben und mit einem Nachwort versehen von Gerhard Steiner. Frankfurt am Main 1983.

Forster, Georg: Über Leckereyen und andere Essays. Mit einem Nachwort hrsg. von Tanja van Hoorn. Hannover 2004.

Foster, Nelson & Linda S. Cordell (Hrsg.): Chillies to Chocolate. Food the Americas Gave the World. Tucson 1992.

Friedlander, Judith: Being Indian in Hueyapan. New York 2007.

Garcilaso de la Vega: Wahrhaftige Kommentare zum Reich der Inka. Herausgegeben von Ursula Thiemer-Sachse. Berlin 1983.

Gault-Millau: Nos recettes préférés à la maison. Paris 1983.

Götze, Karl Heinz: Les Chefs. Die großen französischen Köche des 20. Jahrhunderts. Frankfurt am Main 1999.

Goody, Esther: Erdnußeintopf aus Ghana, S. 131–133, in: Gebratener Papageitaucher oder Die Blätter des Mak hki hout, hrsg. von Jessica Kuper. Frankfurt am Main 1983.

Goody, Jack: Cooking, Cuisine, and Class. A Study in Comparative Sociology. Cambridge 1982.

Goody, Jack: The Globalization of Chinese Food, S. 161–171, in: Food and Love. A Cultural History of East and West. London 1998.

Goody, Jack & Esther: Food and Identities: Changing Patterns of Consumption in Ghana. *Cambridge Anthropology* 18–3/1995: S. 1–14.

Harris, Marvin: Wohlgeschmack und Widerwille. Die Rätsel der Nahrungstabus. Stuttgart 1988.

Hazan, Marcella: The Classic Italian Cookbook. The Art of Italian Cooking and the Art of Italian Eating. New York 1973.

Helstosky, Carol F.: Pizza. A Global History. London 2008.

Henle, Ruth: Essen als Medium der Identität. Das Essverhalten von Japanern in der deutschen Diaspora. Unvöffentl. Magisterhausarbeit, Johann Wolfgang Goethe-Universität Frankfurt am Main 2013.

Hess, John L. & Karen Hess: The Taste of America. New York 1972.

Higman, B. W.: How Food Made History. Malden 2012.

Höge, Helmut: Das große Chinarestaurant-Sterben. *die tageszeitung*, 5. 9. 2007.

Höllmann, Thomas O.: Schlafender Lotos, trunkenes Huhn: Kulturgeschichte der chinesischen Küche. München 2010.

Holmberg, Alan R.: Kochen und Essen bei den Siriono Boliviens, S. 223–235, in: Gebratener Papageitaucher *oder* Die Blätter des Mak hki hout, hrsg. von Jessica Kuper. Frankfurt am Main 1983.

Hopkins, Jerry: Extreme Cuisine. The Weird & Wonderful Foods That People Eat. Singapore 2004.

Hosking, Richard: The Fishy and Vegetable Abominations Known as Japanese Food, S. 127–135, in: Harlan Walker (Hrsg.), Food on the Move. Proceedings of the Oxford Symposium on Food and Cookery 1996. Totnes (Devon) 1997.

Hudson, Charles M.: The Southeastern Indians. Knoxville 1976.

Hudson, Charles M.: Black Drink. A Native American Tea. Athens 1979.

[Jaffrey, Madhur]: Madhur Jaffrey's Ultimate Curry Bible. India, Singapore, Malaysia, Indonesia, Thailand, South Africa, Kenya, Great Britain, Trinidad, Guyana, Japan, USA. Ebury Press 2003.

James, Allison: How British is British food?, S. 71–86, in: Pat Caplan (Hrsg.), Food, Health and Identity. London 1997.

Jolles, Carol Zane: Inuit, S. 279–281, in: Solomon H. Katz & William Woys Weaver (Hrsg.), Encyclopedia of Food and Culture. New York 2003.

Joyce, James: Ulysses. München 1966.

Jungbauer, Jessica: Food-Truck Boom: Lecker, da ist mein Laster! *Spiegel-Online*, 13.10.2012.

Kahn, Miriam: The Fresh and the Canned: Food Choices in the Pacific. *Food & Foodways* 3/1988: S.1–18.

Kaminer, Wladimir: Geschäftstarnungen, S.97–99, in: Russendisko. München 2000.

Kantor, Jodi: A History of the Mideast in the Humble Chickpea. *The New York Times*, 10.7. 2002.

Katzer, Gernot: Die Indische Küche. Esskultur und Küche des indischen Subkontinents. http://goccus.com/magazin

Kilby, Peter: African Enterprise. The Nigerian Bread Industry. Stanford 1965.

Klever, Ulrich: Eisbein, Eisbein über alles. Die gute deutsche Küche. Reinbek bei Hamburg 1969.

Kolumbus, Christoph: Das Bordbuch. Mit einem Nachwort von Fraucke Gewecke. Frankfurt am Main 1981.

Kuper, Jessica (Hrsg.): The Anthropologists' Cookbook. London 1977. (dt.: Gebratener Papageitaucher oder Die Blätter des Mak khi hout. Frankfurt am Main 1983).

La Cecla, Franco: Pasta and Pizza. Chicago 2007.

Laudan, Rachel: The Food of Paradise. Exploring Hawaii's Culinary Heritage. Honolulu 1996.

Laudan, Rachel: A Plea for Culinary Modernism. Why We Should Love New, Fast, Processed Food. *Gastronomica*, Februar 2001: S.36–44.

Leitner, Gerhard: Die Aborigines Australiens. München 2006.

Leung, Maggi Wai-Han: Chinese Migration in Germany. Making Home in Transnational Space. Frankfurt am Main 2004.

Levenstein, Harvey A.: Revolution at the Table. The Transformation of the American Diet. Oxford 1988.

Levenstein, Harvey A.: Paradox of Plenty. A Social History of Eating in Modern America. Oxford 1993.

Levenstein, Harvey: The American Response to Italian Food, 1880–1930, S. 75–90, in: Food in the USA. A Reader, hrsg. von Carole M. Counihan. New York 2002.

Lévi-Strauss, Claude: Traurige Tropen. Köln 1970.

Malinowski, Bronislaw: Das Geschlechtsleben der Wilden in Nordwest-Melanesien. Frankfurt am Main 1979.

Mallery, Garrick: Manners and Meals. *American Anthropologist* 1–3/1888: S. 193–207.

McNeill, William H.: American Food Crops in the Old World, S. 43–59, in: Herman J. Viola & Carolyn Margolis (Hrsg.), Seeds of Change. A Quincentennial Commemoration. Washington, D. C. 1991.

Mennell, Stephen: Die Kultivierung des Appetits. Die Geschichte des Essens vom Mittelalter bis heute. Frankfurt am Main 1988.

Mintz, Sidney W.: Time, Sugar, & Sweetness. *Marxist Perspectives* 8/1979: S. 56–73.

Mintz, Sidney W.: Die Zeit, der Zucker und das Süße. Zu Geschichte, Ökonomie und Bedeutung des süßen Geschmacks. *SOWI* 14/1985: S. 85–95.

Mintz, Sidney W.: Die süße Macht. Kulturgeschichte des Zuckers. Frankfurt am Main 1987.

Mintz, Sidney W.: Die Zusammensetzung der Speise in frühen Agrargesellschaften. Versuch einer Konzeptualisierung, S. 13–28, in: Martin Schaffner (Hrsg.), Brot, Brei und was dazugehört. Über sozialen Sinn und physiologischen Wert der Nahrung. Zürich 1992.

Mintz, Sidney W.: Eating American, S. 106–124, in: Tasting Food, Tasting Freedom. Excursions into Eating, Culture and the Past. Boston 1996.

Mintz, Sidney W.: Food Patterns in Agrarian Societies: The Core-Fringe-Legume »Hypothesis« (2001). http://www.jhsph.edu/clf/events/dietprotein_conference_01/dietprotein_01_Mintz.html

Mintz, Sidney W.: Asia's Contributions to World Cuisine. A Beginning Inquiry, S. 201–210, in: Sidney C. H. Cheung & Tan Chee-Beng (Hrsg.), Food and Foodways in Asia. Resource, Tradition and Cooking. London 2007.

Möhring, Maren: Fremdes Essen. Die Geschichte der ausländischen Gastronomie in der Bundesrepublik Deutschland. München 2012.

Montanari, Massimo: Kulturgeschichte der Ernährung in Europa. München 1993.

Ohnuki-Tierney, Emiko: We Eat Each Other's Food to Nourish Our Body: The Global and the Local as Mutually Constituent Forces, S. 240–272, in: Food in Global History, hrsg. von Raymond Grew. Boulder 1999.

Ozersky, Josh: The Hamburger. A History. New Haven 2008.

[Pace, Antonio]: Die Pizza als Weltkulturerbe? Interview mit Antonio Pace, Präsident der Vereinigung Verace Pizza Napoletana. *Voyage. Jahrbuch für Reise- & Tourismusforschung* 5/2002: S. 89–95.

Perry, Charles: The Horseback Kitchen of Central Asia, S. 243–248, in: Harlan Walker (Hrsg.), Food on the Move. Proceedings of the Oxford Symposium on Food and Cookery 1996. Totnes (Devon) 1997.

Peter, Peter: Kulturgeschichte der italienischen Küche. München 2006.

Peter, Peter: Kulturgeschichte der deutschen Küche. München 2008.

Pichler, Edith: Migration, Community-Formierung und ethnische Ökonomie. Die italienischen Gewerbetreibenden in Berlin. Berlin 1997.

Pilcher, Jeffrey M.: ¡Que vivan los tamales! Food and the Making of
Mexican Identity. Albuquerque 1998.

Pilcher, Jeffrey M.: Nahrung und Ernährung in der Menschheits-
geschichte. Aus dem Englischen von Christiana Haack. Essen
2006.

Pollan, Michael: The Omnivore's Dilemma. A Natural History of
Four Meals. New York 2006.

Pollan, Michael: Unhappy Meals. *The New York Times Magazine*,
28.1.2007.

Pollan, Michael: Cooked. A Natural History of Transformation.
New York 2013.

Powers, William K. & Marla M. N. Powers: Metaphysical Aspects
of an Oglala Food System, S.40–96, in: Mary Douglas (Hrsg.),
Food in the Social Order. Studies of Food and Festivities in
Three American Communities. London 1984.

Prenzel, Thomas: Der Krieg der Köche. Identität und Ernährung
in den Konflikten in und um Israel, S.285–302, in: Ludmila
Lutz-Auras & Pierre Gottschlich (Hrsg.): Aus dem politischen
Küchenkabinett. Eine kurze Kulturgeschichte der Kulinarik.
Festschrift zum 65. Geburtstag von Professor Jakob Rösel.
Baden-Baden 2013.

Ray, Krishnendu: The Migrant's Table. Meals and Memories in
Bengali-American Households. Philadelphia 2004.

Rehfeld, Nina: Food-Trucks: Essen auf Rädern. *Frankfurter
Allgemeine Zeitung*, 13.5.2013.

Revel, Jean-François: Erlesene Mahlzeiten. Mitteilungen aus der
Geschichte der Kochkunst. Frankfurt am Main 1979.

Richards, Audrey I.: Land, Labour, and Diet in Northern Rhodesia.
An Economic Study of the Bemba Tribe. London 1939.

Richter, Dieter: Reisen und Schmecken. Wie die Deutschen
gelernt haben, italienisch zu essen. *Voyage. Jahrbuch für Reise-
und Tourismusforschung* 5/2002: S.17–29.

Roberts, J. A. G.: China to Chinatown. Chinese Food in the West. London 2003.

Roden, Claudia: A New Book of Middle Eastern Food. London 1986.

Root, Waverley: Das Mundbuch. Eine Enzyklopädie alles Eßbaren. Bearbeitet und aus dem Amerikanischen übersetzt von Melanie Walz. Frankfurt am Main 1995.

Root, Waverley & Richard de Rochemont: Eating in America. A History. New York 1976.

Rozin, Elizabeth & Paul Rozin: Culinary Themes and Variations, S. 34–41, in: C. Korsmeyer (Hrsg.), The Taste Culture Reader. Experiencing Food and Drink. Oxford 2005.

Rumohr, Carl Friedrich von: Vom Geist der Kochkunst. München o. J. [1822].

Ryan, Isobel: Black Man's Palaver. London 1958.

Schivelbusch, Wolfgang: Das Paradies, der Geschmack und die Vernunft. Eine Geschichte der Genußmittel. Frankfurt am Main 1980.

Schlosser, Eric: Fast Food Nation. What the All-American Meal is Doing to the World. London 2002.

Schwabe, Calvin W.: Unmentionable Cuisine. Charlottesville 1979.

Seidel-Pielen, Eberhard: Aufgespießt – Wie der Döner über die Deutschen kam. Berlin 1996.

Seler, Caecilie: Mexikanische Küche. *Zeitschrift des Vereins für Volkskunde* 19/1909: S. 369–381.

Siciliano-Rosen, Laura: African Cooking: What's with the Maggi cubes? http://eatyourworld.com/blog/african_cooking 2012

Siebeck, Wolfram: Das Kochbuch der verpönten Küche. Heidelberg 2008.

Simoons, Frederick J.: Food in China. A Cultural and Historical Inquiry. Boca Raton 1991.

Simoons, Frederick J.: Eat Not This Flesh. Food Avoidances from Prehistory to the Present. Second edition. Madison 1994.

Sirijit Sunanta: The Globalization of Thai Cuisine, Paper presented at the Canadian Council for Southeast Asian Studies Conference. York University, Toronto, 14.–16.10.2005.

Smart, Josephine et al.: Negotiating Chinese Immigrant Food Culture in a Global Setting. IIAS *Newsletter* 19/1999: S. 30f.

Sokolov, Raymond: Why We Eat What We Eat. How Columbus Changed the Way the World Eats. New York 1993.

Speck, Frank G.: Naskapi. The Savage Hunters of the Labrador Peninsula. Lincoln 1935.

Sterling, Richard: World Food: California. Lonely Planet Publications 2003.

Stoppok, Manfred: Maggi in Guinea-Bissau – über das Brühwürfelphänomen in Westafrika. Leipzig 2011.

Streck, Bernhard: Gefüllter Hund – oder die Grenzen des Geschmacks. *Kursbuch* 129/1997: S. 67–78.

Teuteberg, Hans J. & Günter Wiegelmann: Unsere tägliche Kost. Geschichte und regionale Prägung. Wiesbaden 1986.

Time-Life: Innereien. Amsterdam 1981.

Toure, A. & L. Gueye: Sikasso-Kochbuch. West-Afrikanische Küche. Berlin 1983.

Trenk, Marin: Weiße Indianer. Die Grenzgänger zwischen den Kulturen in Nordamerika. Wismar 2009.

Trenk, Marin: Der Duft der grünen Papaya. Wie die Esskultur des Isaan Thailands Straßen erobert. *Thailand Rundschau* 2/2009a: S. 55–58.

Trenk, Marin: »Der Apfel ist die Banane des Indianers« – Zur Gastroethnografie des nordöstlichen Nordamerika. *Anthropos* 2/2010: S. 1–13.

Trenk, Marin: »Essen wie die Tiger« – Aneignung und Ausgrenzung einer Regionalküche in Thailand. *Internationales Asienforum* 41/2010a: S. 243–267.

Trenk, Marin: Abwehr und Verlangen – Zur deutsch-thailändischen kulinarischen Begegnung der letzten 150 Jahre, S. 270–291, in: Deutschland und Thailand. 150 Jahre Diplomatie und Völkerfreundschaft, hrsg. von Volker Grabowsky. Segnitz 2014.

Trubek, Amy B.: Idea of National Cuisine, S. 550 f., in: Solomon H. Katz & William W. Weaver (Hrsg.), Encyclopedia of Food and Culture. New York 2003.

Van Esterik, Penny: Food Culture in Southeast Asia. Westport 2008.

Van Otterloo, Anneke H.: Chinese and Indonesian restaurants and the taste for exotic food in the Netherlands, S. 153–166, in: Katarzyna Cwiertka & Boudewijn Walraven (Hrsg.), Asian Food. The Global and the Local. Honolulu 2001.

Viveiros de Castro, Eduardo: From the Enemy's Point of View. Humanity and Divinity in an Amazonian Society. Chicago 1992.

Wagner, Christoph: Fast schon Food. Die Geschichte des schnellen Essens. Frankfurt am Main 1995.

Walraven, Boudewijn: Bardot soup and Confucians' meat: food and Korean identity in global context, S. 95–115, in: Katarzyna Cwiertka & Boudewijn Walraven (Hrsg.), Asian Food. The Global and the Local. Honolulu 2001.

Walraven, Boudewijn: Warm Mushroom Sushi? An Afterword, S. 167–173, in: Katarzyna Cwiertka & Boudewijn Walraven (Hrsg.), Asian Food. The Global and the Local. Honolulu 2001a.

Warde, Alan: Eating Globally: Cultural Flows and the Spread of Ethnic Restaurants, S. 299–316, in: Don Kalb u. a. (Hrsg.), The Ends of Globalization. Bringing Society Back In. London 2000.

Watson, James L.: Emigration and the Chinese Lineage. The Mans in Hong Kong and London. Berkeley 1975.

Watson, James L. (Hrsg.): Golden Arches East. McDonald's in East Asia. Stanford 1997.

Wendt, Reinhard: »Dinner for One« und die versteckte Präsenz des Fremden im Kulinarischen, S. 225–246, in: Grenzgänge. Festschrift zu Ehren von Professor Wilfried Wagner, hrsg. von Dietmar Rothermund. Hamburg 2004.

White, Isobel: »Die Eingeborenen leben gut«, S. 302–308, in: Gebratener Papageitaucher oder Die Blätter des Mak hki hout, hrsg. von Jessica Kuper. Frankfurt am Main 1983.

Wiegelmann, Günter: Alltags- und Festspeisen. Wandel und gegenwärtige Stellung. Marburg 1967.

Wieland, Astrid: Kulturkreation, Adaption und Globalisierung - eine ethnographische Studie in deutschen China-Restaurants. Saarbrücken 2010.

Wiley, Andrea S.: Transforming Milk in a Global Economy. *American Anthropologist* 109/2007: S. 666–677.

Wilk, Richard: Home Cooking in the Global Village. Caribbean Food from Buccaneers to Ecotourists. Oxford 2006.

Wirtz, Christoph: Italienische Lokale. La deutsche vita. http://www.stern.de/lifestyle/lebensart/italienische-lokale-la-deutsche-vita-560614.html (6.5.2006).

Wu, David Y. H.: Global Encounter of Diasporic Chinese Restaurant Food, S. 75–103, in: Tan Chee-Beng (Hrsg.), Chinese Food and Foodways in Southeast Asia and Beyond. Singapore 2011.

www.klett-cotta.de

Arno Gruen
Wider den Terrorismus

98 Seiten, Klappenbroschur
ISBN 978-3-608-94900-1

Der Terror in der Welt bedroht jede freiheitliche Gesellschaft

Der Kulturkritiker und Psychoanalytiker Arno Gruen erklärt die psychologischen Urgründe des Terrorismus. Terroranschläge, wie der auf das Satiremagazin Charlie Hebdo, sind eine tödliche Bedrohung für die Menschheit. Terroristen sind identitätslose Menschen, die glauben, durch Gewalt eine Identität zu erlangen. Menschliches Leid und Schmerz bedeuten für sie Schwäche. Wir müssen Angst, Hass, Extremismus und Gewalt als Urschande der menschlichen Existenz wahrnehmen und bekämpfen.

Klett-Cotta

www.klett-cotta.de

Keith Lowe
Der wilde Kontinent
Europa in den Jahren
der Anarchie 1943 – 1950

Aus dem Englischen von
Stephan Gebauer und
Thorsten Schmidt
488 Seiten, gebunden mit
Schutzumschlag
ISBN 978-3-608-94858-5

Europa im Chaos – die große Gesamtdarstellung der Nachkriegszeit

Zusammenbruch, Rechtlosigkeit, Anarchie: Mit der deutschen Kapitulation war das Töten noch nicht beendet. Zum ersten Mal macht Keith Lowe das ganz Europa umfassende Ausmaß der materiellen und moralischen Verwüstungen deutlich: die ergreifende Darstellung einer Welt, die aus den Fugen geraten war.

»Keith Lowes exzellentes Buch malt ein wenig bekanntes und erschreckendes Bild eines Kontinents in den Fängen von Gesetzlosigkeit, Chaos und Gewalt.«
Ian Kershaw

www.klett-cotta.de

Jane Gleeson-White
Soll und Haben
Die doppelte Buchführung
und die Entstehung des
modernen Kapitalismus

Aus dem Englischen von
Susanne Held
366 Seiten, gebunden mit
Schutzumschlag
ISBN 978-3-608-94860-8

Wie konnte es passieren, dass wir uns von Zahlen beherrschen lassen?

Der globale Siegeszug der doppelten Buchführung ist die große unerzählte Geschichte unserer Zivilisation. In einem souveränen Gang durch die Geschichte bis heute zeigt die Autorin, wie wir unser Handeln ausschließlich nach Zahlen ausrichten und dabei unsere Erde zugrunde richten.

Klett-Cotta

www.klett-cotta.de

Sie möchten mehr über das Sachbuch-Programm von Klett-Cotta erfahren?

Noch mehr Bücher mit Leseproben, Rezensionen, Terminen u. v. m. finden Sie auf unserer Homepage
www.klett-cotta.de/sachbuch

Erhalten Sie per E-Mail regelmäßig aktuelle Informationen zu Ihren Interessengebieten:
www.klett-cotta.de/newsletter

Hier finden Sie einen Überblick unserer Online-Auftritte: **www.klett-cotta.de/im-netz**

Schauen Sie vorbei!